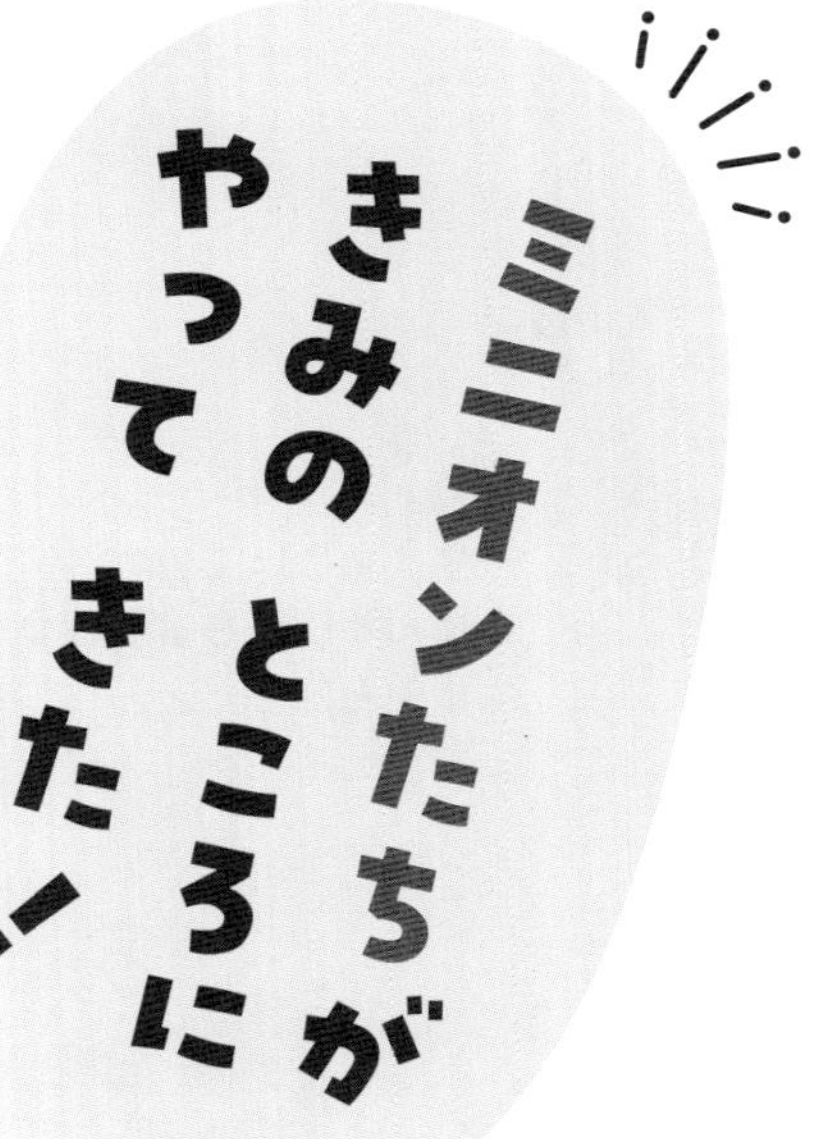

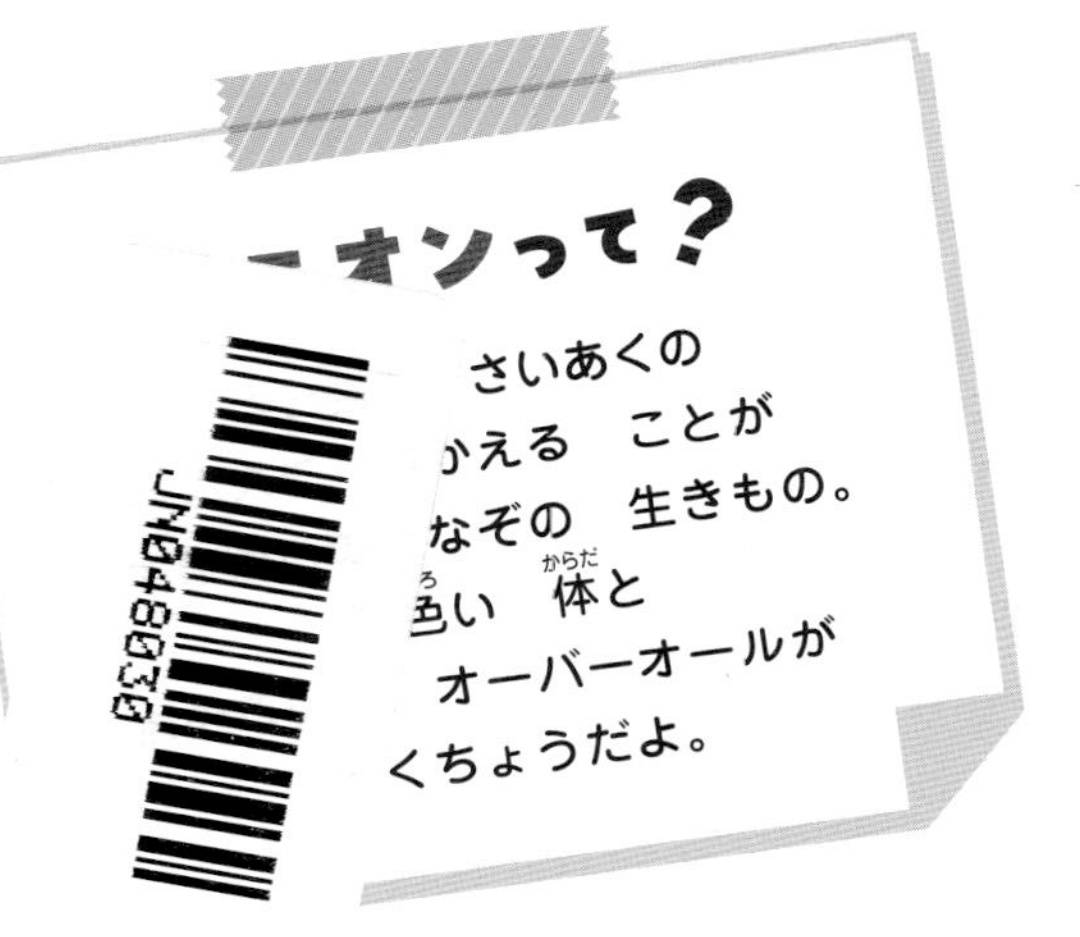

わんぱくで　やんちゃな　ミニオンたちは、
かん字の　べん強を　して　いる　きみに
いろんな　イタズラを　しかけて　くるよ。
きみは　ミニオンたちの　イタズラに　まけずに、
この　ドリルを　やりとげる
ことが　できるかな？

この 本に とう場する ミニオンたち

ボブ

一生けんめいで
じゅんすい。ちょっぴり
あまえんぼうだよ。

スチュアート

クールな　せいかく。
ギターと　歌が
とくいだよ。

ケビン

ミニオンたちの
しあわせを　いつも
考えて　いるよ。

カール

おちょうしもので、
楽しい　ことが
大すき。

フィル

きれいずきで、
よく　そうじを
して　いるよ。

オットー

おしゃべりが　大すき。
はに　きょうせいきぐを
つけて　いるよ。

ジェリー

やさしくて、子どもの
めんどうを　みるのが
とくいだよ。

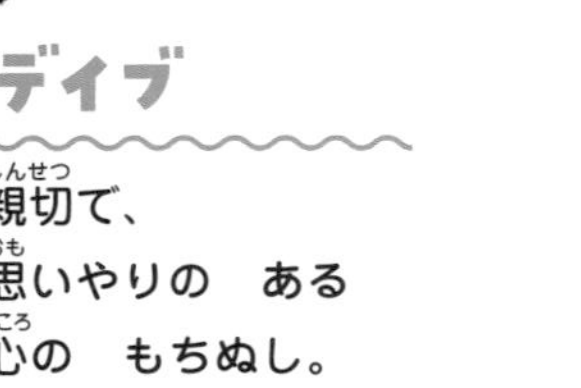

デイブ

親切で、
思いやりの　ある
心の　もちぬし。

メル

ぶあいそうだけど
まじめな　ミニオン。

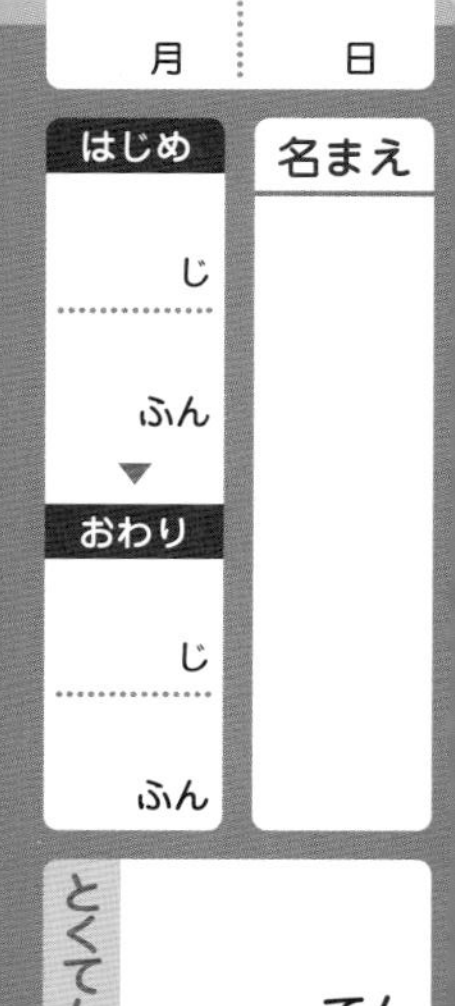

1 刀・切・古・台

月	日

はじめ　じ　ふん　▼　おわり　じ　ふん

名まえ

とくてん　てん

かん字の かくにん

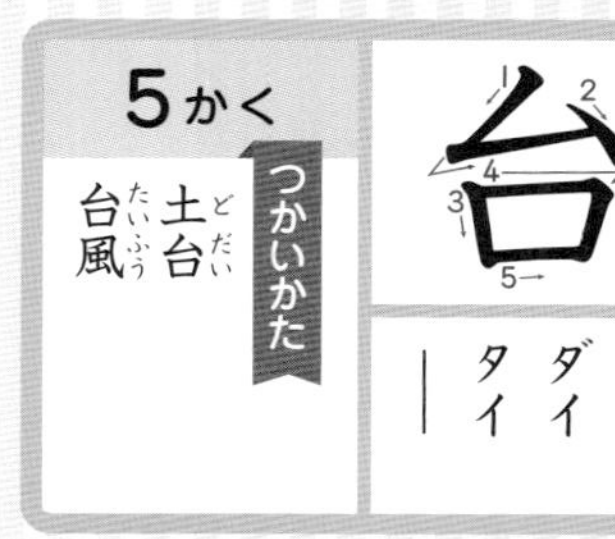

刀　2かく
よみかた：トウ　かたな
つかいかた：刀（かたな）　木刀（ぼくとう）

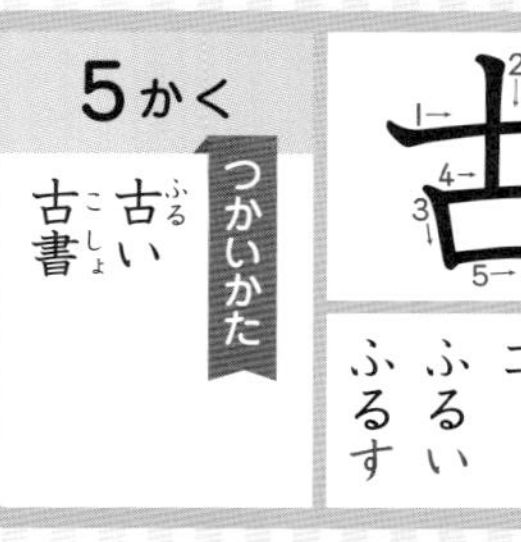

切　4かく
よみかた：セツ　（サイ）　きる　きれる
つかいかた：切（き）る　大切（たいせつ）

古　5かく
よみかた：コ　ふるい　ふるす
つかいかた：古（ふる）い　古書（こしょ）

台　5かく
よみかた：ダイ　タイ　―
つかいかた：土台（どだい）　台風（たいふう）

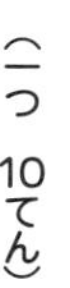

①

ミニオンたちが、かん字を かくして しまったよ。かくれて いる かん字と 同（おな）じ かん字を、線（せん）で むすぼう。

（一つ 10てん）

① 刀 ★
② 切 ★
③ 古 ★
④ 台 ★

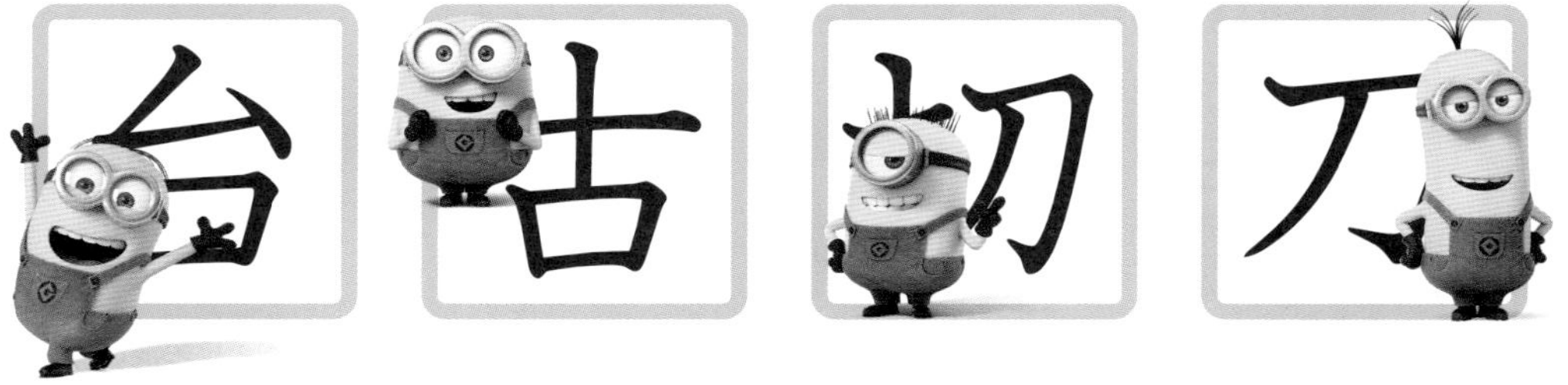

★ 切
★ 台
★ 古
★ 刀

2 ――の かん字の 読み(よ)がなを 書(か)こう。

（一つ 6てん）

① おもちゃの 刀。（　　）

② 大切な 友(とも)だち。（　　）

③ 古書(ふるい ほん)を しまう。（しょ）

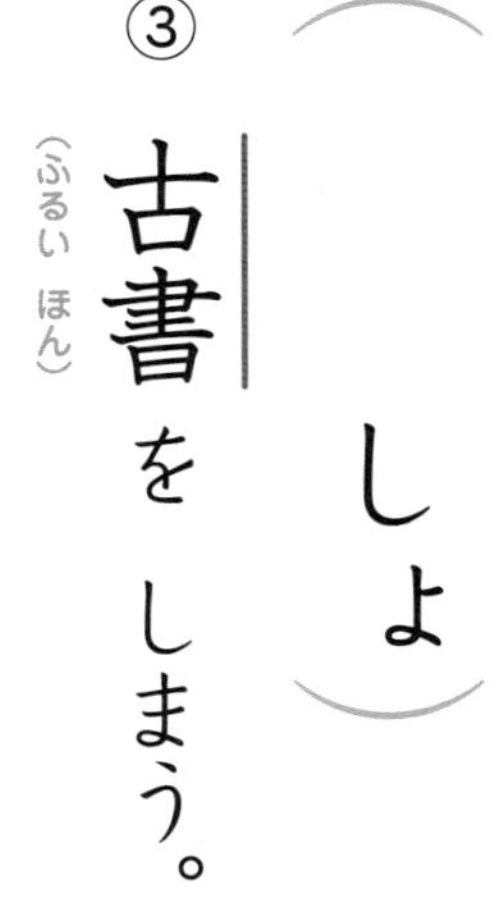

④ はしの 土台。（　　）

⑤ 台風に そなえる。（ふう）

3 □に かん字を、（　）に ひらがなを 書(か)こう。

（一つ 6てん）

① 木(ぼく)刀(とう)（木で つくった かたな）を ふる。

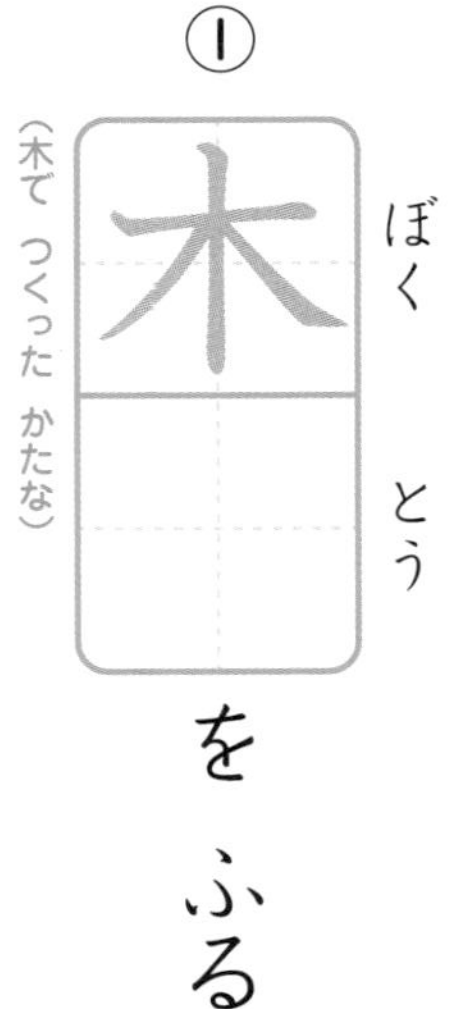

② 木を □（きる）。

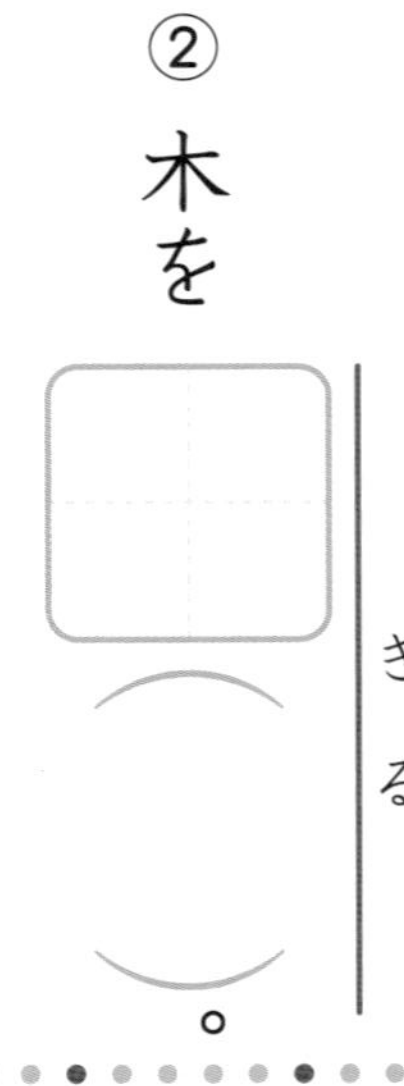

③ □（ふるい） 本。

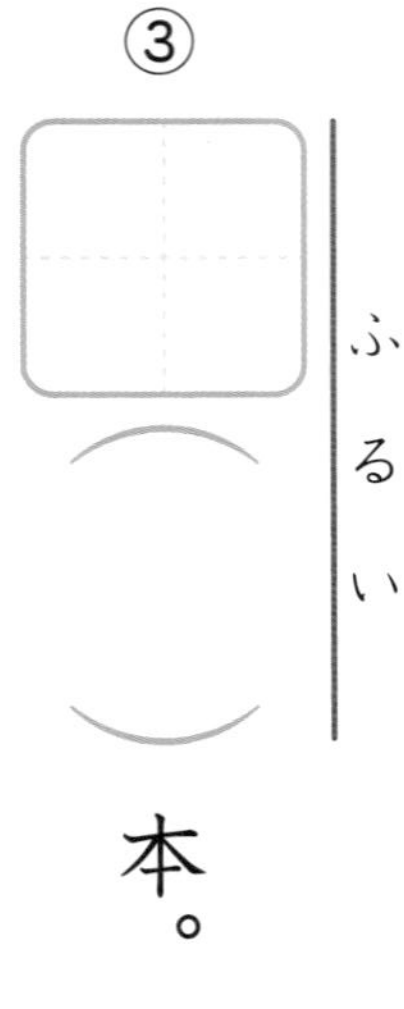

④ 家(いえ)の 土(ど)台(だい)。

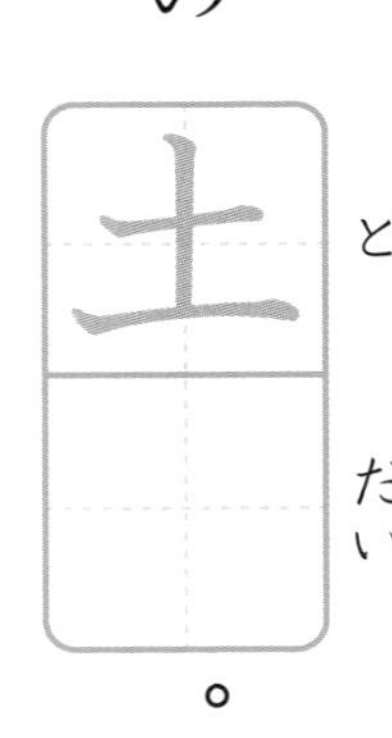

⑤ 台(たい)風(ふう)に そなえる。

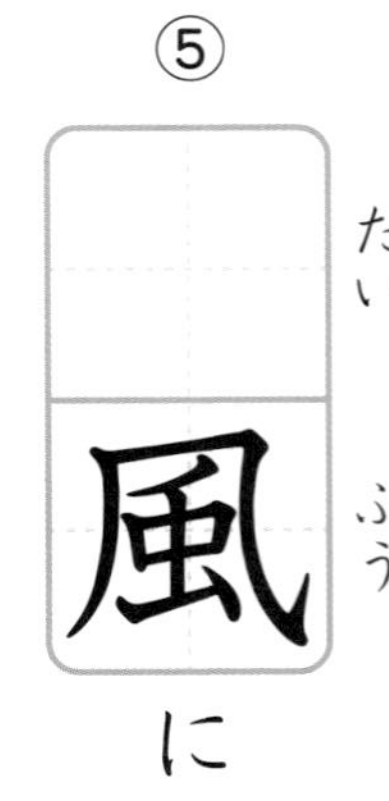

2 弓・引・矢・知

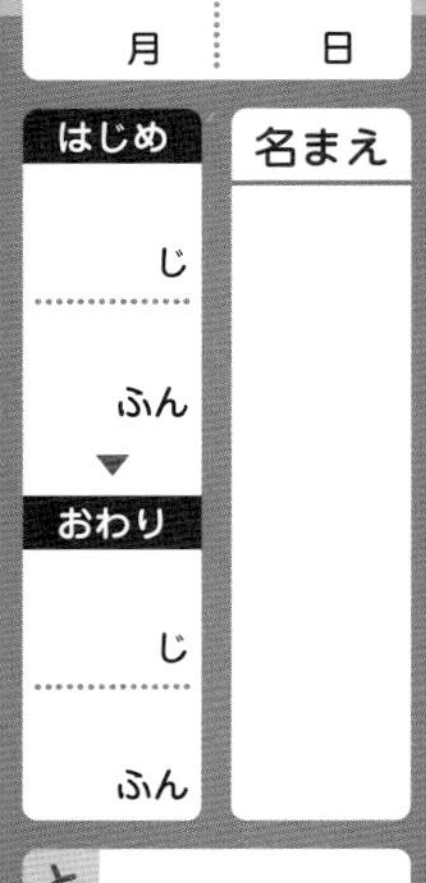

月　日

はじめ　じ　ふん

おわり　じ　ふん

名まえ

とくてん　てん

かん字の かくにん

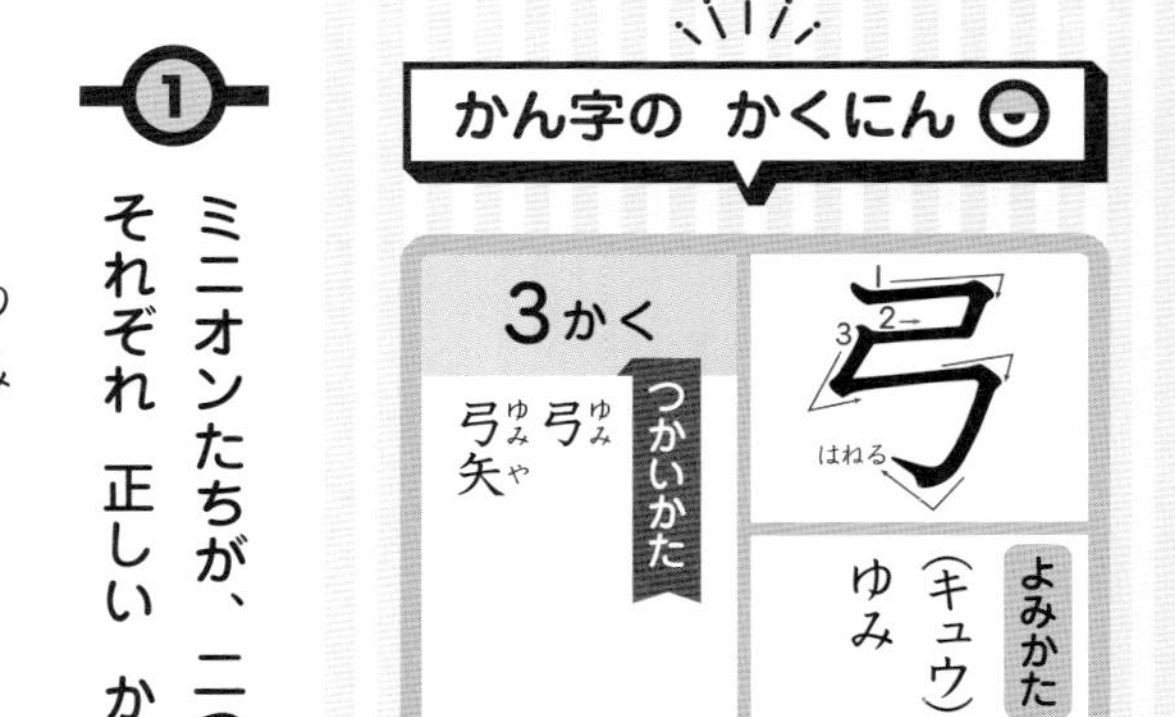

弓（3かく）
よみかた：（キュウ）　ゆみ
つかいかた：弓（ゆみ）　弓矢（ゆみや）

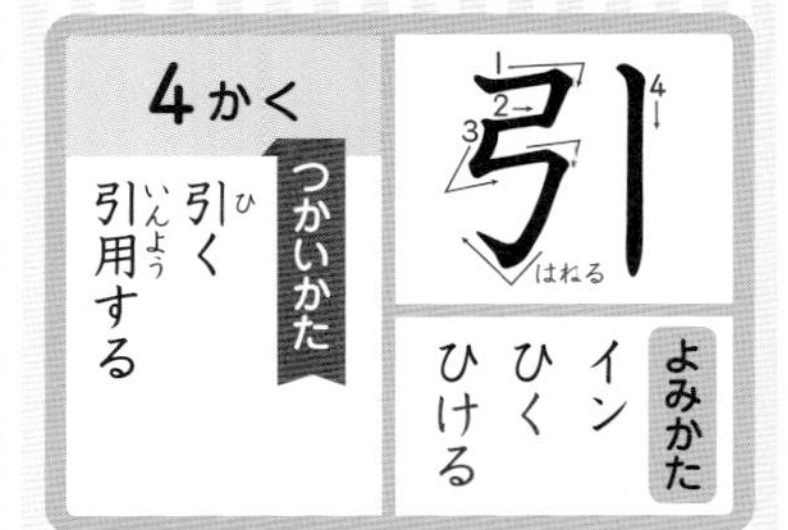

引（4かく）
よみかた：イン　ひく　ひける
つかいかた：引（ひ）く　引用（いんよう）する

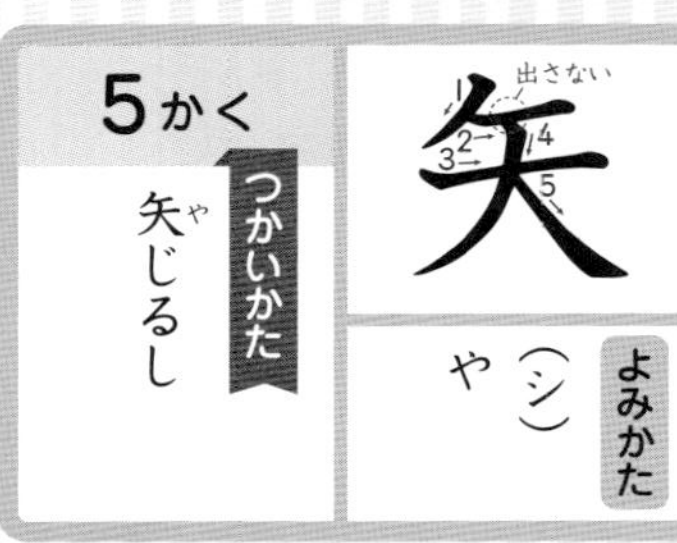

矢（5かく）
よみかた：（シ）　や
つかいかた：矢（や）じるし

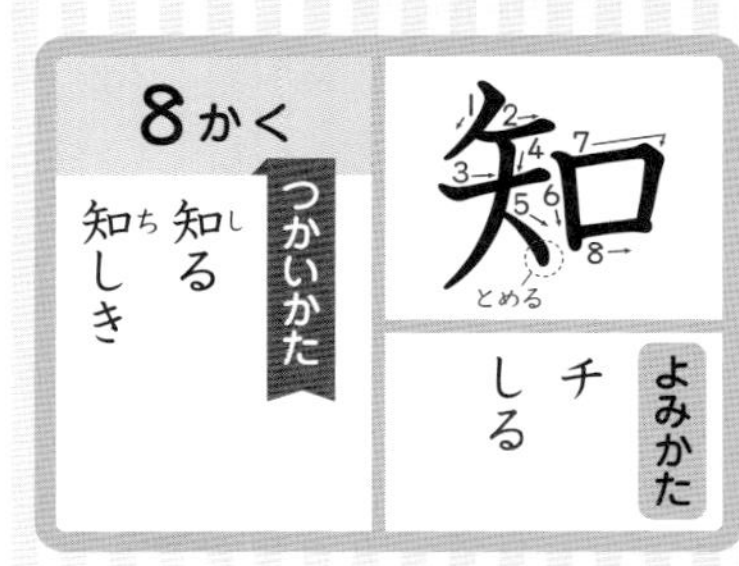

知（8かく）
よみかた：チ　しる
つかいかた：知（し）る　知（ち）しき

1 ミニオンたちが、二つの かん字の 同（おな）じ ぶぶんを かくして しまったよ。それぞれ 正しい かん字を □ に 書（か）こう。（一つ 10てん）

★ ①（ゆみ）を

② （ひ）く。

★ ③（や）の つかい方（かた）を

④ （し）る。

② ——の　かん字の　読み(よ)がなを　書(か)こう。（一つ　6てん）

① 弓矢を　もつ。（　　）

② つなを　引く。（　　）

③ 文を　引用する。（よう　　）
（ことばや　文しょうを　かりて　きて　つかう　こと）

④ はじめて　知る。（　　）

⑤ 知しきを　ふやす。（　　）
（ものごとに　ついて　しって　いる　こと）

③ □に　かん字を、（　）に　ひらがなを　書(か)こう。（一つ　6てん）

① □(ゆみ)を　はる。

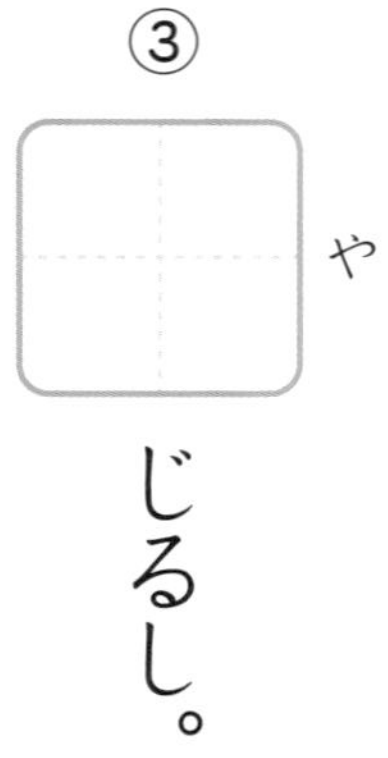

② 気を　□（　　）。(ひく)

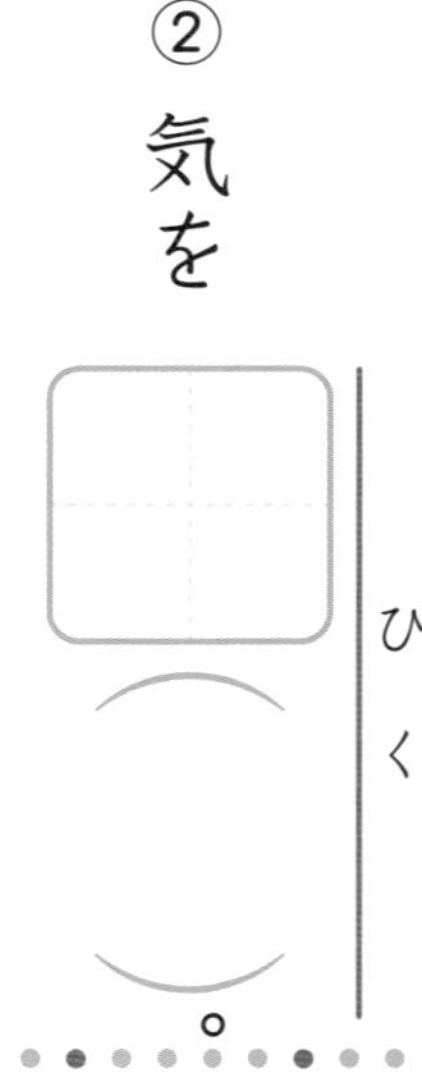

③ □(や)じるし。

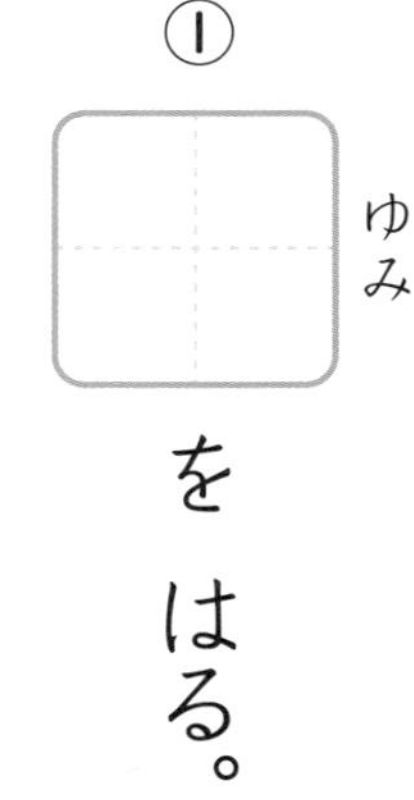

④ □(し)り合(あ)い。

⑤ □(ち)えが　ある。

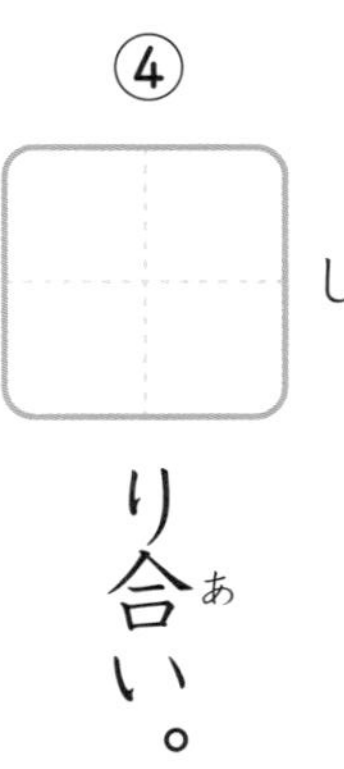

3 心・思・父・母

月　日

はじめ　じ　ふん

おわり　じ　ふん

名まえ

とくてん　てん

かん字の　かくにん

字	よみかた	かくすう	つかいかた
心	シン　こころ	4かく	心(こころ)　中心(ちゅうしん)
思	シ　おもう	9かく	思(おも)う　意思(いし)　思(おも)い出(で)
父	フ　ちち	4かく	父(ちち)　父親(ちちおや)　父母(ふぼ)
母	ボ　はは	5かく	母(はは)　母親(ははおや)　母子(ぼし)　父母(ふぼ)

1 ミニオンたちが、かん字の　読(よ)みがなを　くりぬいて　しまったよ。正しい　読(よ)みがなを　○に　書(か)こう。

（一つ　10てん）

① 心　○○○

② 父　○○

③ 思う　○○

④ 母　○○

ち　も　は　こ　ち　こ　は　お　ろ

② ――の かん字の 読み(よ)がなを 書(か)こう。 （一つ ６てん）

① やさしい 心。（　　）

② 楽(たの)しいと 思う。（　　）

③ 父を 手つだう。（　　）

④ 母親と 話(はな)す。（おや）

⑤ 父母の 絵(え)を かく。（　　）

③ □に かん字を 書(か)こう。 （一つ ６てん）

① 円の 中□(ちゅうしん)。

② □(おも)い出。

③ 強(つよ)い 意(い)□(し)。

④ 親(おや)と □(ちち) 出かける。

⑤ □(はは)の ようふく。

4 才・弟・姉・妹

月　日

名まえ

はじめ　じ　ふん

おわり　じ　ふん

とくてん　てん

かん字の　かくにん

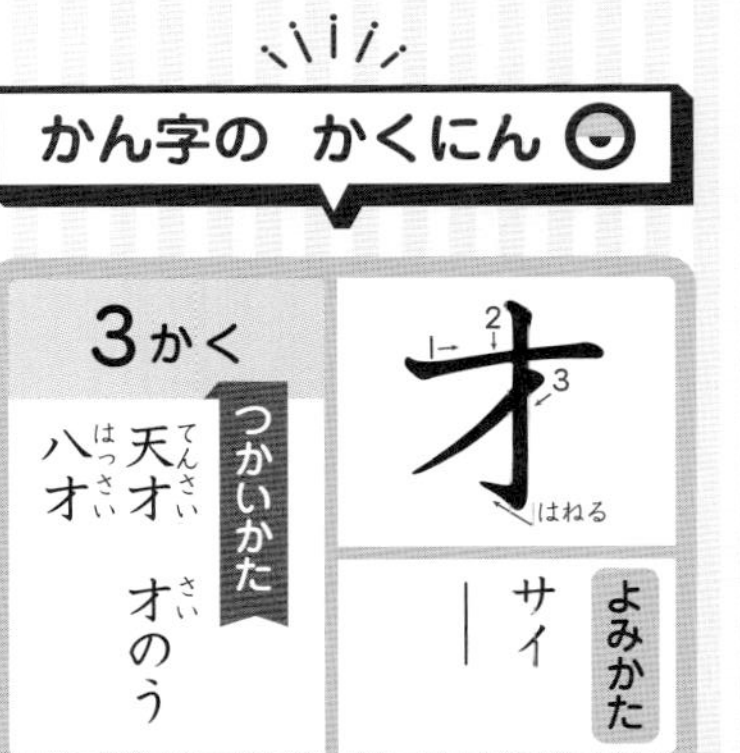

才　3かく

よみかた：サイ

つかいかた：天才（てんさい）　八才（はっさい）　才のう（さいのう）

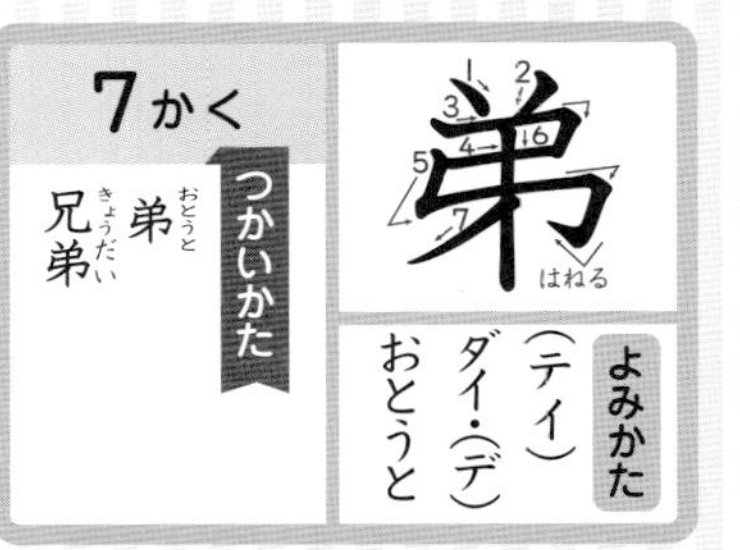

弟　7かく

よみかた：（テイ）　ダイ・（デ）　おとうと

つかいかた：弟（おとうと）　兄弟（きょうだい）

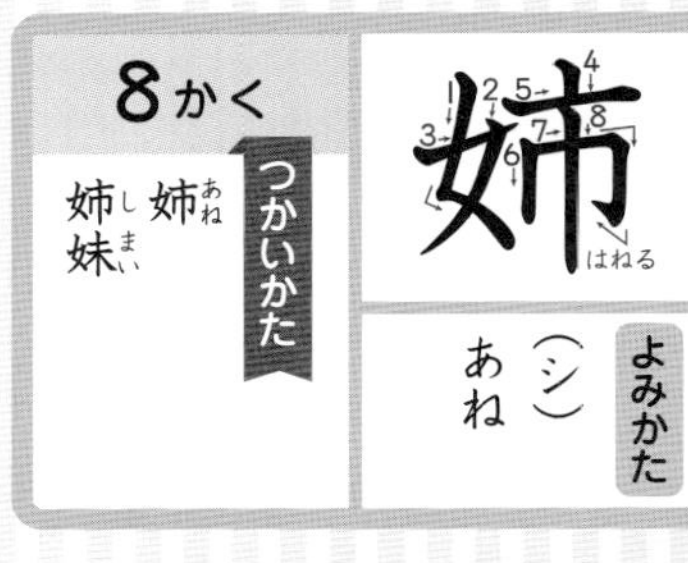

姉　8かく

よみかた：（シ）　あね

つかいかた：姉（あね）　姉妹（しまい）

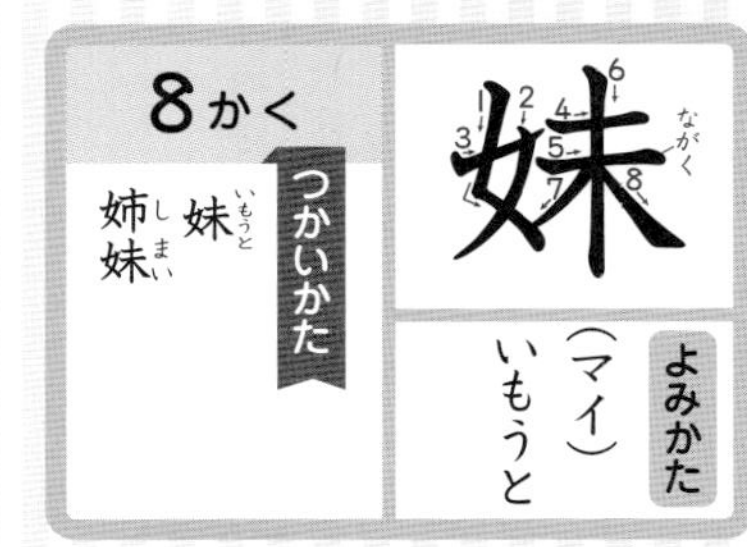

妹　8かく

よみかた：（マイ）　いもうと

つかいかた：妹（いもうと）　姉妹（しまい）

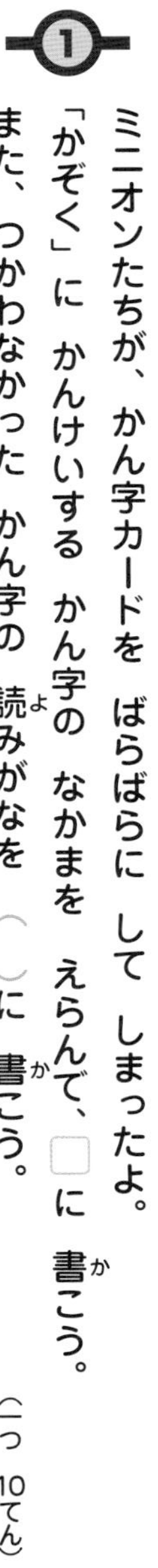

① ミニオンたちが、かん字カードを　ばらばらに　して　しまったよ。
「かぞく」に　かんけいする　かん字の　なかまを　えらんで、□に　書（か）こう。
また、つかわなかった　かん字の　読（よ）みがなを　（　）に　書（か）こう。

（一つ　10てん）

★「かぞく」に　かんけいする　かん字の　なかま

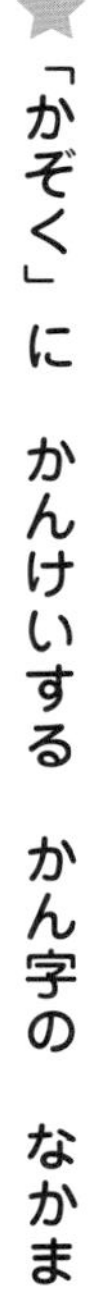

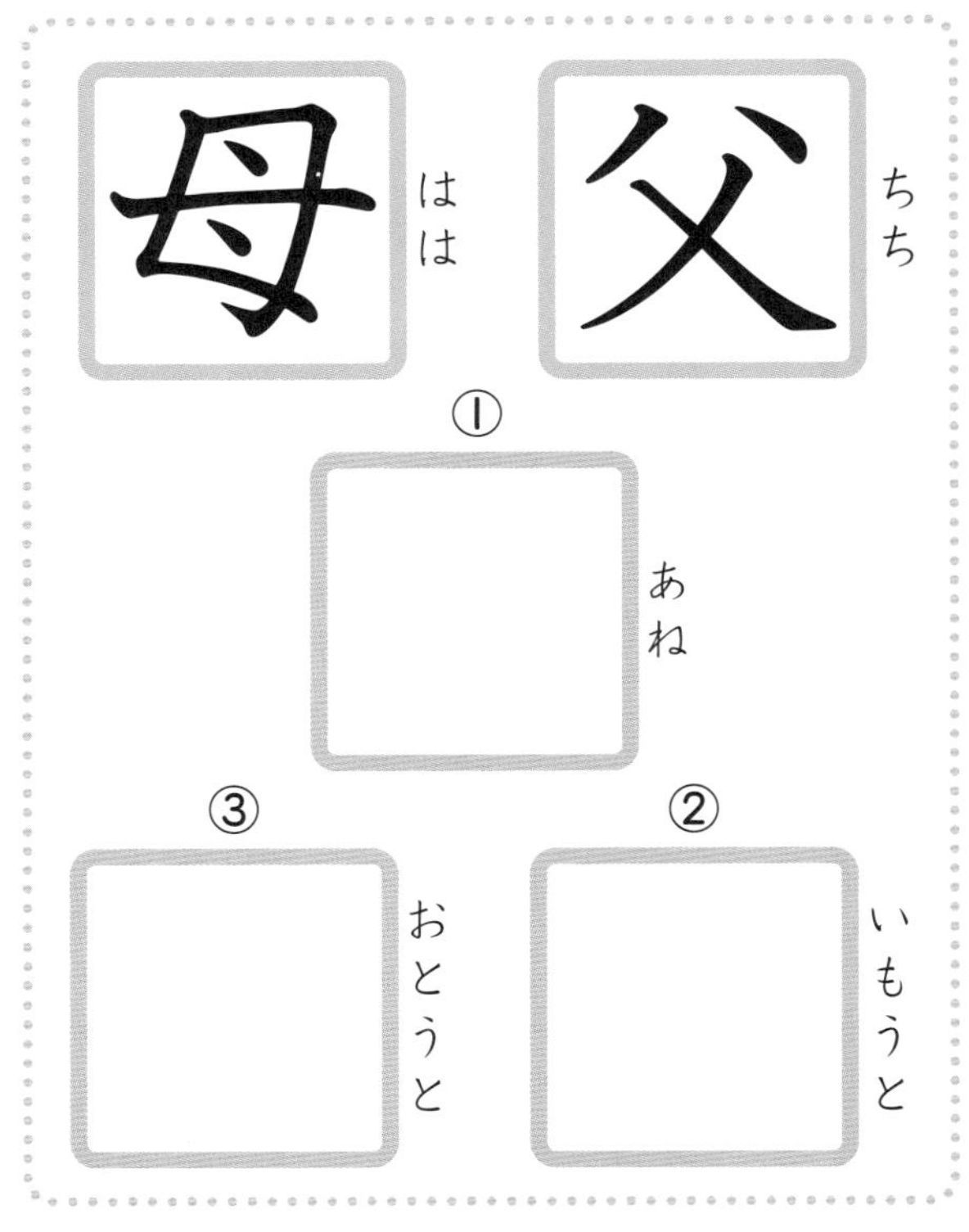

父（ちち）　母（はは）

①（あね）

②（いもうと）

③（おとうと）

★つかわなかった　かん字の　読（よ）みがな

④（　　　）

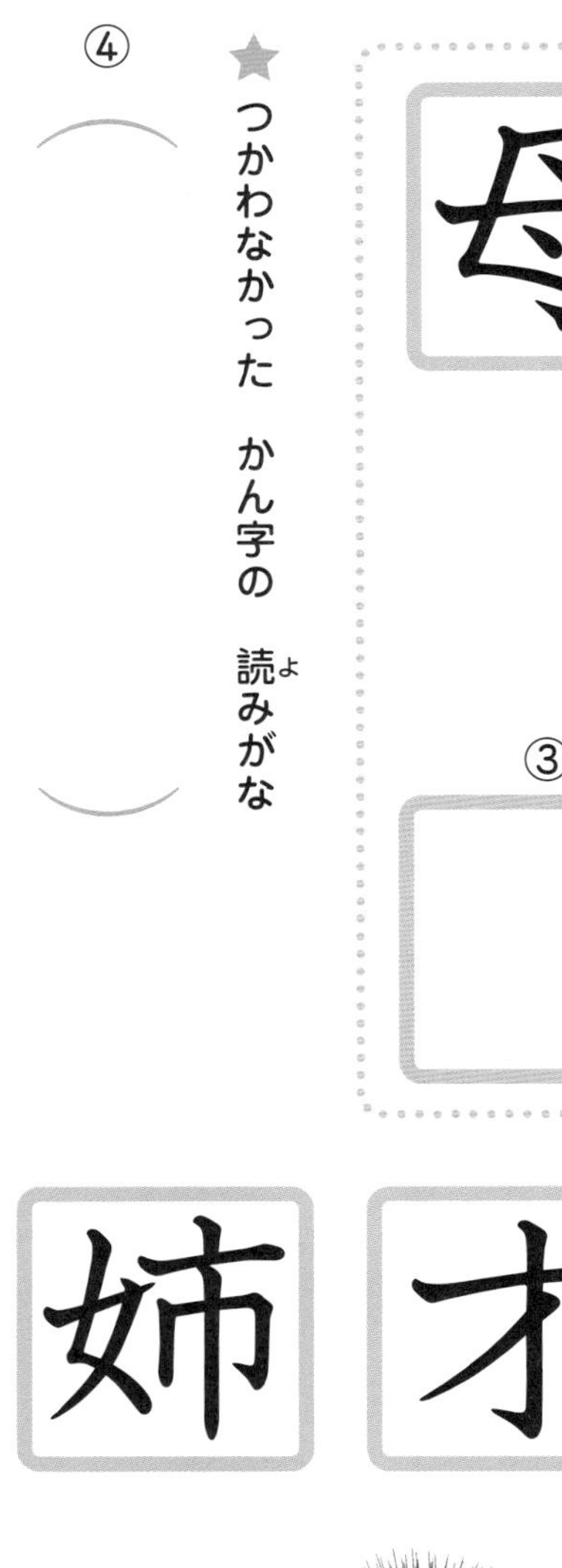

② ――の かん字の 読(よ)みがなを 書(か)こう。（一つ 6てん）

① 八才に なる。（　　）

② 弟と 手を つなぐ。（　　）

③ 兄弟で あそぶ。（きょう）

④ 姉に 本を かりる。（　　）

⑤ 妹と 出かける。（　　）

③ □に かん字を 書(か)こう。（一つ 6てん）

① 歌(うた)の てんさい。

② おとうとの ボール。

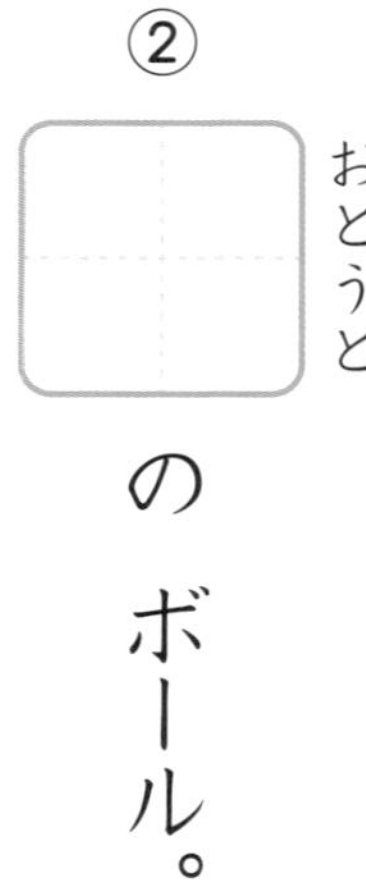

③ きょうだいの へや。

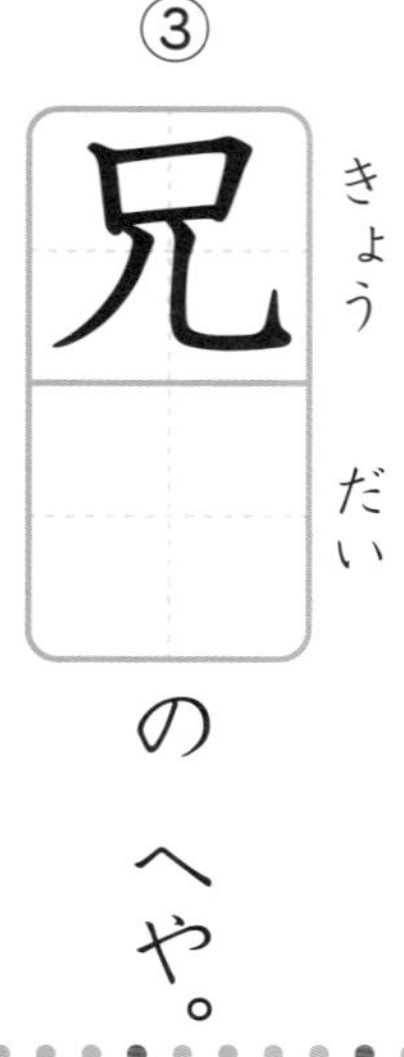

④ あねの ぼうし。

⑤ いもうとの ぬいぐるみ。

5 兄・元・光・万

月　日

はじめ　じ　ふん
おわり　じ　ふん

名まえ

とくてん　てん

かん字の　かくにん

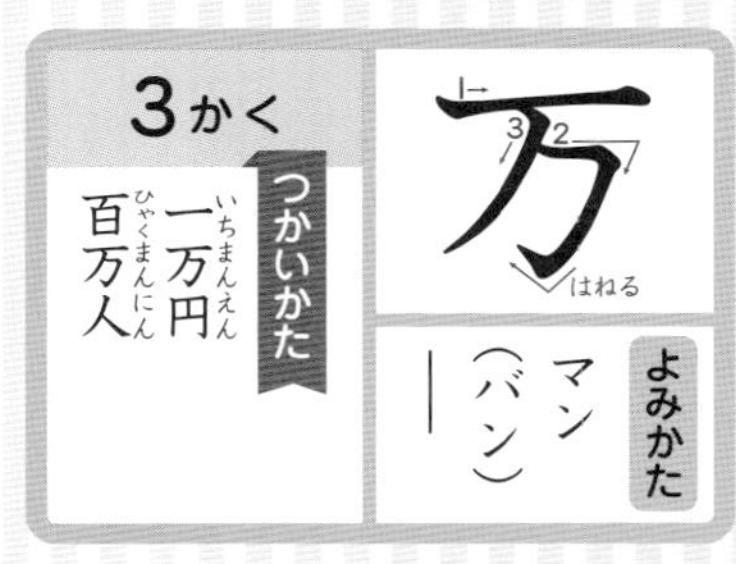

5かく
兄
よみかた：（ケイ）　キョウ　あに
つかいかた：兄（あに）　兄弟（きょうだい）

4かく
元
よみかた：ゲン　ガン　もと
つかいかた：元（もと）　元気（げんき）　元日（がんじつ）

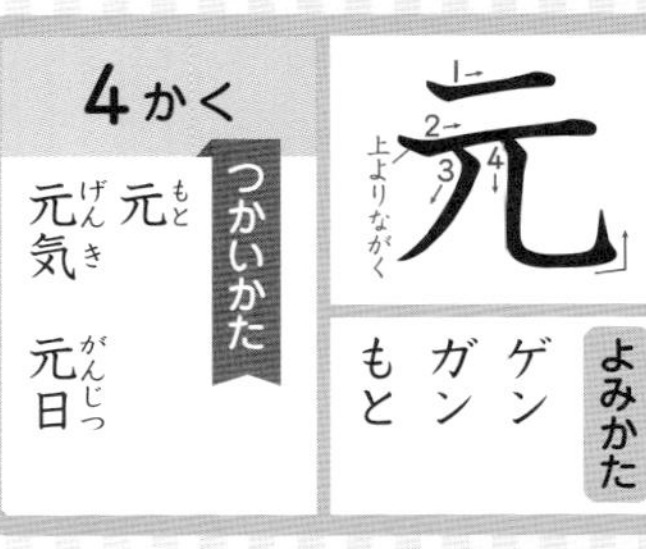

6かく
光
よみかた：コウ　ひかる　ひかり
つかいかた：光る（ひかる）　光（ひかり）　日光（にっこう）

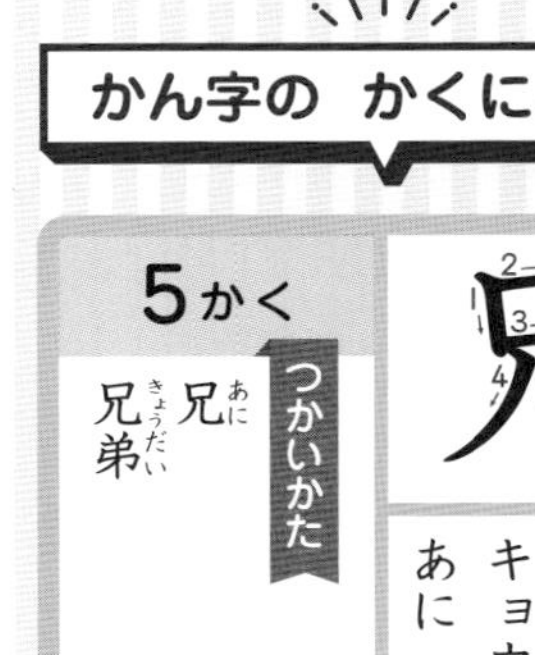

3かく
万
よみかた：マン　（バン）　―
つかいかた：一万円（いちまんえん）　百万人（ひゃくまんにん）

① ミニオンたちが、かん字の　めいろを　作（つく）ったよ。←の　ぶぶんを　三番目（さんばんめ）に　書（か）く　かん字を　通（とお）って、ゴールまで　すすもう。

（40てん）

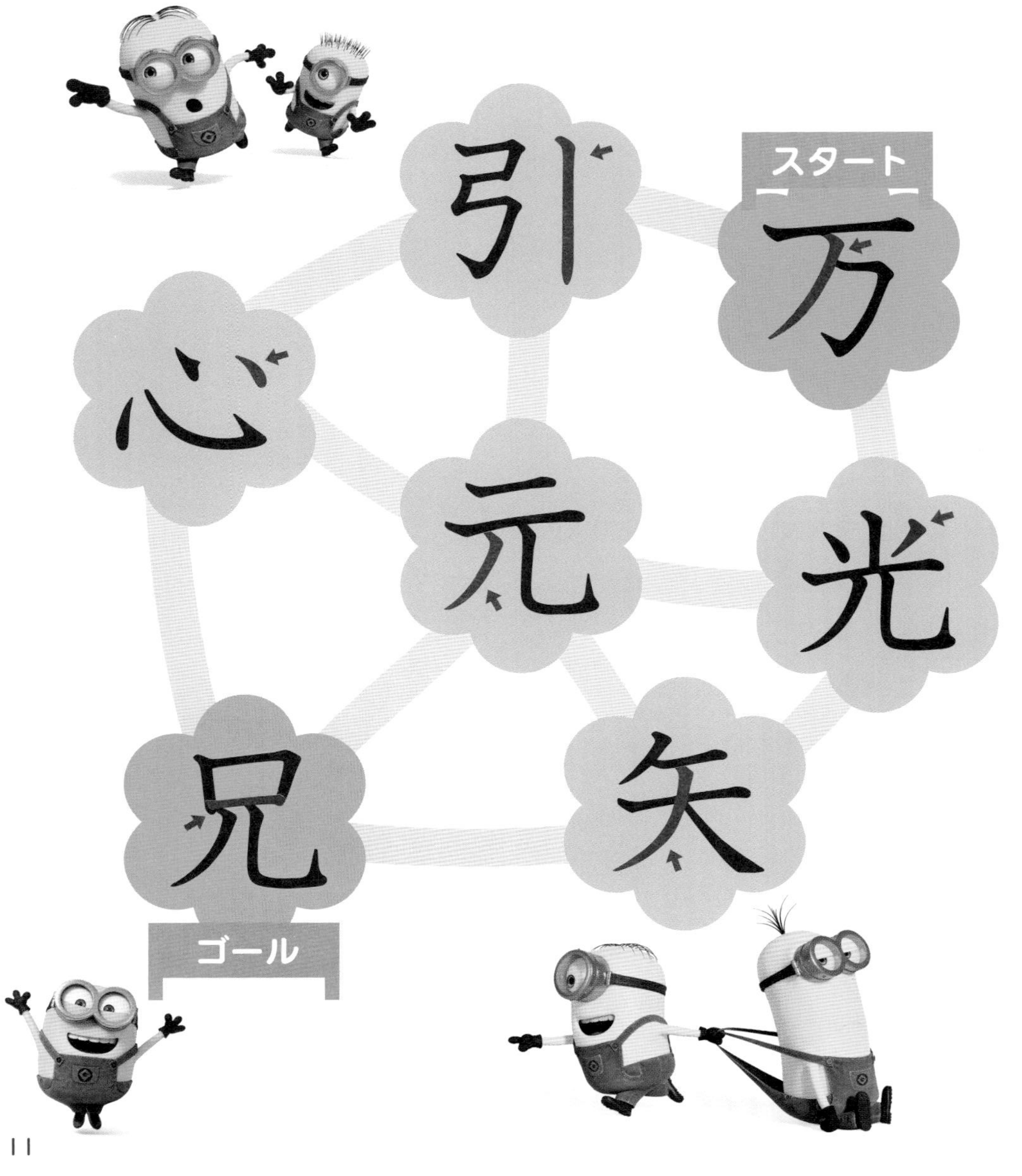

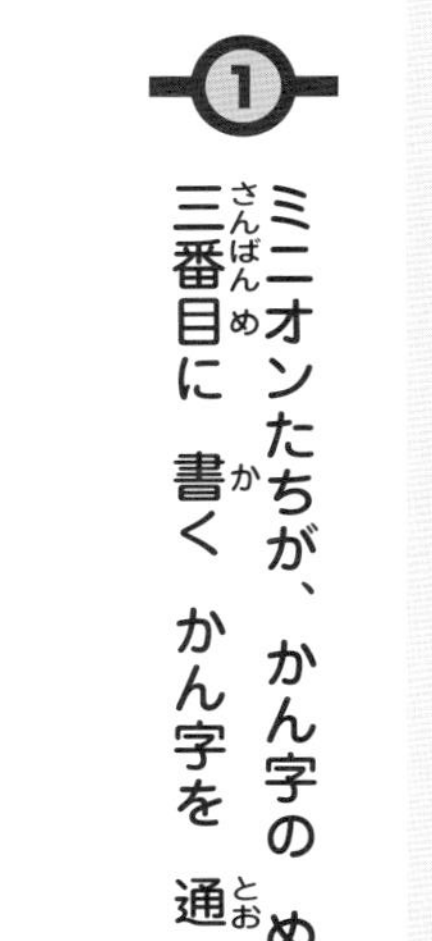

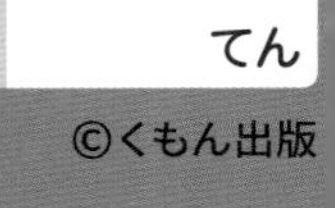

2 ──の かん字の 読(よ)みがなを 書(か)こう。

(一つ 6てん)

① 兄の つくえ。（　　）

② 元の 大きさ。（　　）

③ 元気な 犬。（　　）

④ 星(ほし)が 光る。（　　）

⑤ 一万円さつを 出す。（えん）

3 □に かん字を 書(か)こう。

(一つ 6てん)

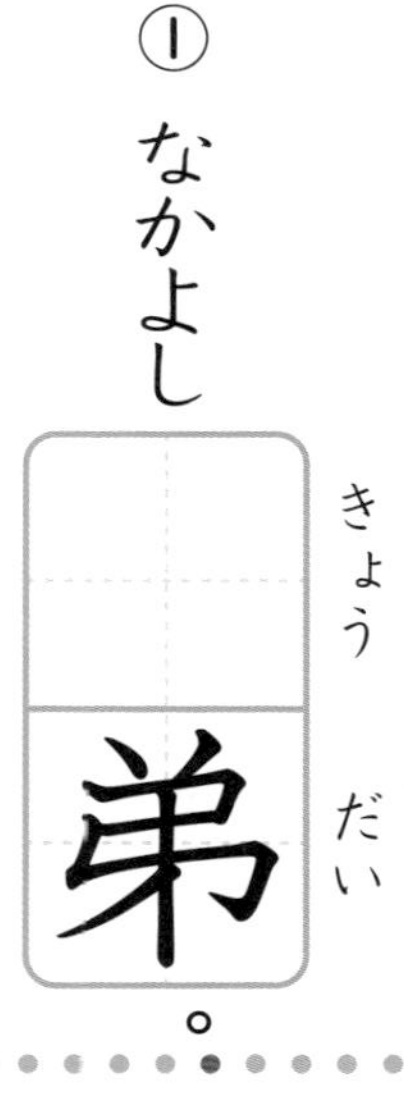

① なかよし □(きょう)弟(だい)。

② □(げん)気(き)な 声(こえ)。

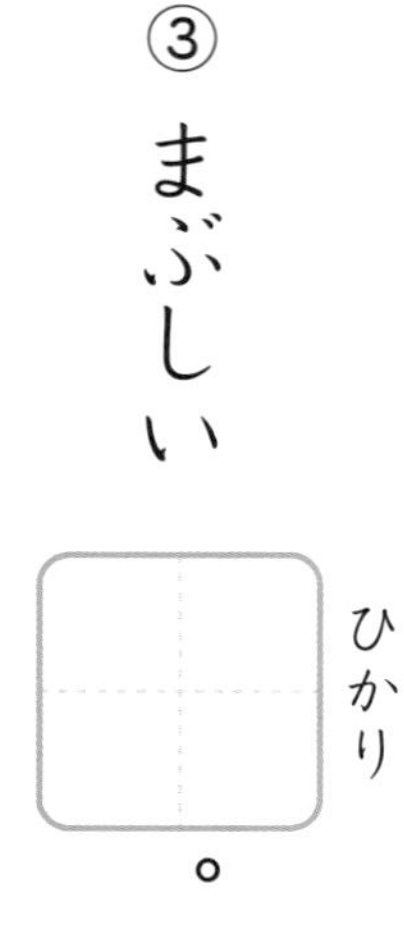

③ まぶしい □(ひかり)。

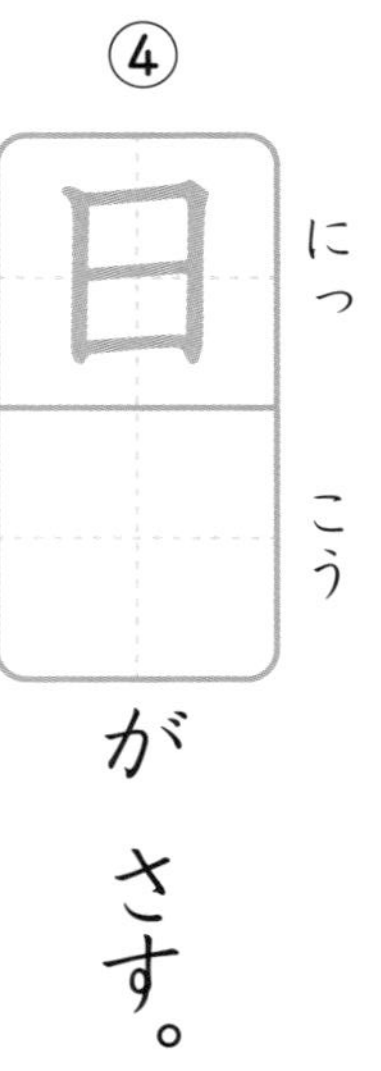

④ 日(にっ)□(こう)が さす。

⑤ 百(ひゃく)□(まん)人(にん)。

6 戸・何・回・広

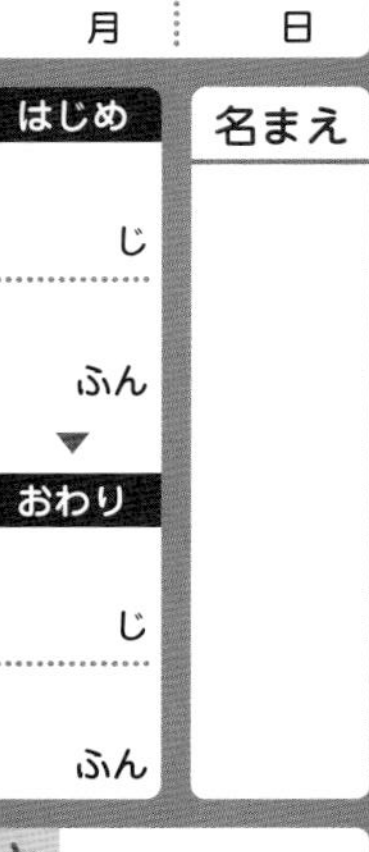

かん字の かくにん

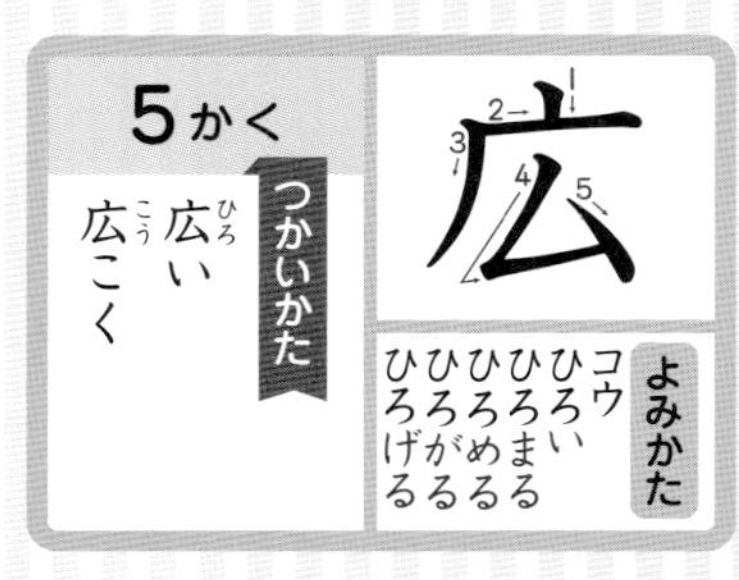

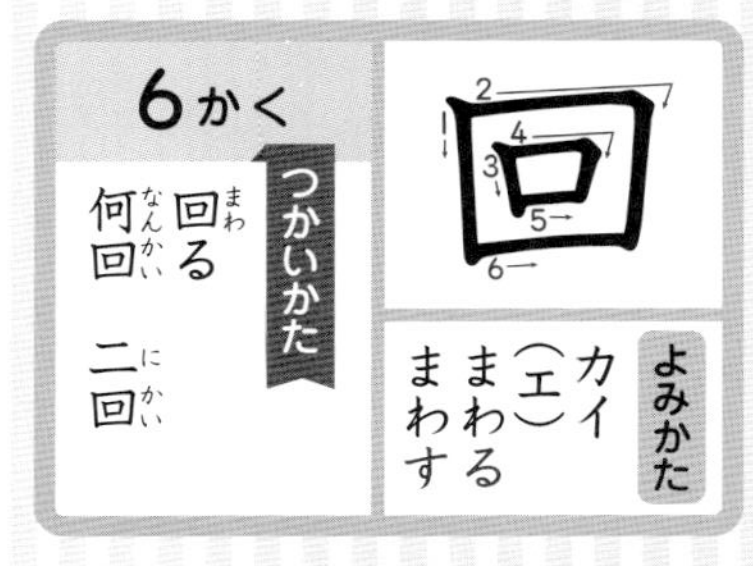

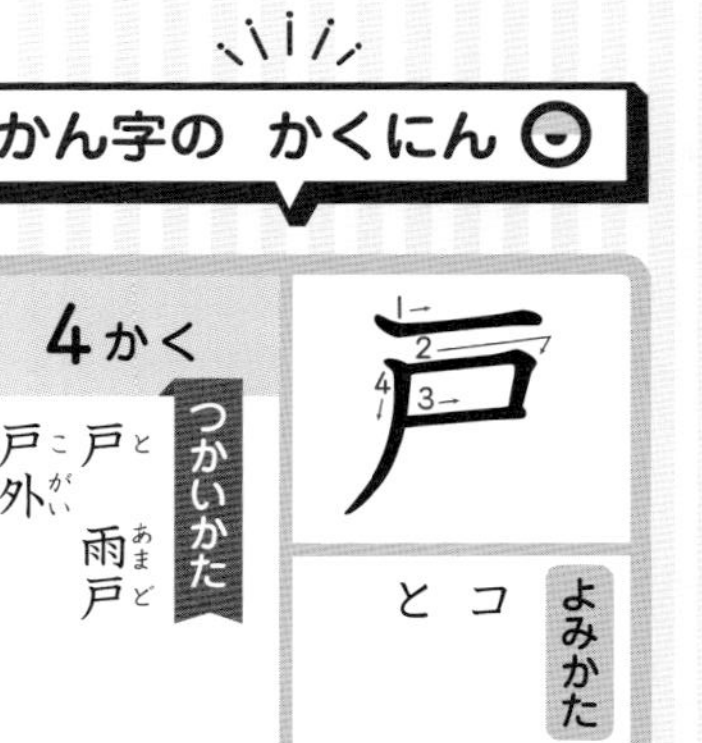

1 ミニオンたちが、かん字を ばらばらに して しまったよ。あみだくじの とちゅうに ある かん字の ぶぶんを 組（く）み合（あ）わせて できる かん字を □に 書（か）こう。

（一つ 10てん）

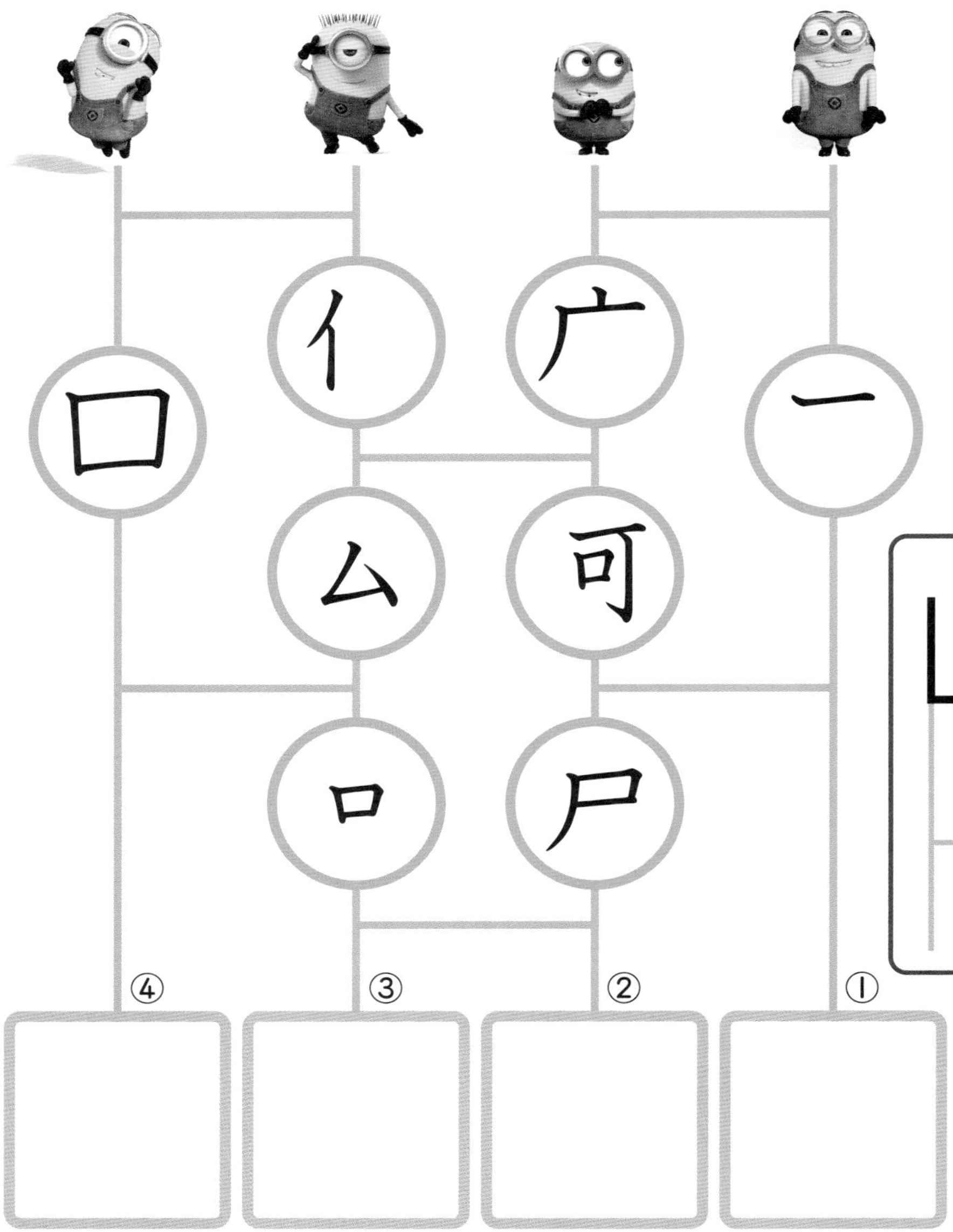

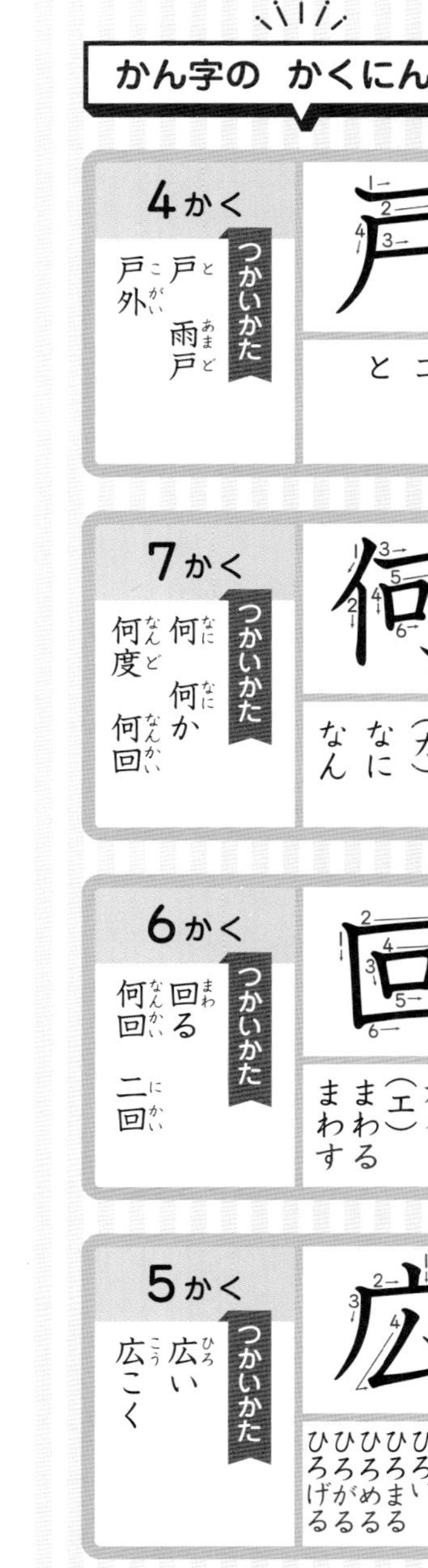

2 ―― の かん字の 読(よ)みがなを 書(か)こう。

(一つ 6てん)

① 戸(　　　)を しめる。

② 戸外(がい)（いえの そと）に 出る。

③ 何(　　　)も 分(わ)からない。

④ 目が 回(　　　)る。

⑤ 広(　　　)い にわ。

3 □に かん字を、（　）に ひらがなを 書(か)こう。

(一つ 6てん)

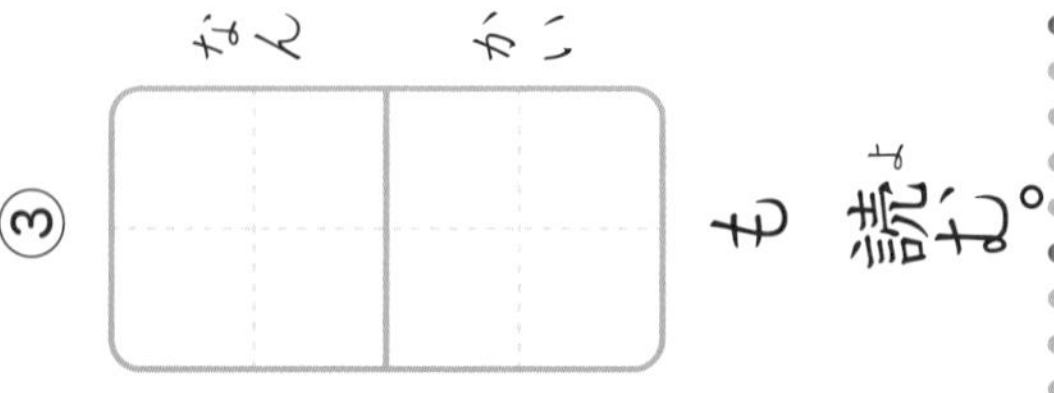
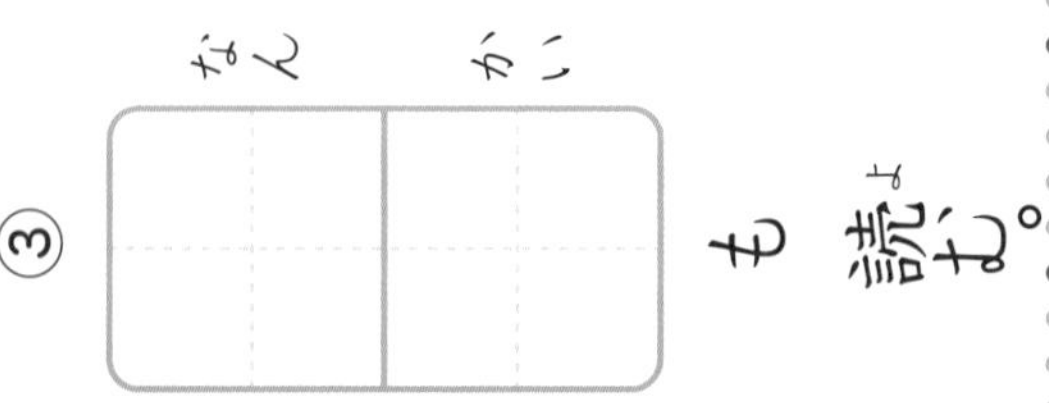

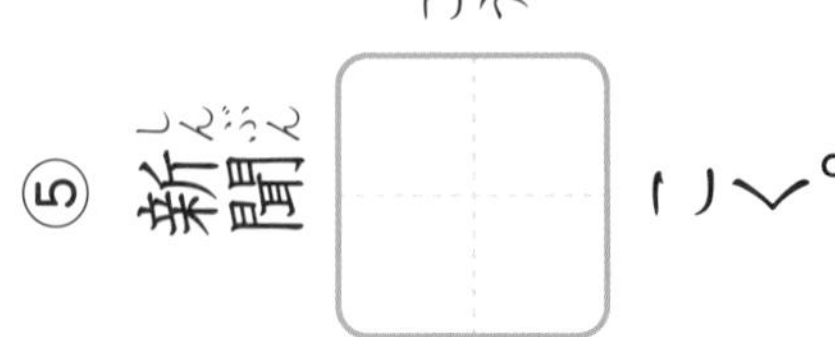

① □(と)を あける。

② □(なん)度(ど)も 言(い)う。

③ □□(なんかい)も 読(よ)む。

④ □（　　）へや。（ひろい）

⑤ 新聞(しんぶん) □(こう)こく。

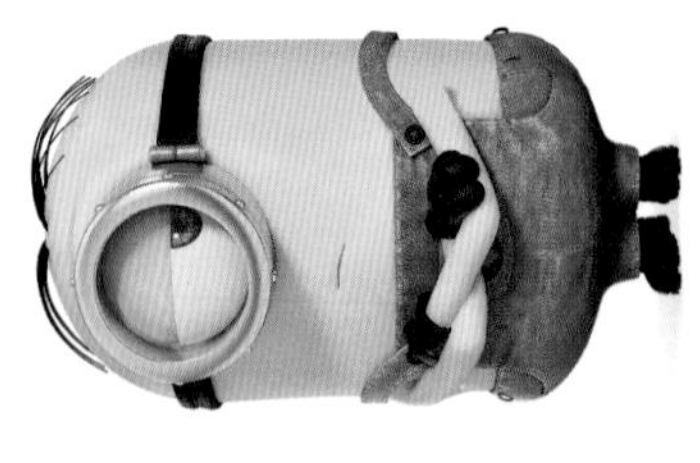

7 交・通・公・園

月　日

名まえ

はじめ　じ　ふん

おわり　じ　ふん

とくてん　てん

かん字の かくにん

かく数	かん字	よみかた	つかいかた
6かく	交	コウ / まじわる / まじえる / まじる・まざる / まぜる・(かう) / (かわす)	交わる　外交　交通　交番
10かく	通	ツウ・(ツ) / とおる / とおす / かよう	通る　通う　交通　通学
4かく	公	コウ / (おおやけ)	公園　主人公　公正
13かく	園	エン / (その)	園長　園外　学園　ほいく園

①ミニオンたちが、ゴールまでの 道を めいろに して しまったよ。「こうえん」→「えんがい」→「がいこう」→「こうつう」の じゅんに、ことばが できるよう かん字を 通って、ゴールまで すすもう。

(40てん)

スタート

円	公	日
園	外	花
交	通	

ゴール

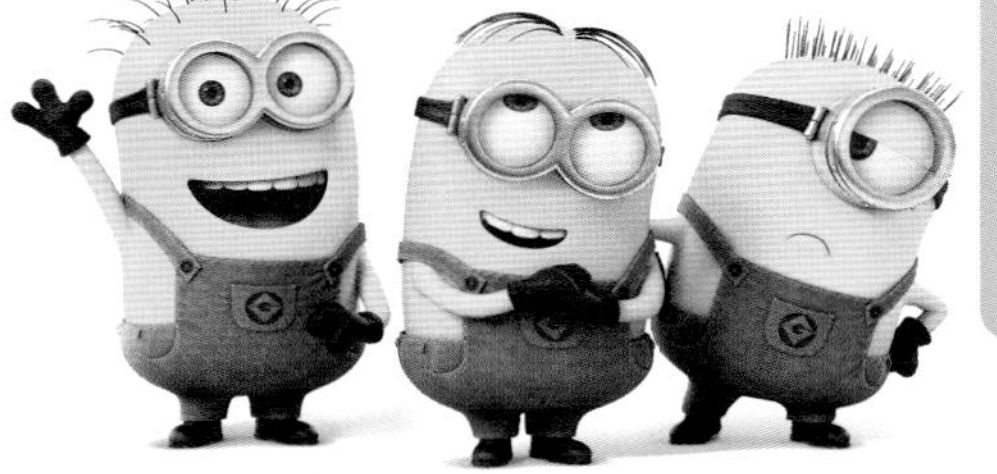

★「がいこう」は、ほかの 国と 話し合いなどを する ことだよ。

2 ｜の かん字の 読(よ)みがなを 書(か)こう。（一つ 6てん）

① 道(みち)が **交**わる。（　　）

② 車が **通**る。（　　）

③ **公正**に 見る。（　　）
（一ぼうに かたよらないで、正しい こと）

④ **園長**先生（ちょう）

⑤ **公園**に 行(い)く。（　　）

3 □に かん字を、（　）に ひらがなを 書(か)こう。（一つ 6てん）

① こう□ ばん番 に 行(い)く。

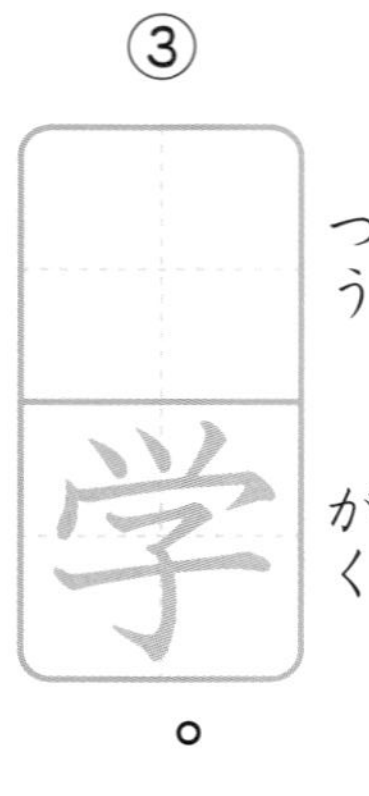

② 心(こころ)が □ かよう（　　）。

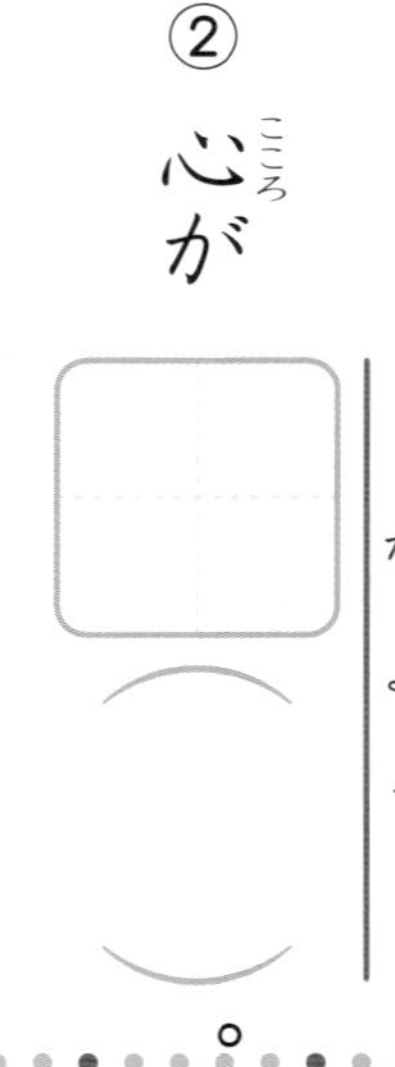

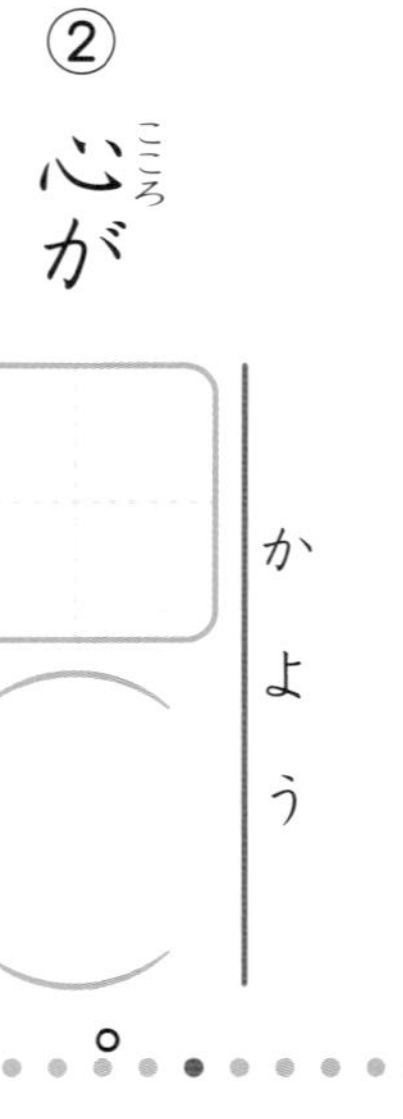

③ つう□ がく学。

④ しゅ主 じん人 こう□。

⑤ ほいく□ えんの 先生に なりたい。

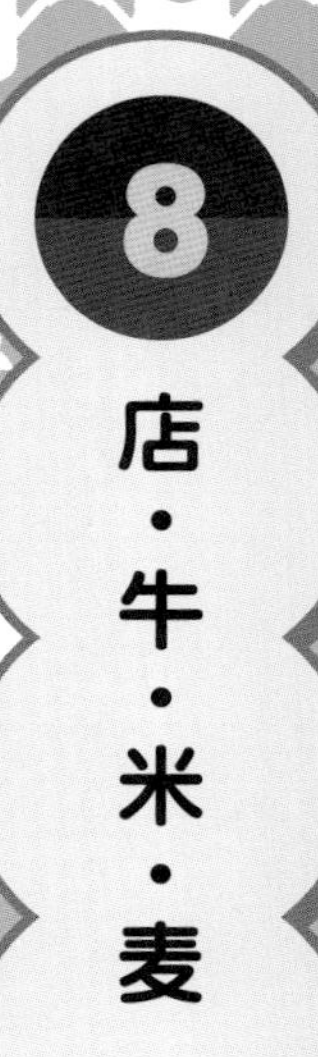

8 店・牛・米・麦

月　日

名まえ

はじめ　じ　ふん
おわり　じ　ふん

とくてん　てん

かん字の かくにん

店	8かく	よみかた：テン、みせ	つかいかた：店（みせ）、書店（しょてん）
牛	4かく	よみかた：ギュウ、うし	つかいかた：牛（うし）、牛肉（ぎゅうにく）
米	6かく	よみかた：ベイ、マイ、こめ	つかいかた：米（こめ）、新米（しんまい）、白米（はくまい）、米作（べいさく）
麦	7かく	よみかた：（バク）、むぎ	つかいかた：小麦（こむぎ）、麦茶（むぎちゃ）

1

ミニオンたちが、かん字の いちぶを ばらばらに して あそんで いるよ。元（もと）の かん字に 当（あ）てはまらない 三つの ぶぶんに ○を つけ、□に 元（もと）の かん字を 書（か）こう。

（一つ 10てん）

① 店　② 牛　③ 米　④ 麦

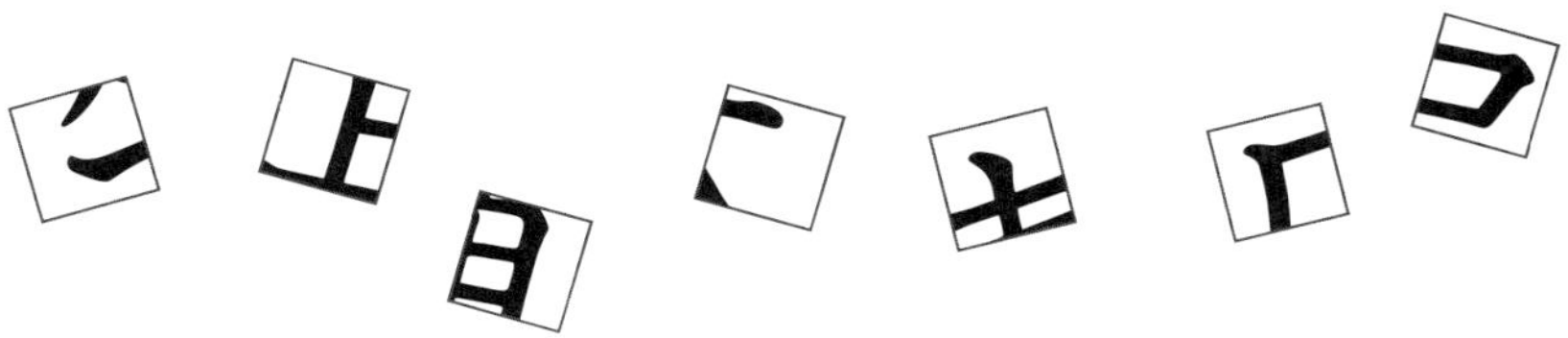

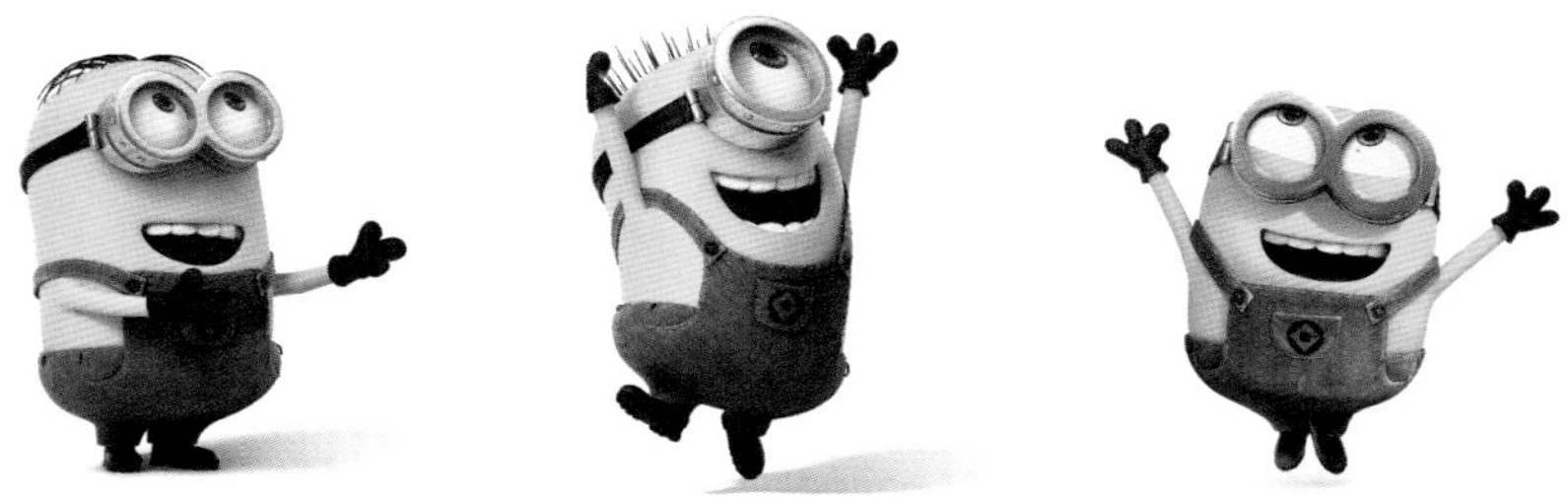

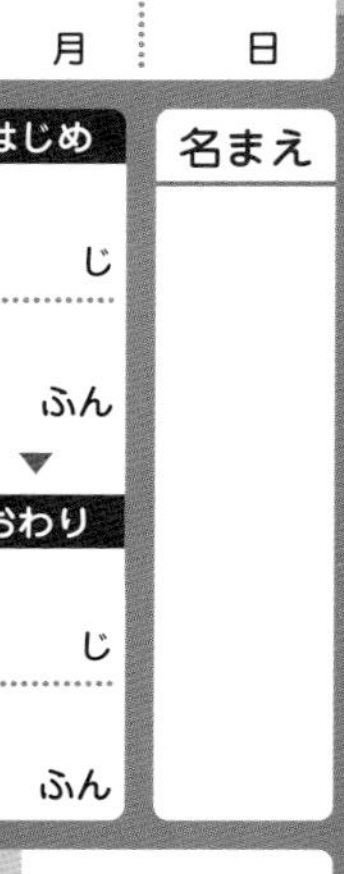

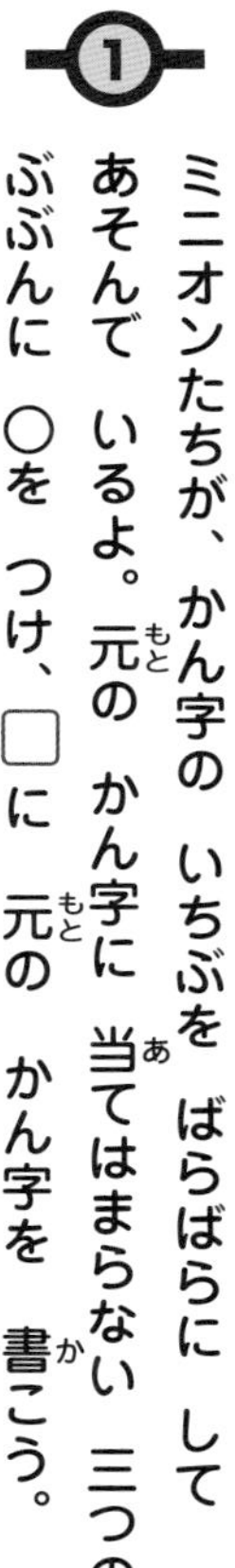

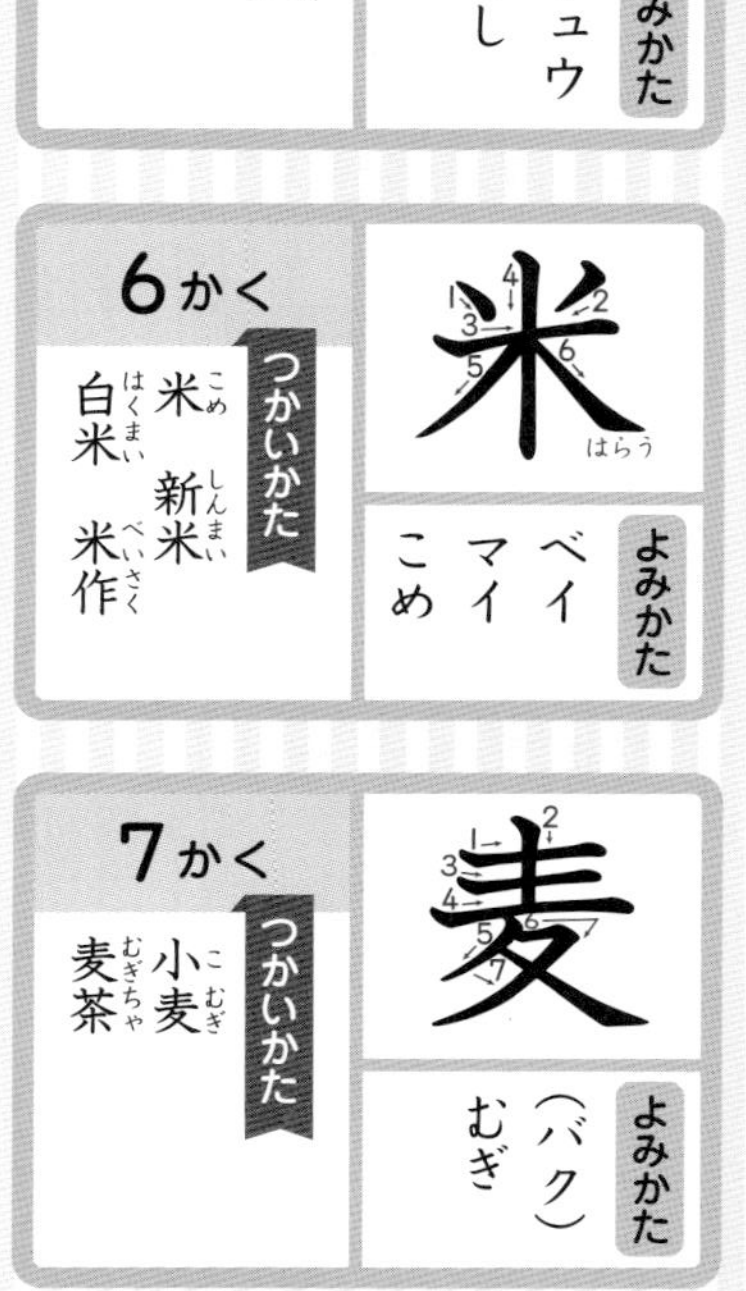

①□　②□　③□　④□

2 ――の かん字の 読みがなを 書こう。

（一つ 6てん）

① 店（　　）に 行く。

② 牛肉（にく）を やく。

③ 米（　　）の しゅうかく。

④ 今年の 新米（しん）。（その 年に とれた あたらしい こめ）

⑤ 小麦（　　）が みのる。

3 □に かん字を 書こう。

（一つ 6てん）

① 書［しょ］［てん］に 行く。（本やさん）

② ［うし］の えさやり。

③ 白［はく］［まい］。

④ ［べい］作［さく］の う家。（こめを つくる こと）

⑤ ［むぎ］茶［ちゃ］を のむ。

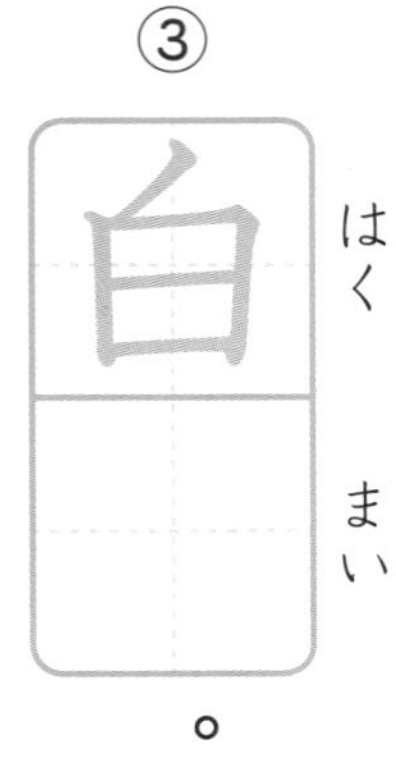
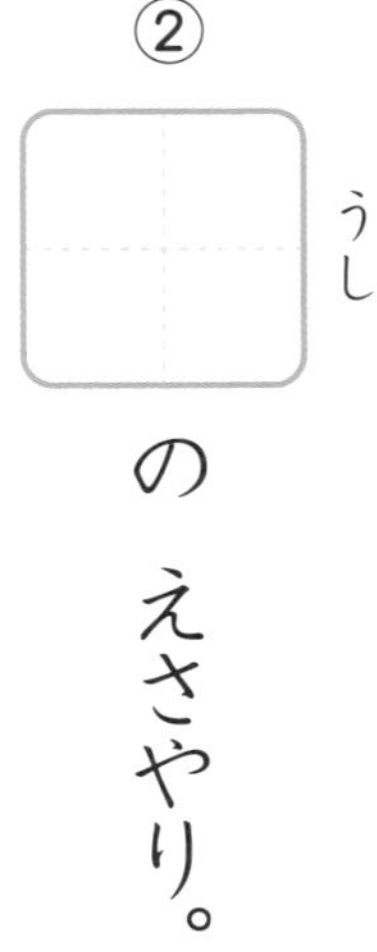

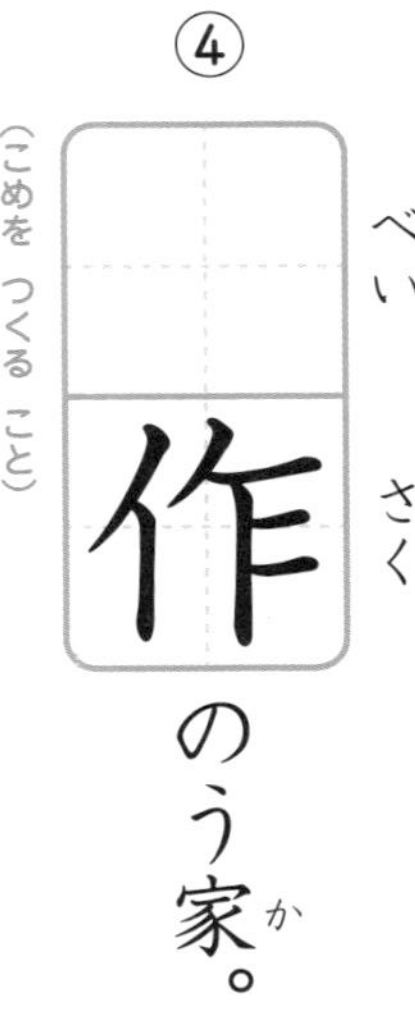

9 魚・海・谷・岩

月　日

はじめ　じ　ふん　▼　おわり　じ　ふん

名まえ

とくてん　てん

かん字の かくにん

魚 11かく
よみかた：ギョ／うお／さかな
つかいかた：魚（さかな）　魚市場（うおいちば）　金魚（きんぎょ）

海 9かく（はねる・出す）
よみかた：カイ／うみ
つかいかた：海（うみ）　海外（かいがい）　海水（かいすい）

谷 7かく（つける）
よみかた：（コク）／たに
つかいかた：谷（たに）　谷川（たにがわ）

岩 8かく（はらう）
よみかた：ガン／いわ
つかいかた：岩（いわ）　岩石（がんせき）

1 ミニオンたちが、かん字を 二つに 分（わ）けて しまったよ。同（おな）じ かん字の ぶぶんどうしを 線（せん）で むすび、元（もと）の かん字を □ に 書（か）こう。（一つ 10てん）

⺈田 ☆　　毎 ☆　　八人 ☆　　石 ☆

☆ 口　　☆ 灬　　☆ 山　　☆ 氵

① □　② □　③ □　④ □

2 ──の かん字の 読みがなを 書こう。（一つ 6てん）

① 魚を つる。（　　）

② 広い 海。（　　）

③ 海水よく。（　　）

④ 大きな 岩。（　　）

⑤ 岩石を ほる。（　　）

3 □に かん字を 書こう。（一つ 6てん）

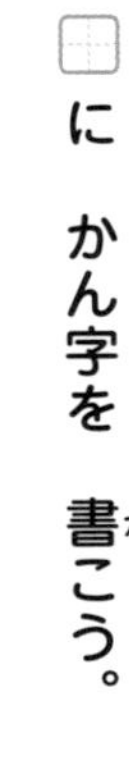

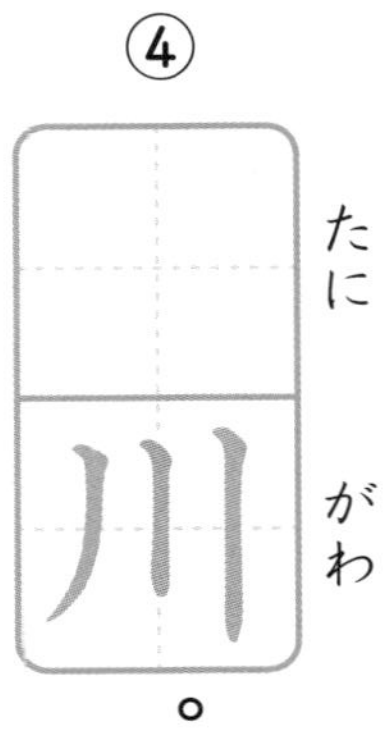

① □（うお）市（いち）場（ば）。

② 金（きん）□（ぎょ）を かう。

③ □（かい）外（がい）りょ行。

④ □（たに）川（がわ）。

⑤ 大きな □（がん）石（せき）。

10 星・丸・太・細

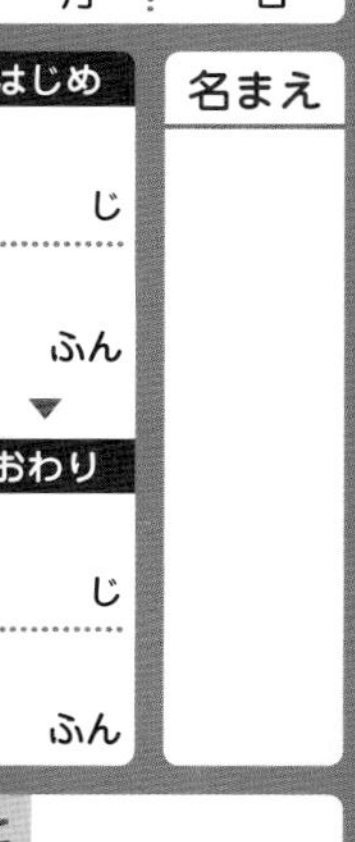

月　日　名まえ
はじめ　じ　ふん　おわり　じ　ふん
とくてん　てん

かん字の かくにん

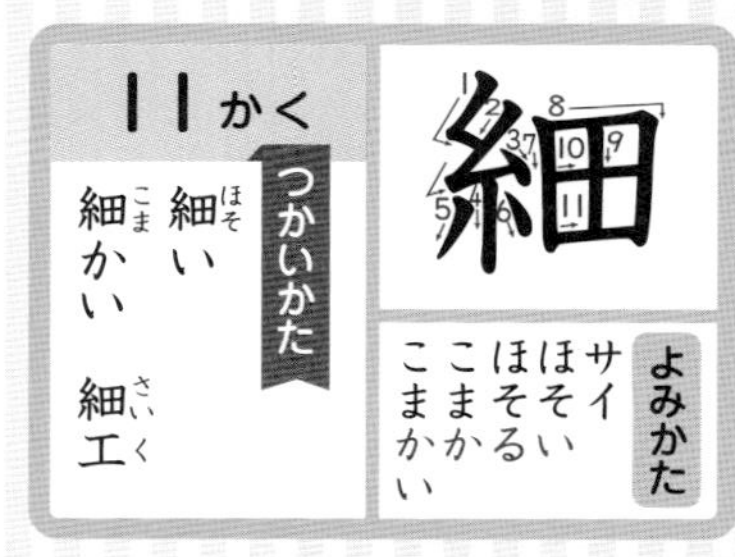

星 9かく
よみかた：セイ（ショウ）、ほし
つかいかた：星、星ざ

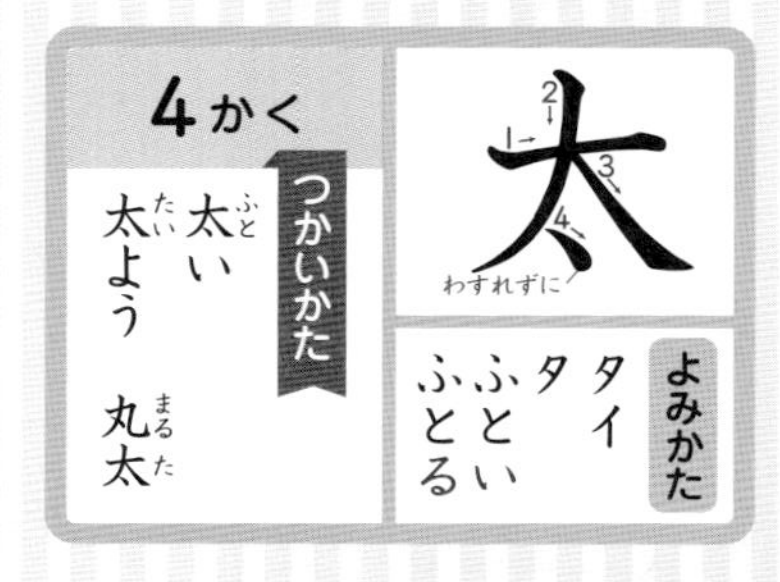

丸 3かく
よみかた：ガン、まる、まるい、まるめる
つかいかた：丸い、ほう丸

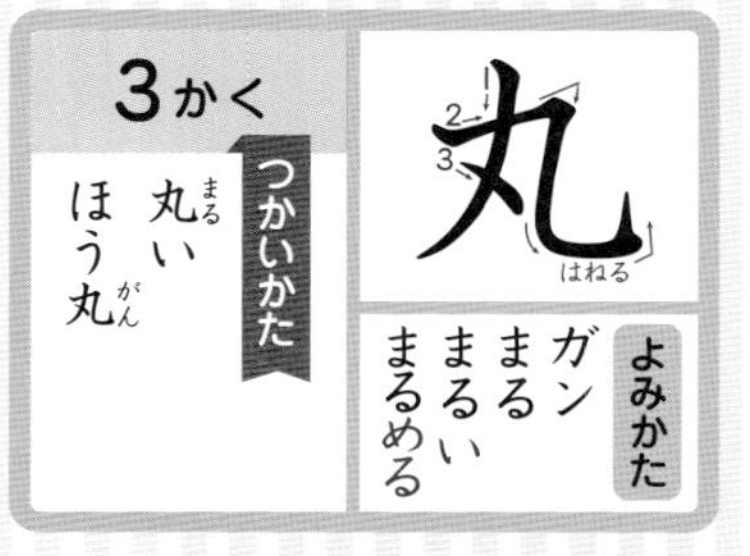

太 4かく
よみかた：タイ、タ、ふとい、ふとる
つかいかた：太い、太よう、丸太

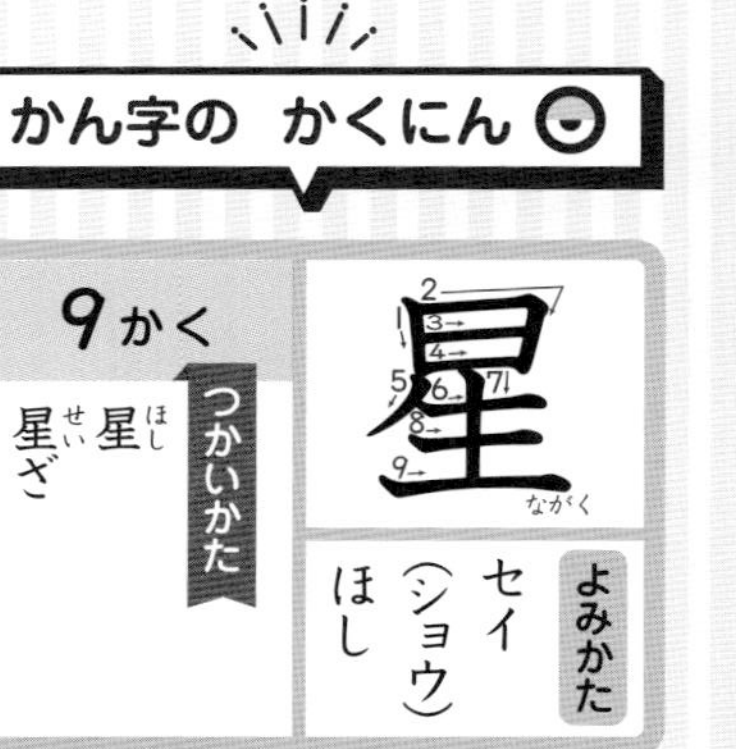

細 11かく
よみかた：サイ、ほそい、ほそる、こまか、こまかい
つかいかた：細い、細かい、細工

1 ミニオンたちが、手紙の かん字の 点（丶）や 線（ノ）を けしたり うごかしたり して しまったよ。□に 正しい かん字を 書こう。（一つ 10てん）

◀手紙

森の 細い 道を 行くと 九犬で

① □

② □□

できた 古い 家が ある。その にわに ある、

星の しるしの はこに、たからが 入って いる。

③ □

2 ——の かん字の 読み(よ)がなを 書(か)こう。

（一つ 7てん）

① 星（　）を 見上げる。

② 丸（　）い ボール。

③ 太（　）い 木。

④ 細（　）い えだを ひろう。

⑤ 細（　）かい 作(さ)ぎょう。

3 □に かん字を 書(か)こう。

（一つ 7てん）

① 夜空(よぞら)の [せい]ざ。

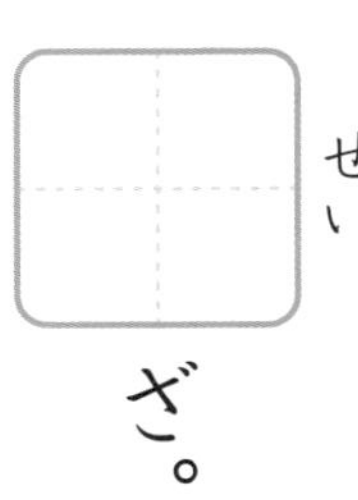

（ほしの ならびを ものや 生きものに 見たてた もの）

② ほう[がん]なげ。

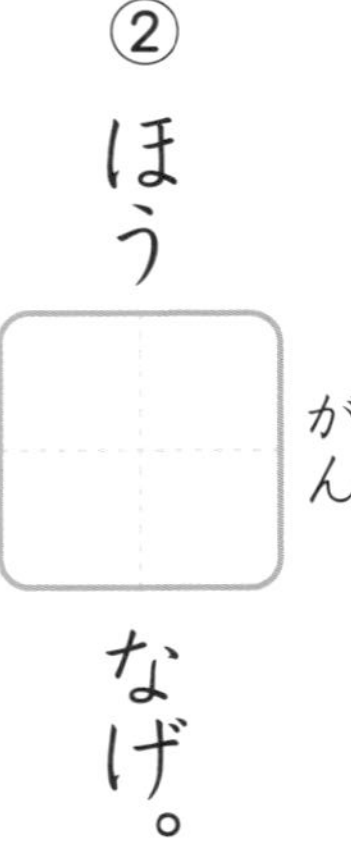

（てつの たまを なげ、とんだ きょりを きそう きょうぎ）

③ [たい]ようの 光(ひかり)。

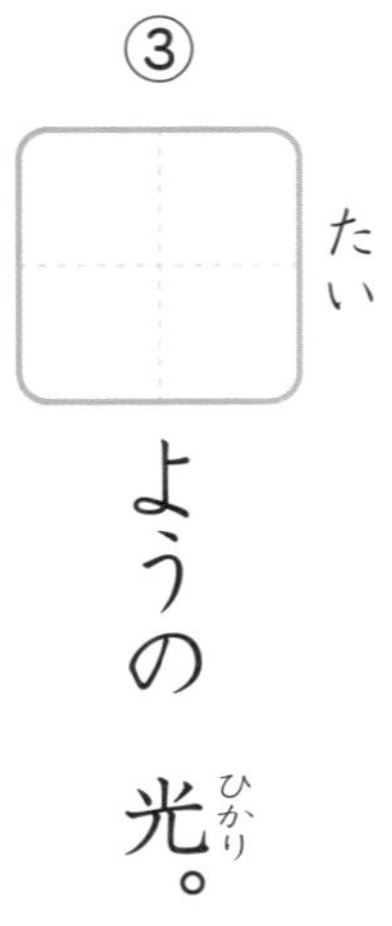

④ [まる][た]を 切(き)る。

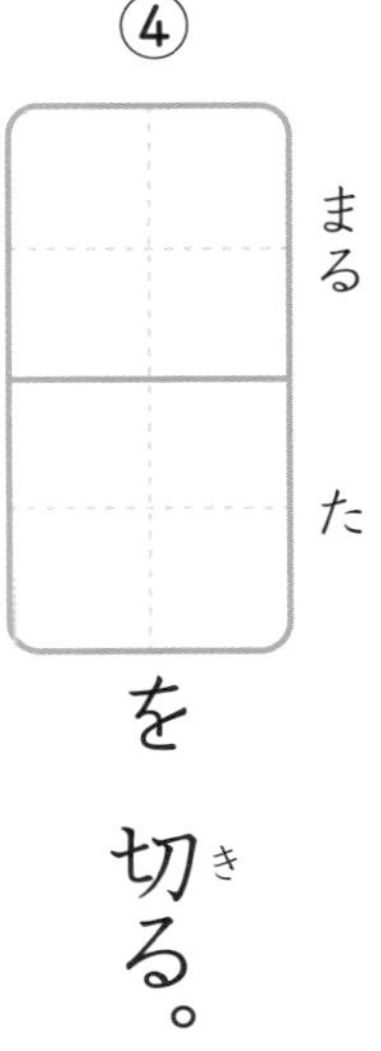

（きり出して、えだを きりおとした 木ざい）

⑤ [さい][く]工する。

（こまかい ものを 手で つくる こと）

11 汽・船・作・工

月　日

名まえ

はじめ　じ　ふん
おわり　じ　ふん

とくてん　てん

かん字の　かくにん

汽 7かく
よみかた：キ
つかいかた：汽車（きしゃ）　汽船（きせん）　汽てき（きてき）

船 11かく
よみかた：セン　ふね　ふな
つかいかた：船（ふね）　汽船（きせん）　船たび（ふなたび）　船長（せんちょう）

作 7かく
よみかた：サク　サ　つくる
つかいかた：作る（つくる）　作文（さくぶん）　どう作（どうさ）

工 3かく
よみかた：コウ　ク
つかいかた：工場（こうじょう）　大工（だいく）　工作（こうさく）

1

ミニオンたちが、かん字の　いちぶの　むきを　かえて　しまったよ。□に　元（もと）の　かん字を　書（か）こう。（一つ　10てん）

① 汽 → □

② 船 → □

③ 作 → □

④ 工 → □

2 ——の かん字の 読(よ)みがなを 書(か)こう。（一つ 6てん）

① 汽車に のる。（　　　）

② 大きな 船。（　　　）

③ 船たびに 出る。（　　　）

④ りょう理(り)を 作る。（　　　）

⑤ おかしの 工場。（　　　）じょう

3 □に かん字を 書(か)こう。（一つ 6てん）

（じょうきの 力で すすむ ふね）

① きせん 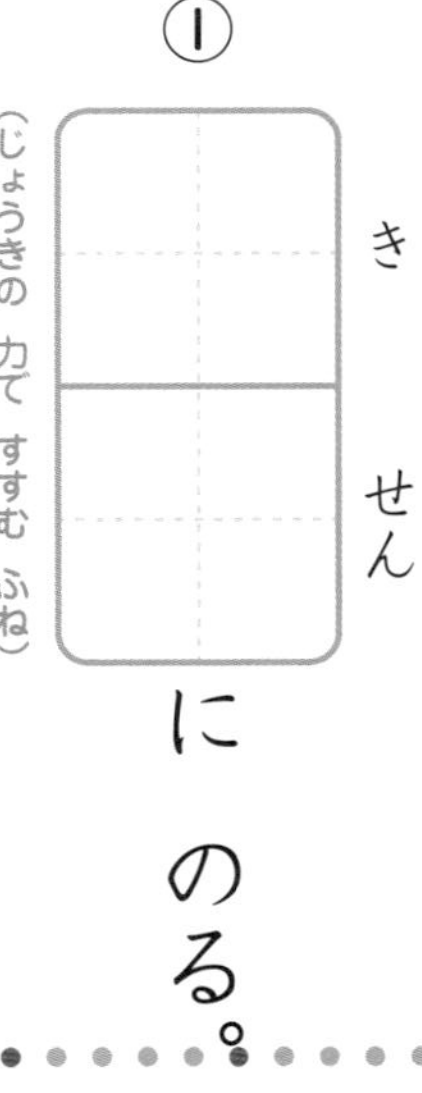 に のる。

② 赤い ふうせん  風。

③ さくぶん  文 を 書(か)く。

④ さるの どうさ 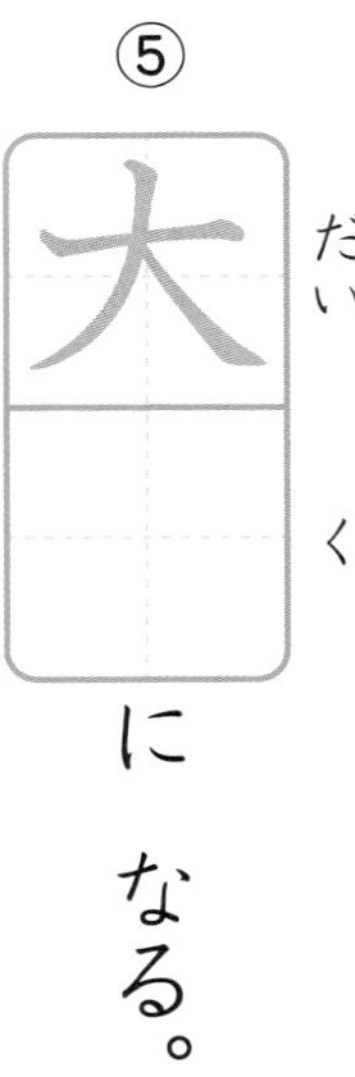 。

⑤ だいく 大 に なる。

12 図・画・絵・走

月　日

はじめ　じ　ふん
おわり　じ　ふん

名まえ

とくてん　てん

かん字の かくにん

かん字	かく	よみかた	つかいかた
図	7かく	ズ、ト、(はかる)	図工（ずこう）、地図（ちず）、図書（としょ）、図画（ずが）
画	8かく	ガ、カク	画用紙（がようし）、図画（ずが）、計画（けいかく）
絵	12かく	カイ、エ	絵（え）、絵本（えほん）、絵画（かいが）
走	7かく	ソウ、はしる	走る（はしる）、力走する（りきそうする）

1 ミニオンたちが、二つの かん字を 一つに して しまったよ。元（もと）の 四つの かん字を □に 書（か）こう。

（一つ 10てん）

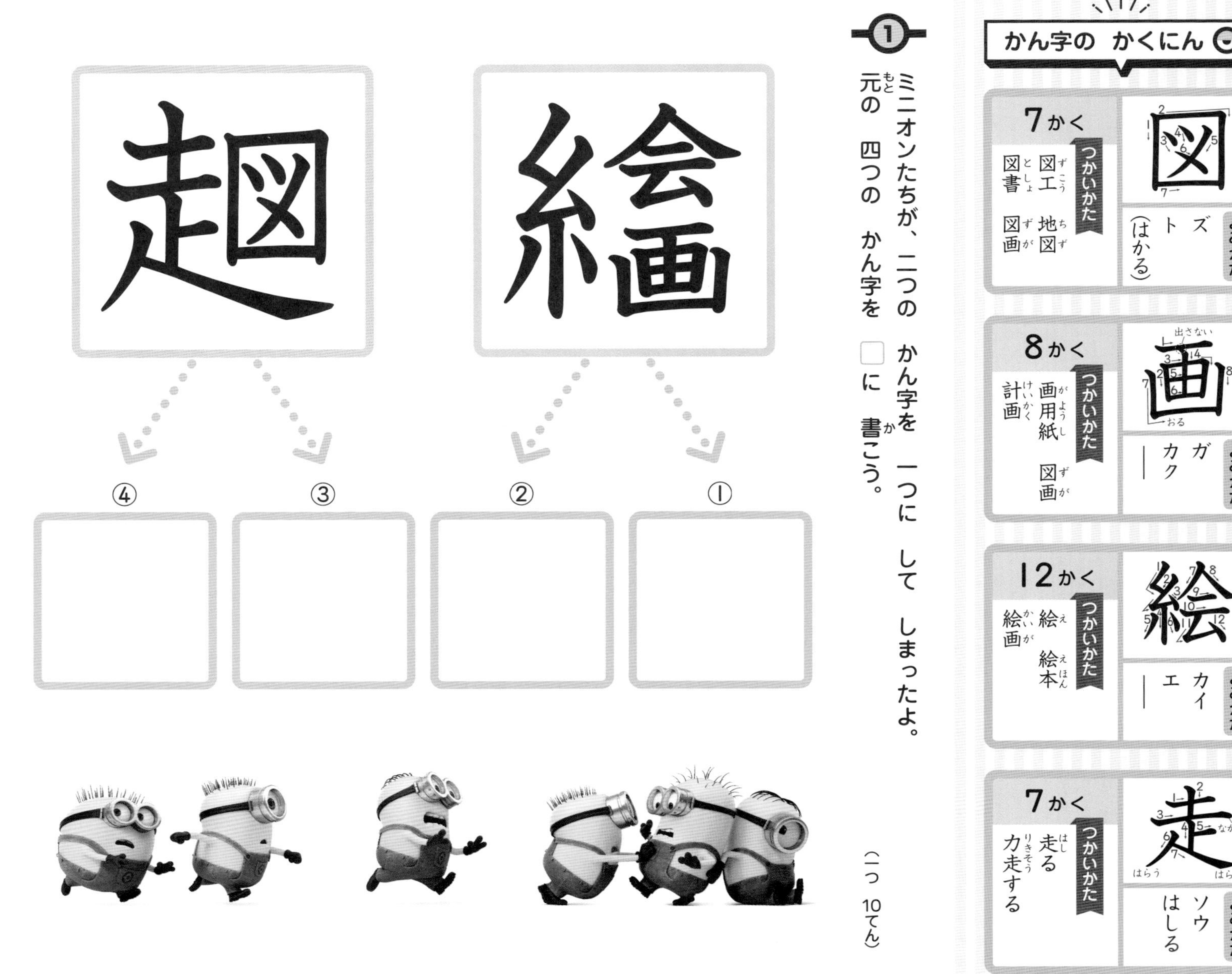

② ――の かん字の 読みがなを 書こう。

（1つ 6てん）

① 図工の 時間。（こう）

② 図書かんの 本。（しょ）

③ 画用紙に かく。（ようし）

④ 絵を かく。（　）

⑤ がんばって 走る。（　）

③ □に かん字を、（　）に ひらがなを 書こう。

（1つ 6てん）

① せかい 地□（ち・ず）。

② あそぶ 計□（けい・かく）。

③ □□（かい・が）教室。

④ 犬が（　　）（はしる）。

⑤ 力□（りき・そう）する。（力いっぱい はしる こと）

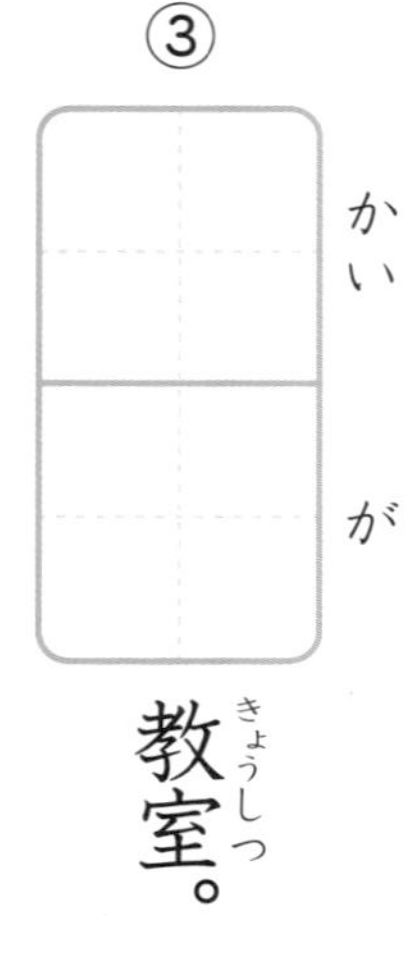

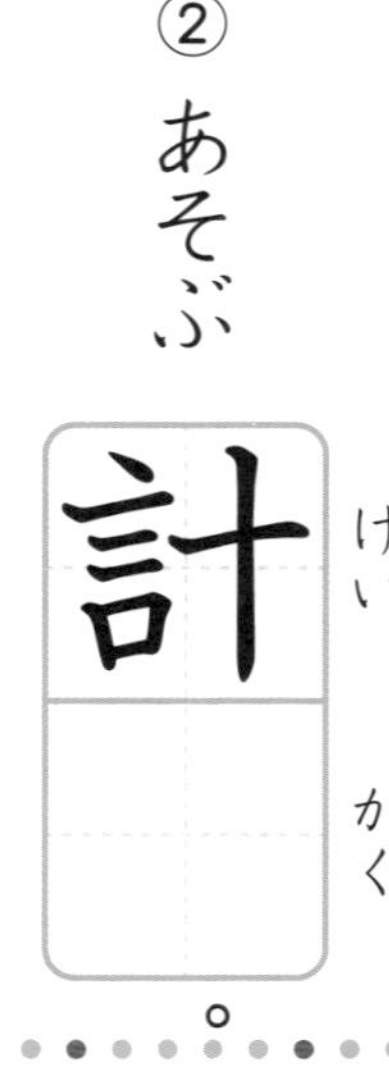

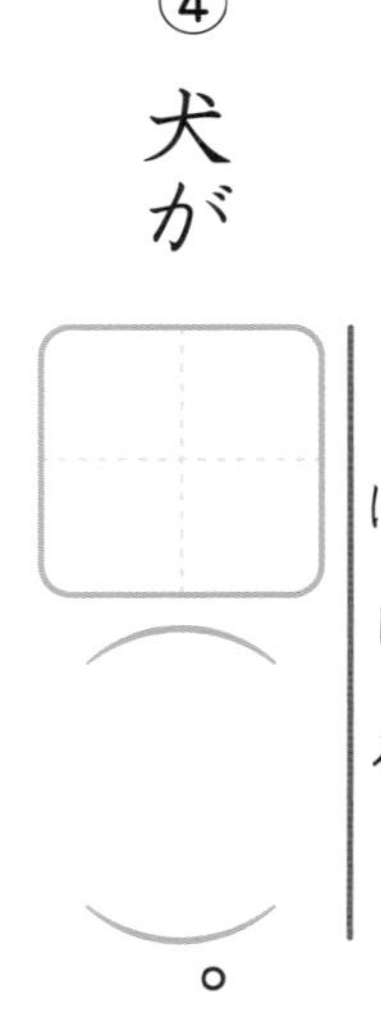

13 来・高・原・市

月　日

はじめ　じ　ふん　おわり　じ　ふん

名まえ

とくてん　てん

かん字の かくにん

かん字	よみかた	かく	つかいかた
来	ライ　くる　(きたる)　(きたす)	7かく	来る　来週(らいしゅう)　来年(らいねん)
高	コウ　たかい　たか　たかまる　たかめる	10かく	高い　高とび　高原(こうげん)
原	ゲン　はら	10かく	野原(のはら)　原っぱ　草原(そうげん)　高原(こうげん)
市	シ　いち	5かく	市場(いちば)　市内(しない)

1 ミニオンたちが、かん字を 半分(はんぶん)に おりまげて しまったよ。元(もと)の かん字を えらんで、線(せん)で むすぼう。 （一つ 10てん）

①　②　③　④

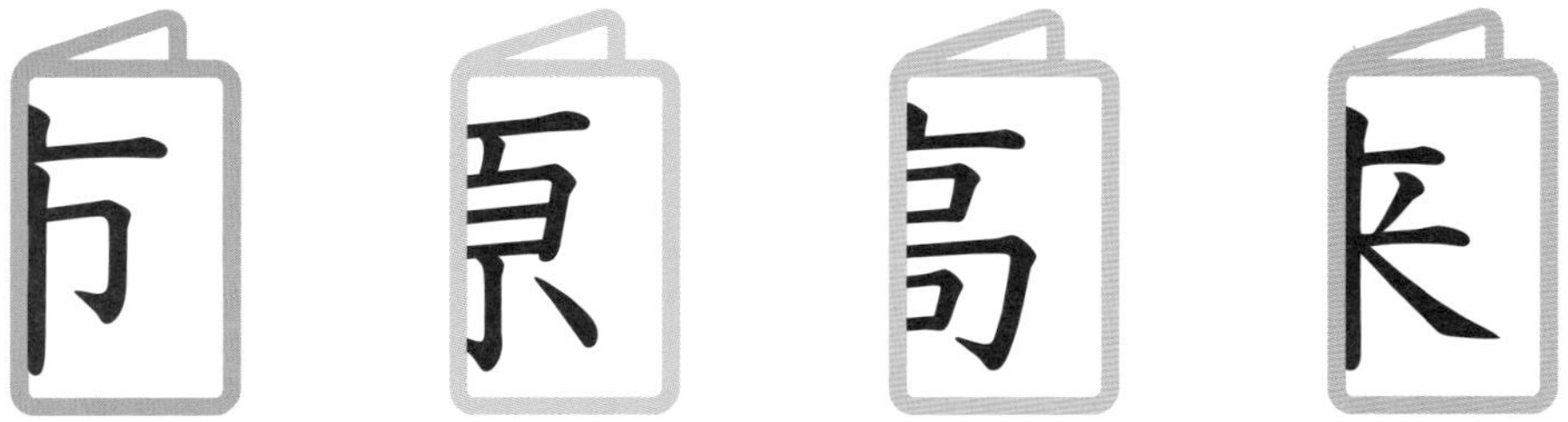

来　原　高　市

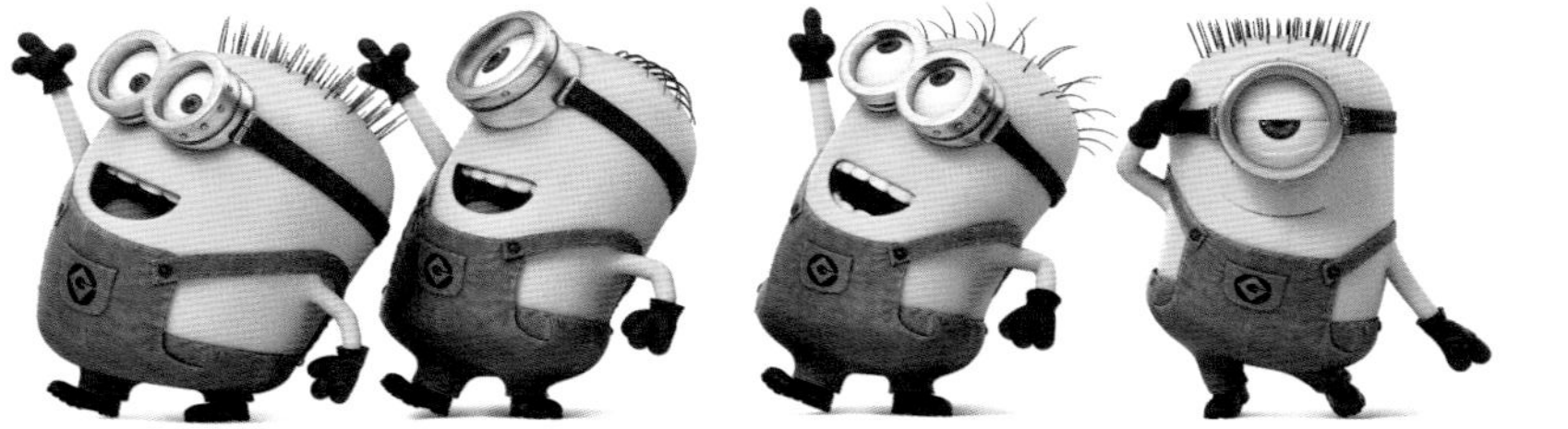

2 ─ の かん字の 読みがなを 書こう。

(1つ 6てん)

① おじさんが 来る。（　　）

② 高い 山。（　　）

③ 原っぱで あそぶ。（　　）

④ 広い 草原。（　　）

⑤ 市場で 魚を 買う。（ば　）

3 □に かん字を、（ ）に ひらがなを 書こう。

(1つ 6てん)

① 犬が □（　）。（くる）

② □年 の こと。（らい ねん）

③ □□ の 草花。（こう げん）

④ ぼう□とび。（たか）

⑤ □内 の 学校。（し ない）

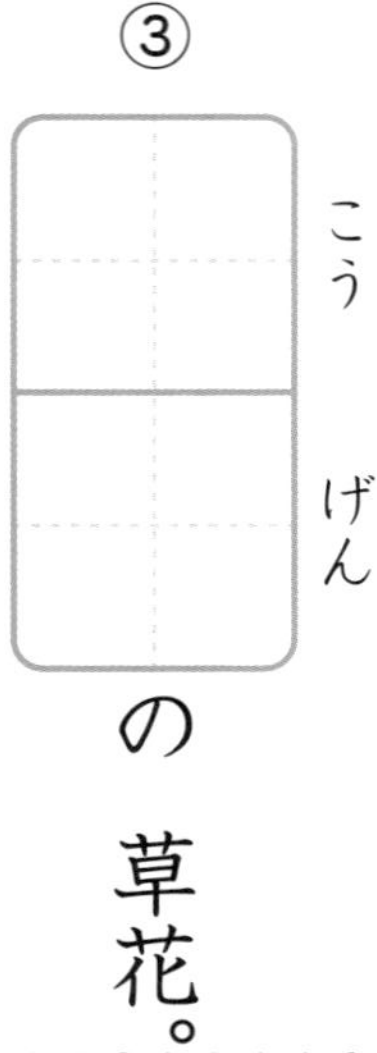

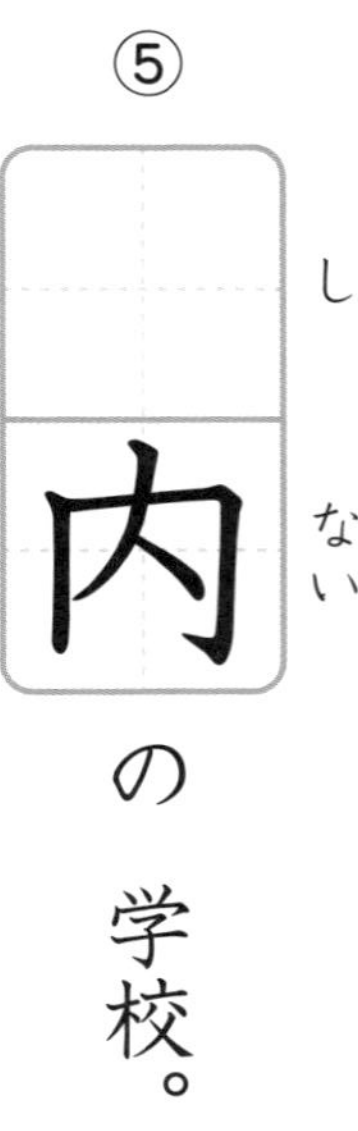

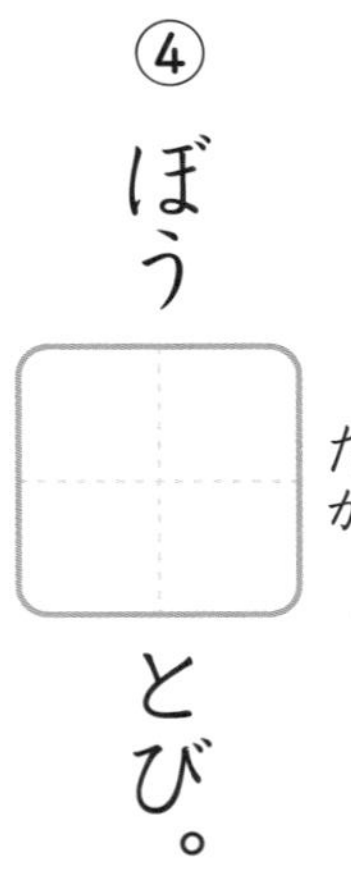

14 かくにんもんだい①

月　日

はじめ　じ　ふん　▼　おわり　じ　ふん

名まえ

とくてん　てん

① ——の かん字の 読(よ)みがなを 書(か)こう。（一つ 4てん）

① 色紙(いろがみ)を 切る。（　）（　）

② 弓矢を つかう。（　）

③ 知って いる 道(みち)。（　）

④ りょうりの 天才。（　）

⑤ なかの よい 兄弟。（　）

⑥ 光を 当(あ)てる。（　）

⑦ 何回も ためす。（　）

⑧ 公園で あそぶ。（　）

⑨ 麦が みのる。（　）

⑩ 丸太を つむ。（　）

⑪ 汽船が すすむ。（　）

⑫ 高原の 草花。（　）

2 □に かん字を 書こう。（一つ 4てん）

① 家の □□（どだい）。

② □（こころ）の 中。

③ □（あね）と 妹。

④ □□（こうつう）あんぜん。

⑤ □（うし）の しっぽ。

⑥ かたい □□（がんせき）。

⑦ □□（ずこう）の 時間。

⑧ 魚の □（え）を かく。

3 ——の ことばを かん字と ひらがなで 書こう。（一つ 5てん）

① ふるい かばん。

② うれしく おもう。

③ こまかい 雨。

④ 馬が はしる。

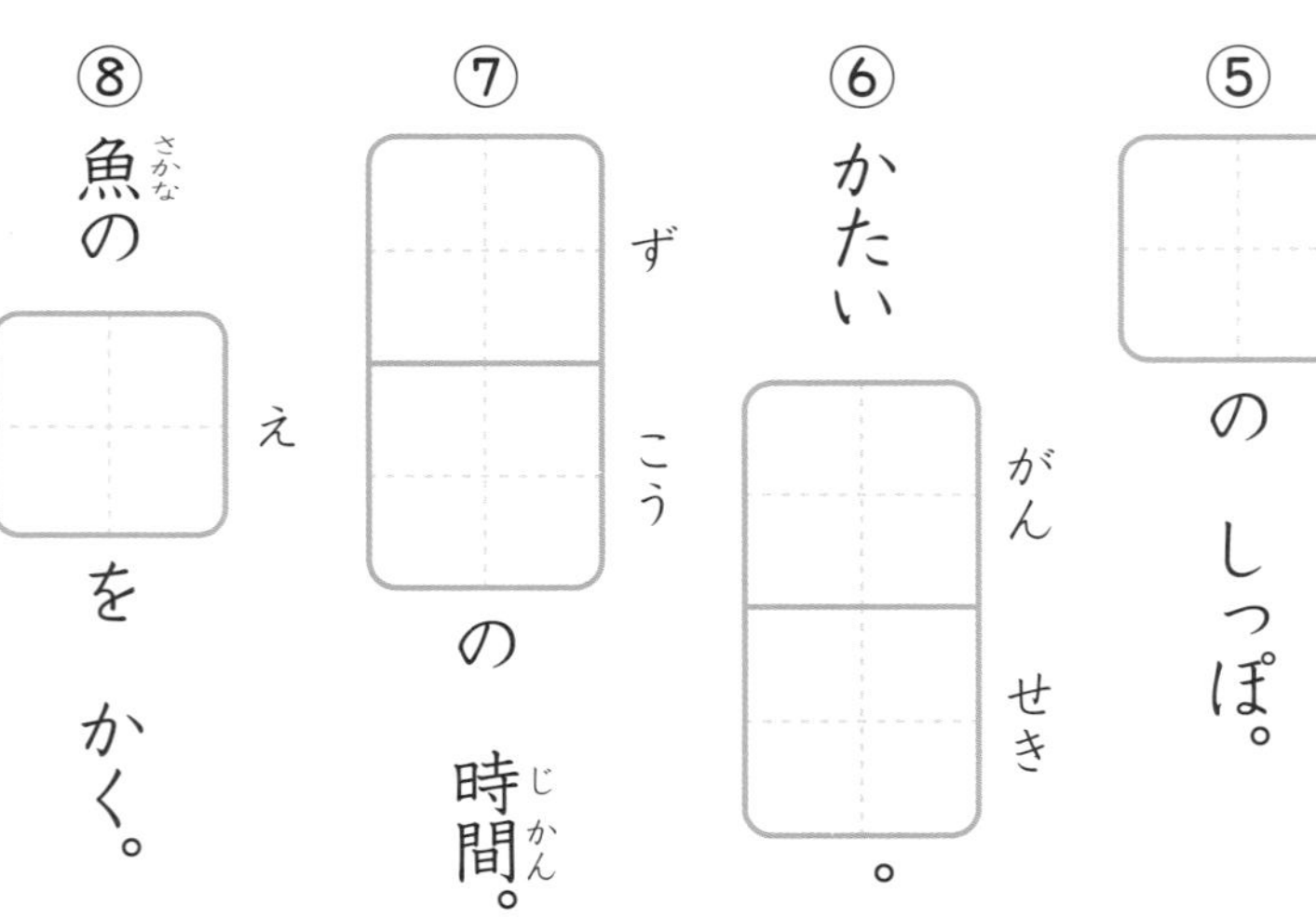

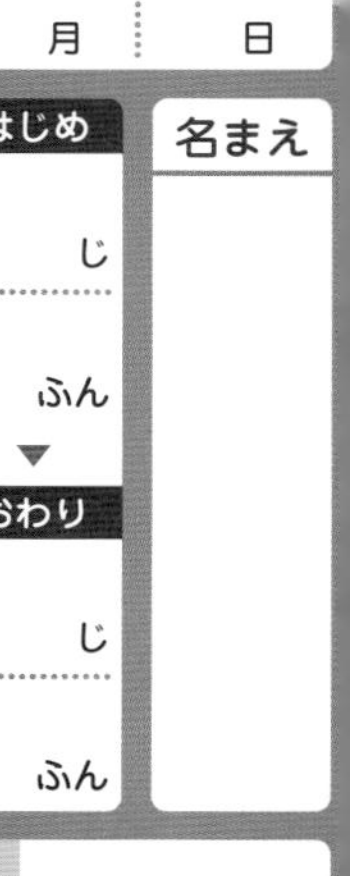

15 場・寺・門・形

月　日

はじめ　じ　ふん
おわり　じ　ふん

名まえ

とくてん　てん

©くもん出版

かん字の かくにん

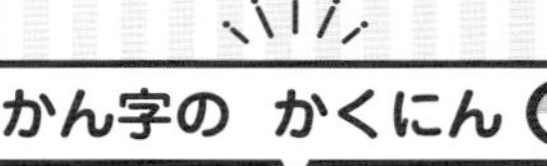
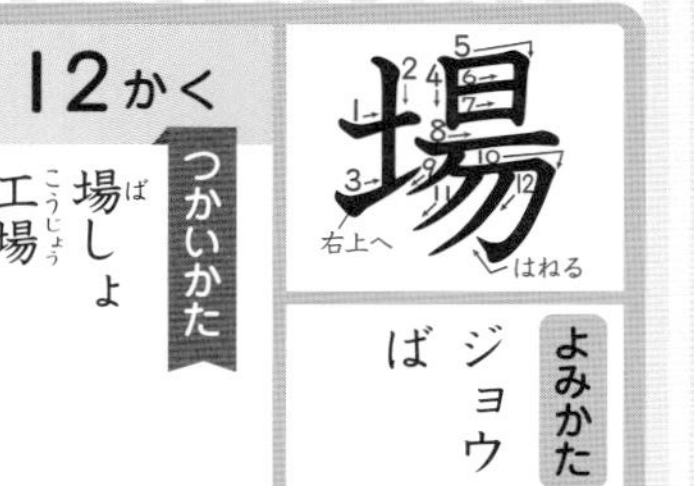

場 12かく
よみかた：ジョウ　ば
つかいかた：場(ば)しょ　工場(こうじょう)

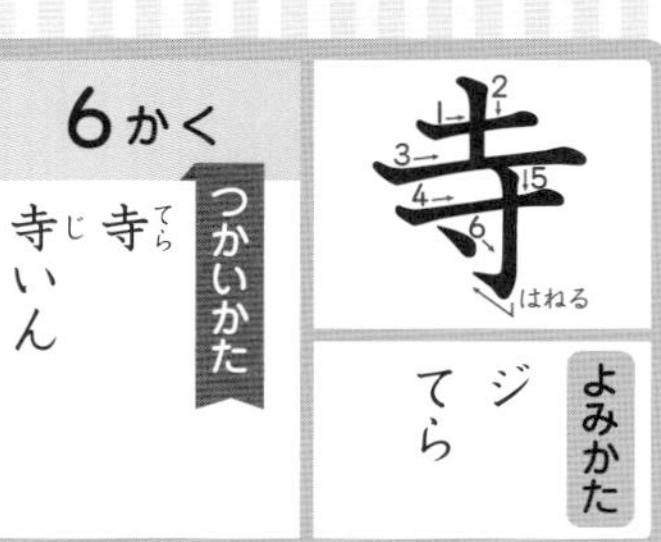

寺 6かく
よみかた：ジ　てら
つかいかた：寺(てら)　寺(じ)いん

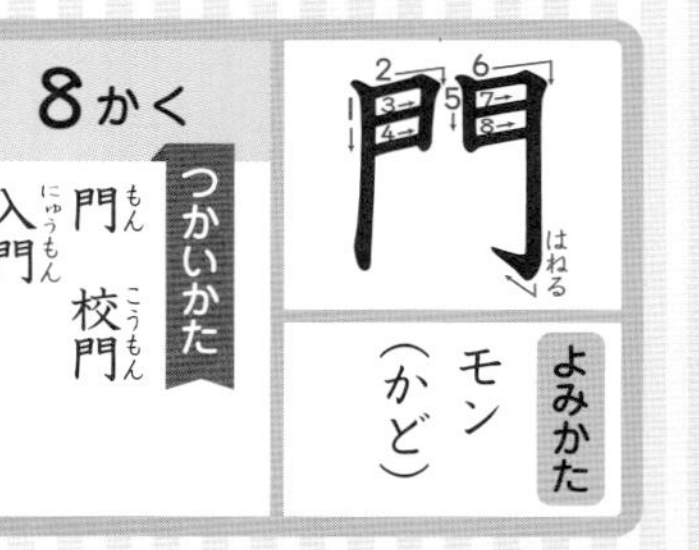

門 8かく
よみかた：モン　(かど)
つかいかた：門(もん)　校門(こうもん)　入門(にゅうもん)

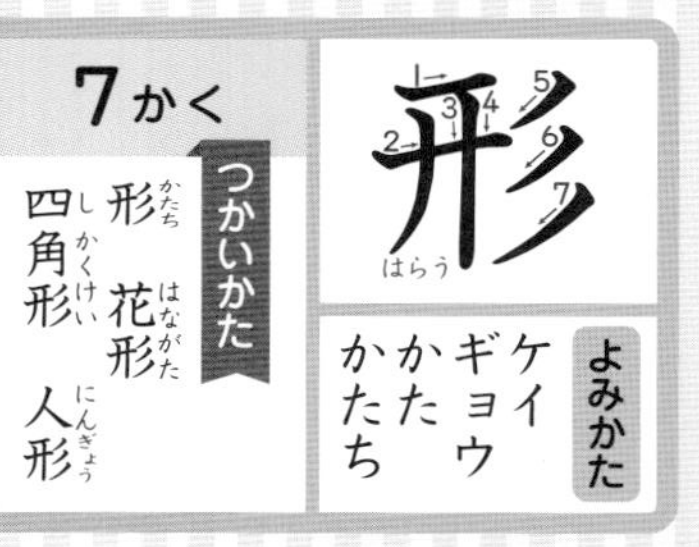
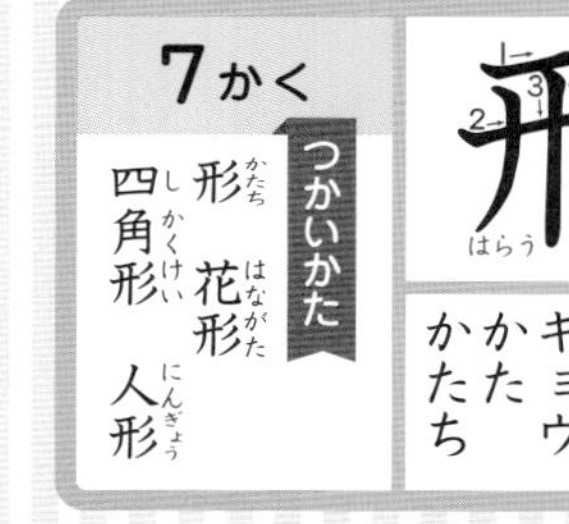

形 7かく
よみかた：ケイ　ギョウ　かた　かたち
つかいかた：形(かたち)　花形(はながた)　四角形(しかくけい)　人形(にんぎょう)

1 デイブが、かん字の いちぶを バナナに かえて しまったよ。元(もと)の 形(かたち)は どちらかな。正しい ほうの （　）に ○を つけよう。（一つ 10てん）

①

日（　）　目（　）

②

日（　）　目（　）

③

、（　）　ム（　）

④

⺀（　）　彡（　）

② ――の かん字の 読(よ)みがなを 書(か)こう。

（一つ 6てん）

① あつまる 場しょ。（　　）

② 寺の かね。（　　）

③ 寺いんの 石だん。（おてら）（　　）

④ 家(いえ)の 門。（　　）

⑤ 円い 形。（　　）

③ □に かん字を 書(か)こう。

（一つ 6てん）

① 古(ふる)い 工□（こうじょう）。

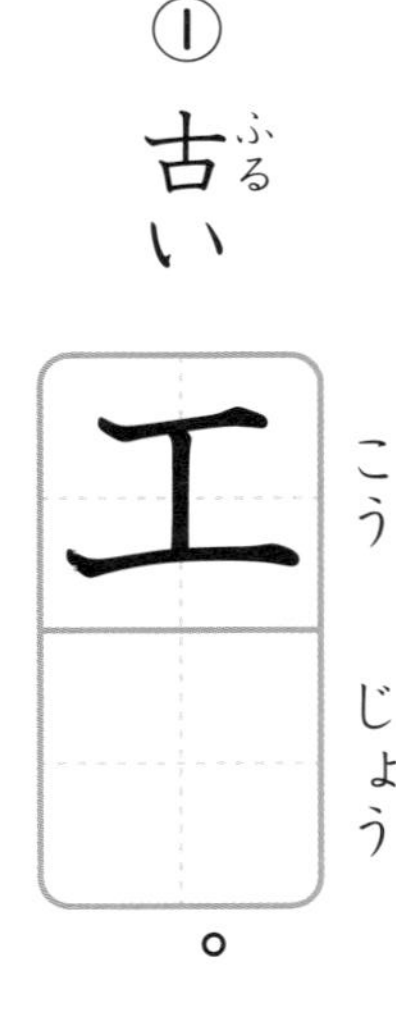

② 京都(きょうと)の □（てら）。

③ □（もん）が しまる。

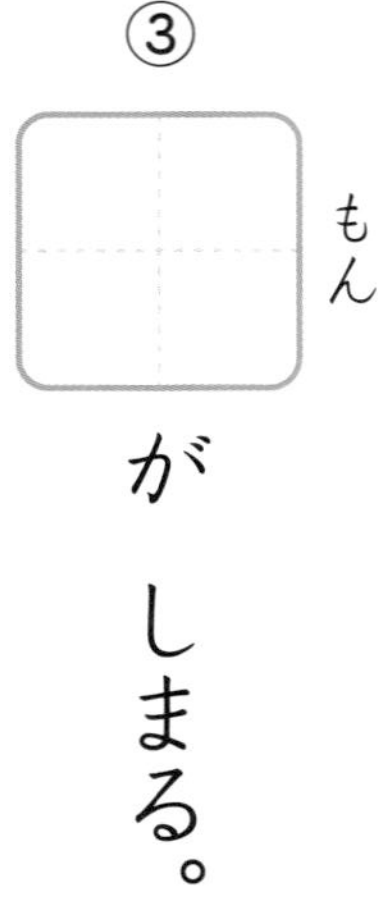

④ 四角□（しかくけい）。

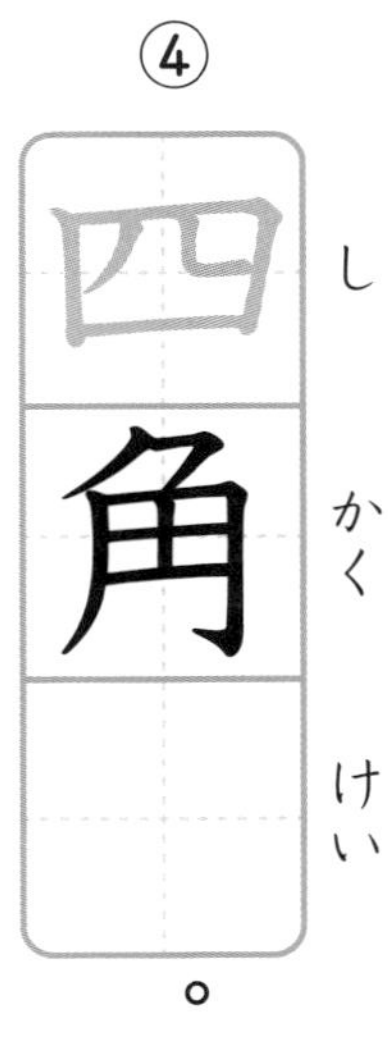

⑤ 人□（にんぎょう）を 作(つく)る。

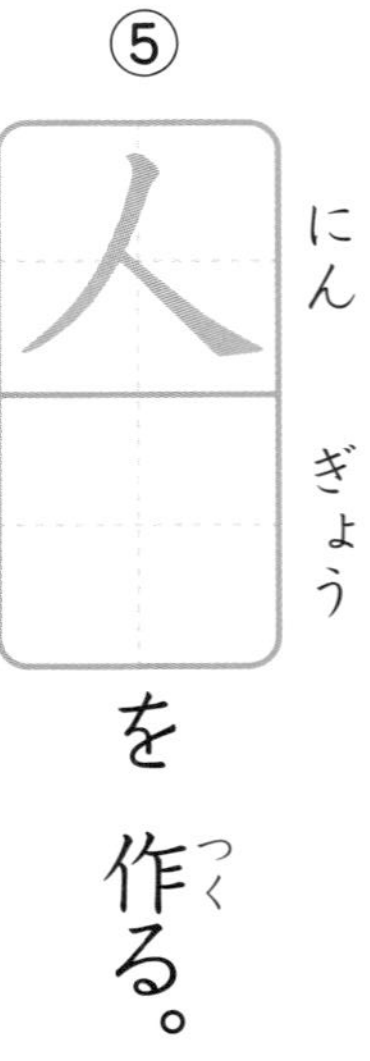

16 東・西・南・北

月　日　名まえ
はじめ　じ　ふん　おわり　じ　ふん
とくてん　てん

かん字の かくにん

かん字	かく	よみかた	つかいかた
東	8かく	トウ　ひがし	東　東口　東京　東西
西	6かく	セイ　サイ　にし	西　北西　南西　東西
南	9かく	ナン　(ナ)　みなみ	南　南北
北	5かく	ホク　きた	北風　南北　東北　北西

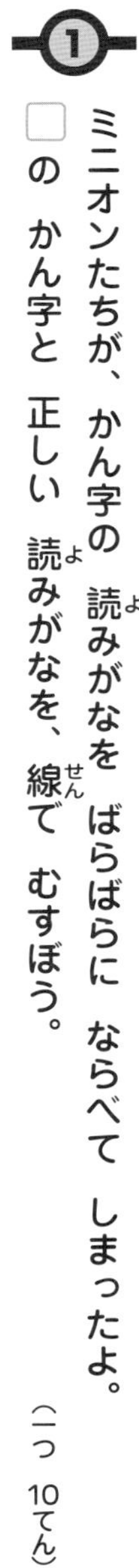

1 ミニオンたちが、かん字の 読みがなを ばらばらに ならべて しまったよ。□の かん字と 正しい 読みがなを、線で むすぼう。（一つ 10てん）

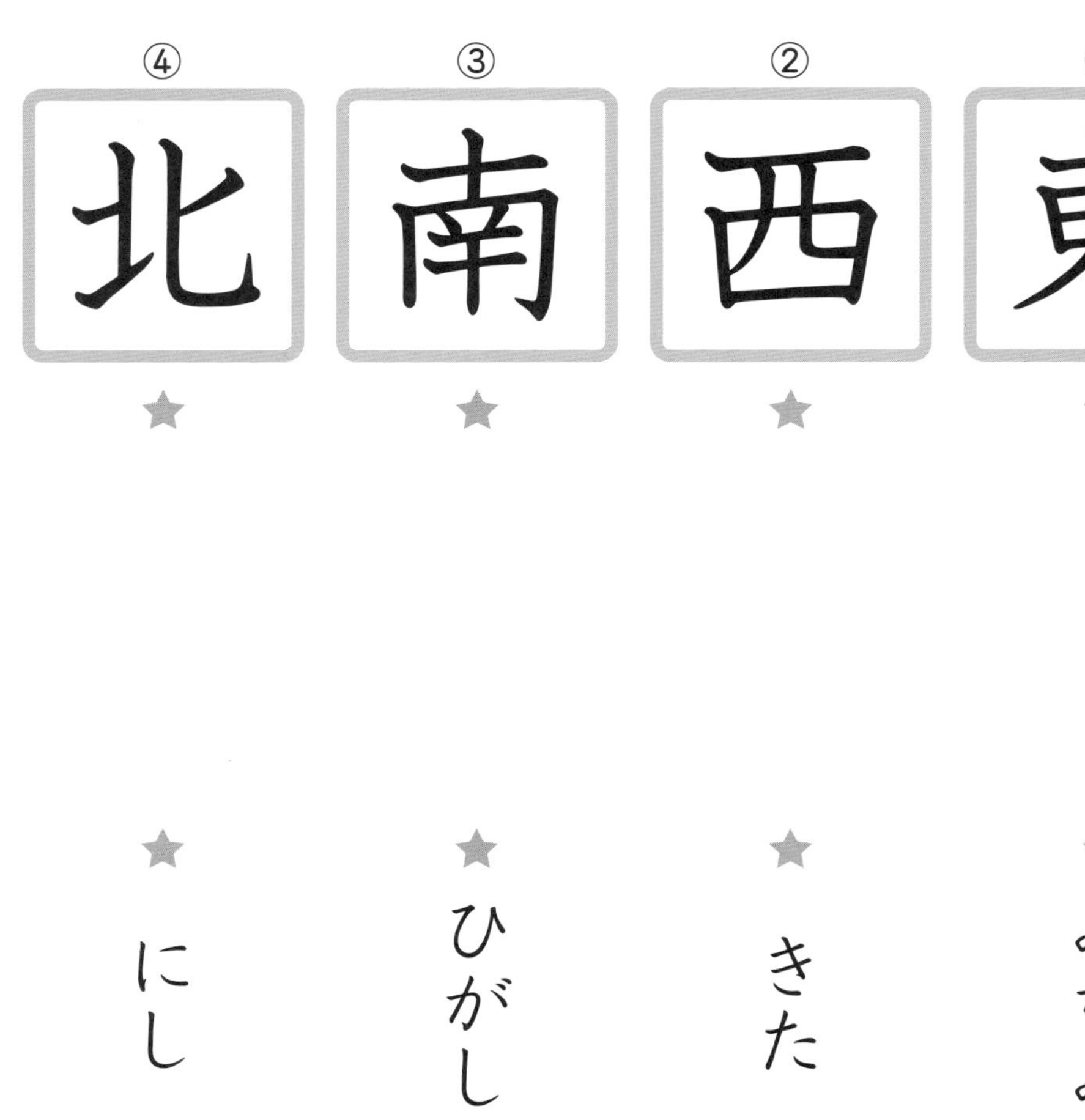

① 東 ★　　★ みなみ
② 西 ★　　★ きた
③ 南 ★　　★ ひがし
④ 北 ★　　★ にし

② ——の かん字の 読(よ)みがなを 書(か)こう。（一つ 6てん）

① 東口（　　）で まつ。

② 西（　　）に むかう。

③ 北西（　　）の 方角(ほうがく)。

④ 南（　　）むきの まど。

⑤ 北風（かぜ）が 強(つよ)い。

③ □に かん字を 書(か)こう。（一つ 6てん）

① ひがし［　］の 空。

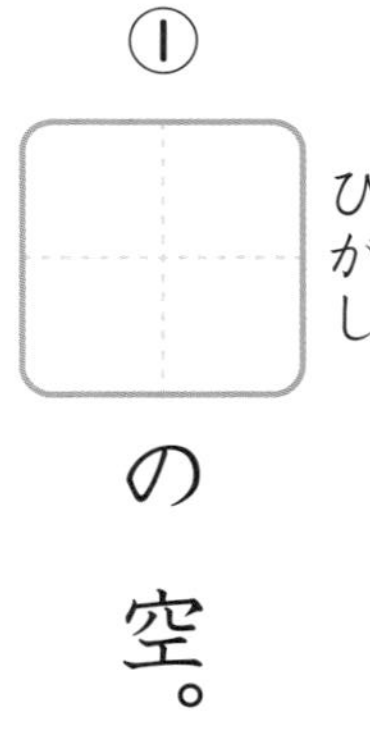

② とう きょう［　京］の 天気。

③ 町の とう ざい［　　］。

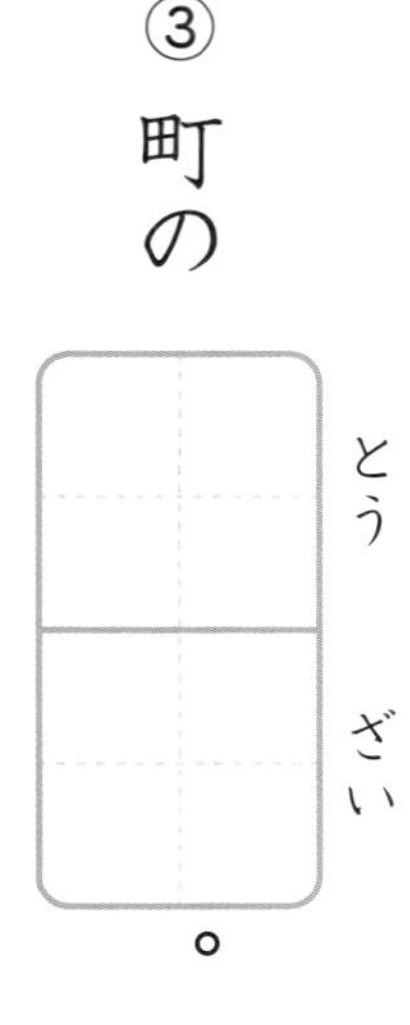

④ なん ぼく［　　］に 長(なが)い。

⑤ とう ほく［　　］の 歌(うた)。

17 方・角・京・外

月　日

名まえ

はじめ　じ　ふん

おわり　じ　ふん

とくてん　てん

かん字の　かくにん

方　4かく
よみかた：ホウ　かた
つかいかた：方角（ほうがく）　作（つく）り方（かた）

角　7かく
よみかた：カク　かど　つの
つかいかた：角（かど）　角（つの）　三角（さんかく）　方角（ほうがく）

京　8かく
よみかた：キョウ　（ケイ）　―
つかいかた：京都（きょうと）　上京（じょうきょう）する

外　5かく
よみかた：ガイ・（ゲ）　そと・ほか　はずす　はずれる
つかいかた：外（そと）　外（そと）がわ　外（はず）す　外国人（がいこくじん）

①

ミニオンたちが、カメラで　あそんで　いるよ。
ミニオンたちが　とったのは　どの　かん字の　しゃしんかな。
しゃしんと　同（おな）じ　かん字を　線（せん）で　むすぼう。

（一つ　10てん）

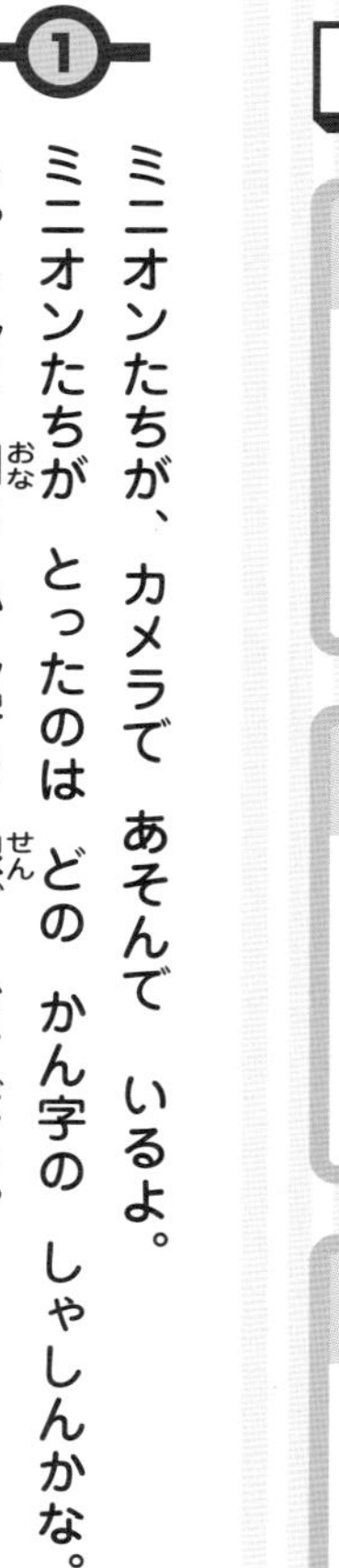

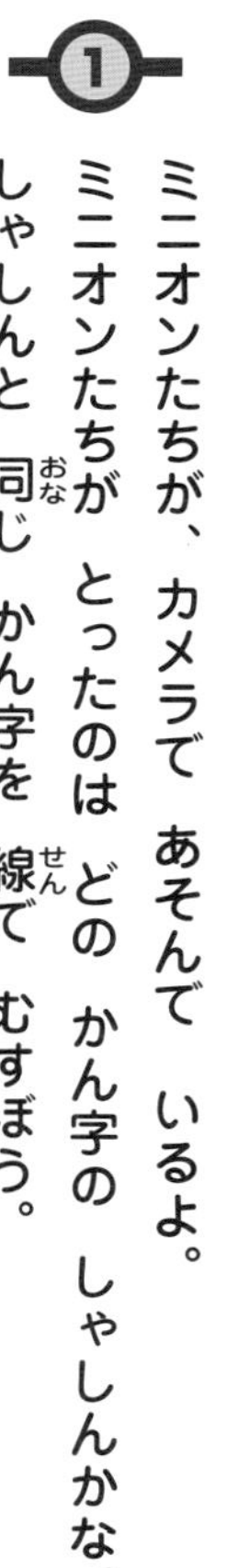

▼しゃしん

①　②　③　④

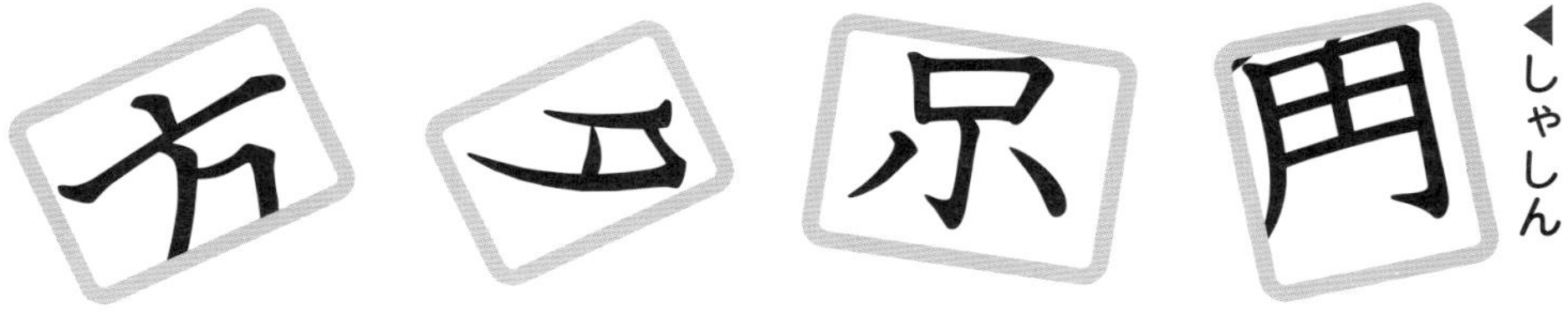

方　外　京　角

② ——の かん字の 読み がなを 書こう。 (1つ 6てん)

① 西の 方角。（　　）

② けしゴムの 角。（　　）

③ 京都の じんじゃ。（　　）

④ 円の 外がわ。（　　）

⑤ ふたを 外す。（　　）

③ □に かん字を 書こう。 (1つ 6てん)

① パンの 作り  。(かた)

② 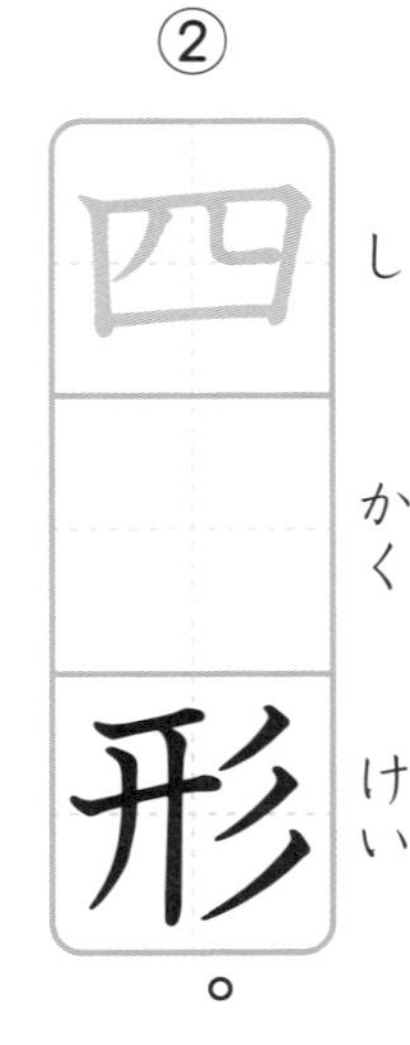 。(し・かく・けい)

③ 牛の 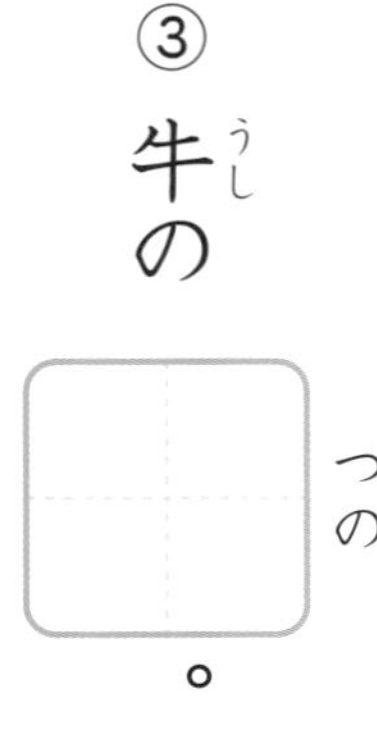 。(つの)

④ 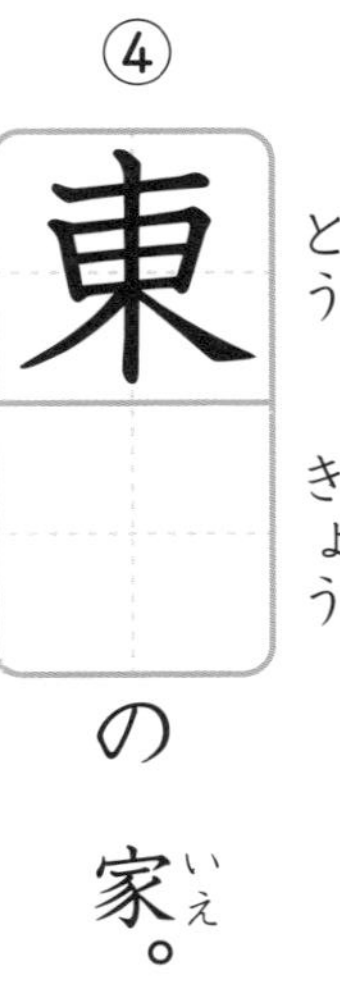 の 家。(とう・きょう)

⑤  へ りょ行に 行く。(がい・こく)

18 体・首・毛・黒

月　日

はじめ　じ　ふん　おわり　じ　ふん

名まえ

とくてん　てん

かん字の かくにん

かく	かん字	よみかた	つかいかた
7かく	体	タイ (テイ) からだ	体(からだ) 体(たい)そう
9かく	首	シュ くび	首(くび)かざり 首都(しゅと)
4かく	毛	モウ け	毛糸(けいと) 毛(もう)ふ
11かく	黒	コク くろ くろい	黒(くろ)い 黒(こく)ばん

1

ミニオンたちが、かん字に 点(てん)（、）を 書(か)き足(た)して しまったよ。いたずらされた かん字の （　）には ×を、正しい かん字の （　）には ○を 書(か)こう。（一つ 10てん）

① 犬の 体(からだ)。（　）

② きりんの 首(くび)。（　）

③ かみの 毛(け)。（　）

④ 黒(くろ)い 石。（　）

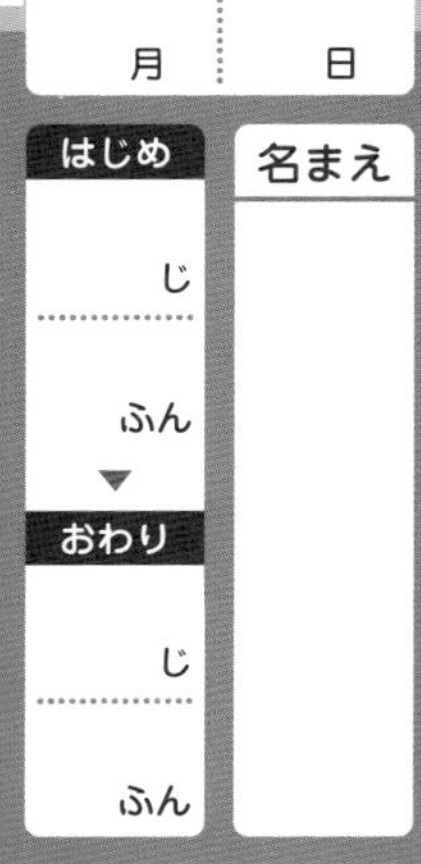

②　——の　かん字の　読み（よ）がなを　書（か）こう。　（一つ　6てん）

① りすの　体。（　　）

② 体そうを　する。（　　）

③ 首かざりを　つける。（　　）

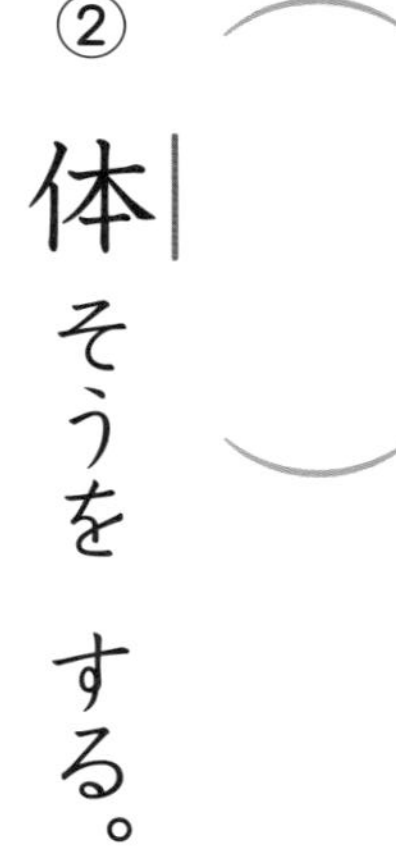

④ 白い　毛糸。（　　）

⑤ 黒い　ぼうし。（　　）

③　□に　かん字を、（　）に　ひらがなを　書（か）こう。　（一つ　6てん）

① □（からだ）を　ふく。

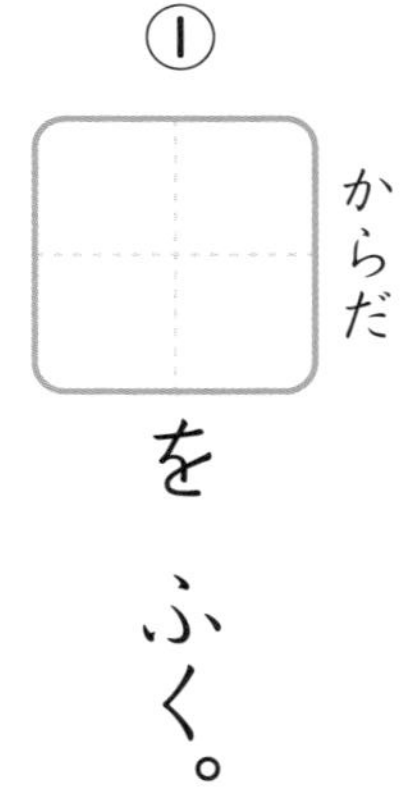

② アメリカの　□（しゅ）都（と）。（その　くにの　せいふが　ある　とし）

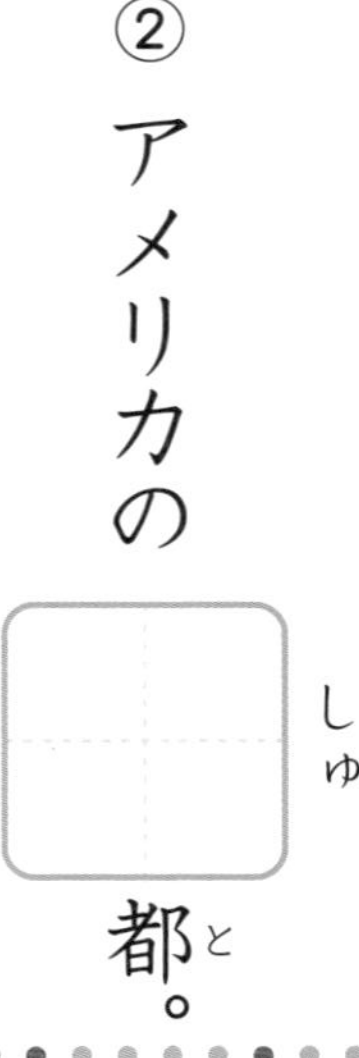

③ □（もう）ふを　かける。

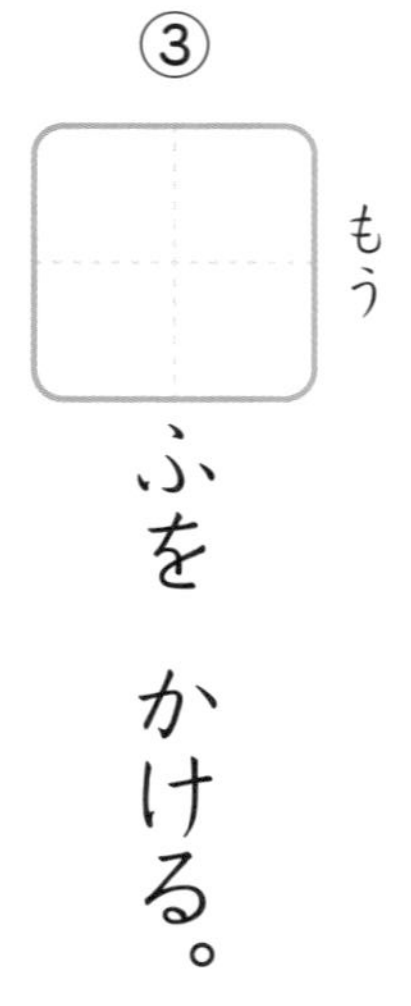

④ □（　　）くつ。（くろい）

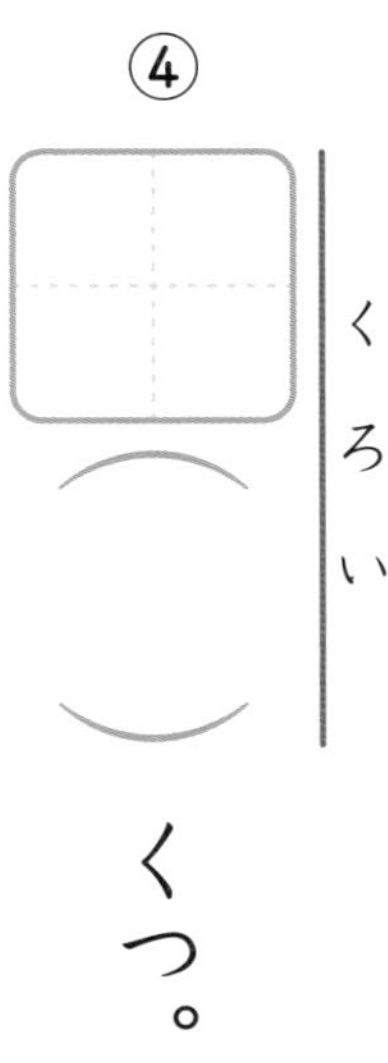

⑤ □（こく）ばんに　書（か）く。

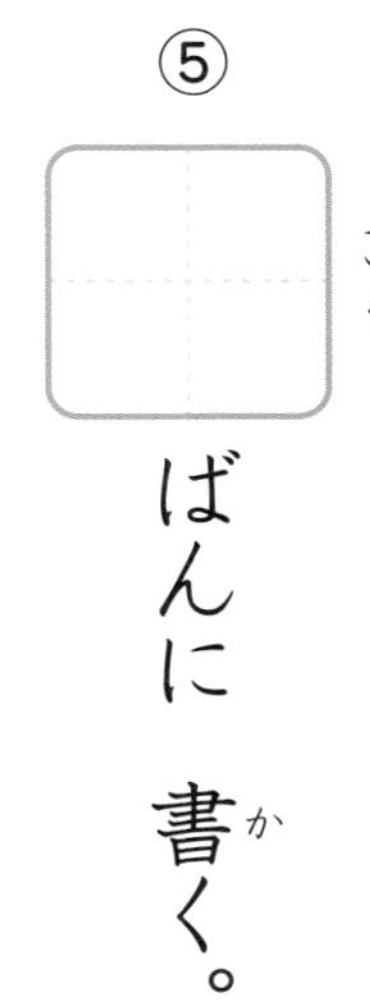

19 色・茶・黄・同

月　日

名まえ

はじめ　じ　ふん

おわり　じ　ふん

とくてん　てん

かん字の かくにん

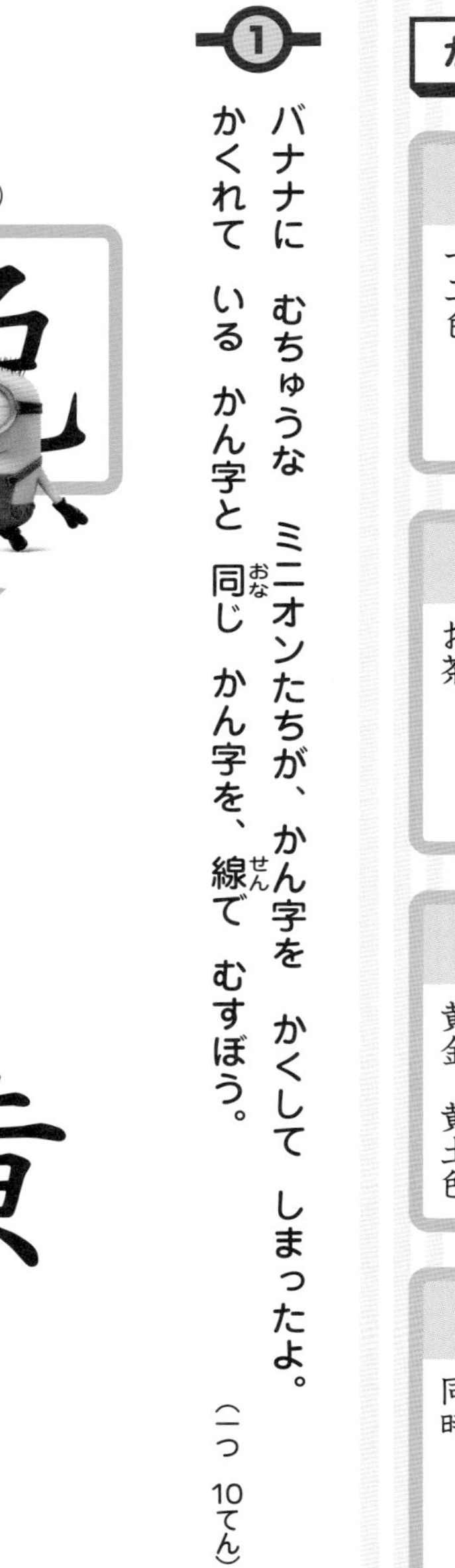

かん字	かく数	よみかた	つかいかた
色	6かく	ショク　シキ　いろ	金色（きんいろ）　十二色（じゅうにしょく）　色紙（しきし）
茶	9かく	チャ　（サ）　―	茶色（ちゃいろ）　お茶（ちゃ）
黄	11かく	（コウ）　オウ　き・（こ）	黄色（きいろ）　黄金（おうごん）　黄土色（おうどいろ）
同	6かく	ドウ　おなじ	同じ（おなじ）　同時（どうじ）

1 バナナに むちゅうな ミニオンたちが、かん字を かくして しまったよ。かくれて いる かん字と 同（おな）じ かん字を、線（せん）で むすぼう。（一つ 10てん）

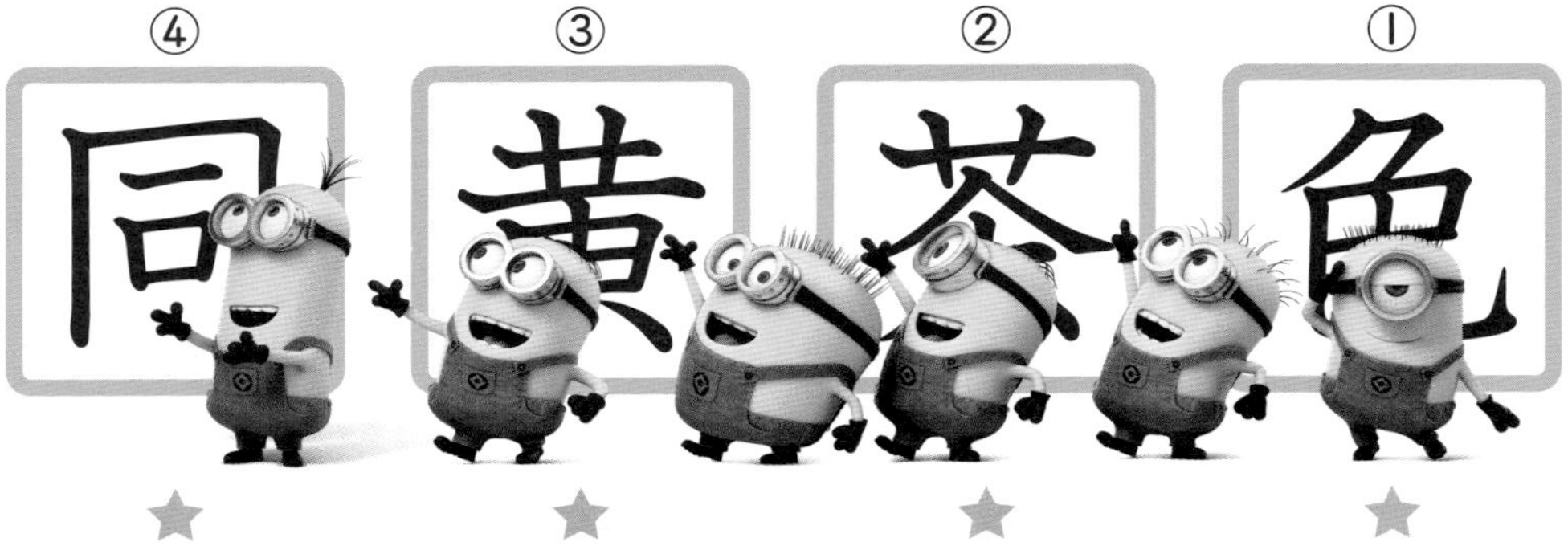

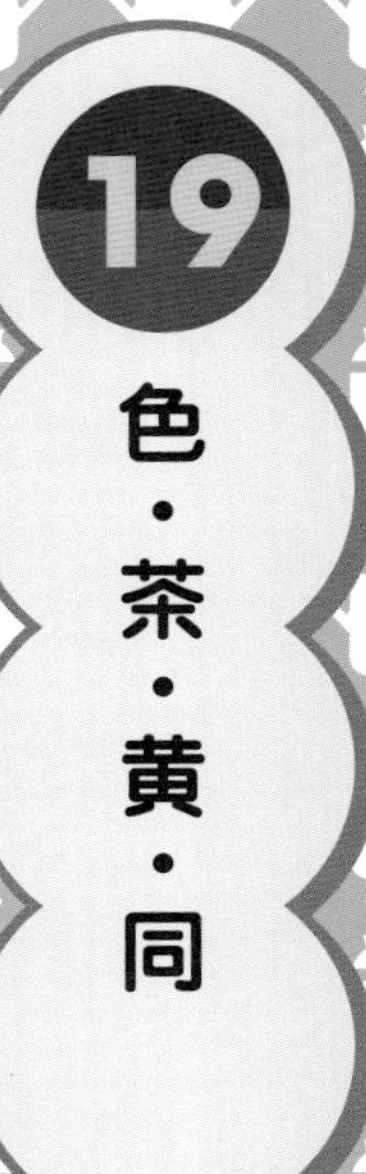

色　茶　黄　同

2 ―のかん字の読(よ)みがなを書(か)こう。（一つ 6てん）

① 茶色（　）の絵(え)のぐ。

② 十二色（　）のペン。

③ きれいな黄色（　）。

④ 同（　）じ大きさ。

⑤ 色紙（　し　）に書(か)く。

3 □にかん字を、（　）にひらがなを書(か)こう。（一つ 6てん）

① □□（きんいろ）に光(ひか)る。（金）

② □（ちゃ）をのむ。

③ □□□（おうどいろ）。（土）

④ □（おなじ）（　）本。

⑤ □□（どうじ）に話(はな)す。（時）

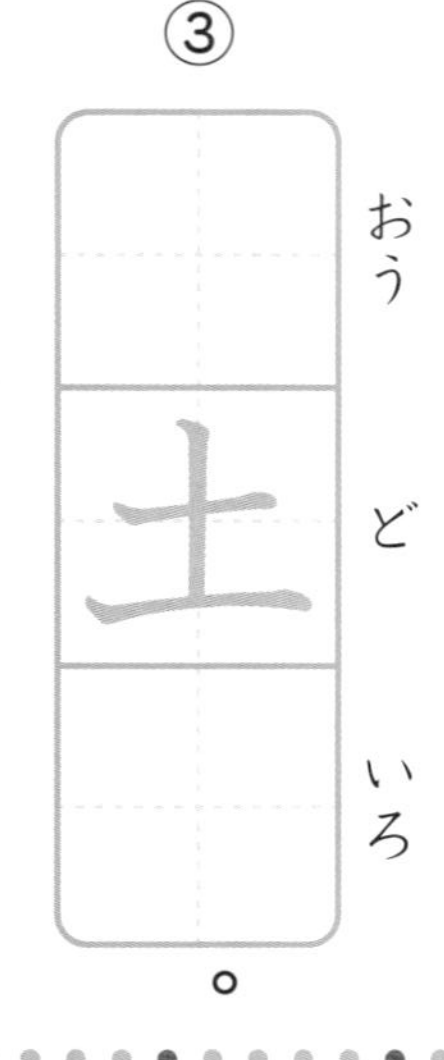
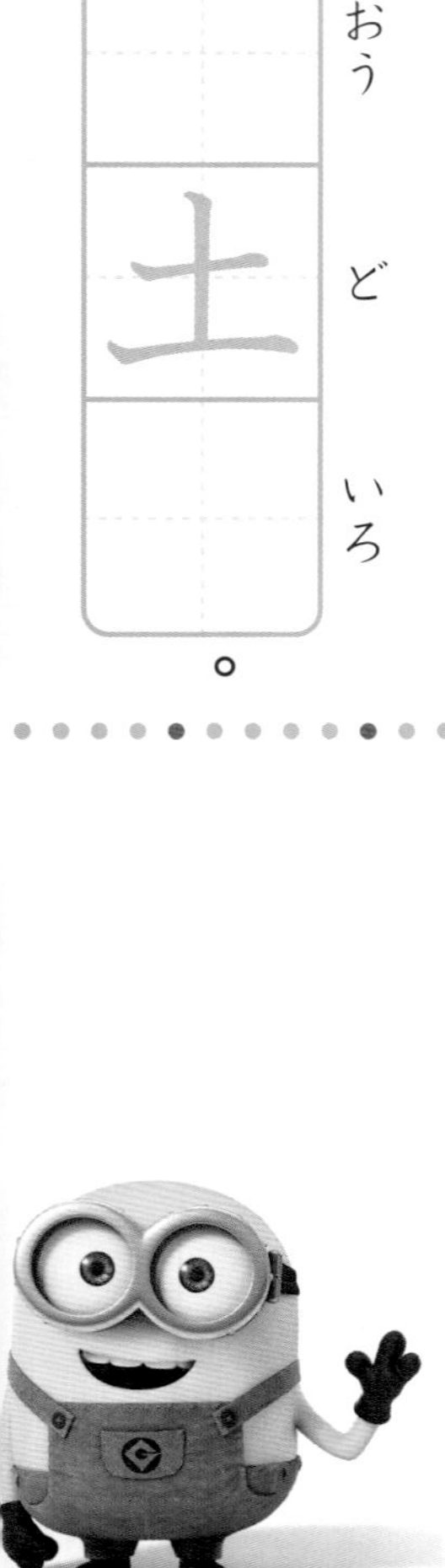

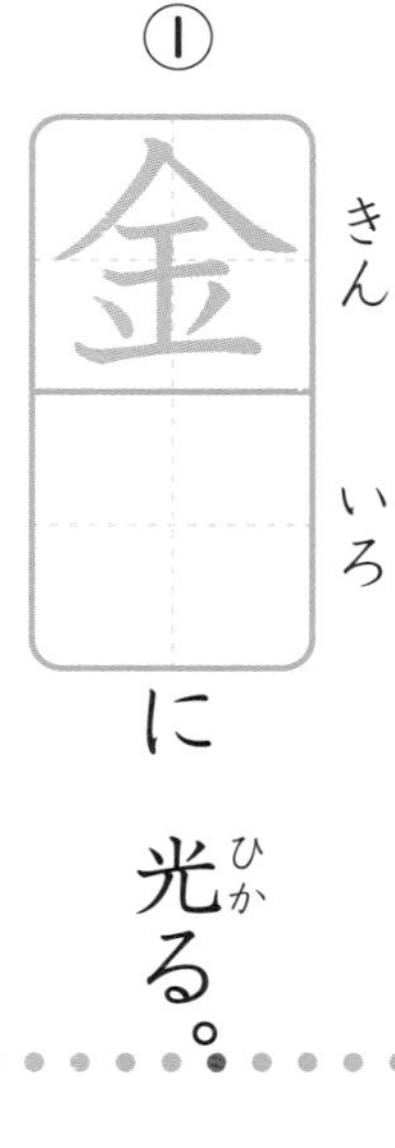
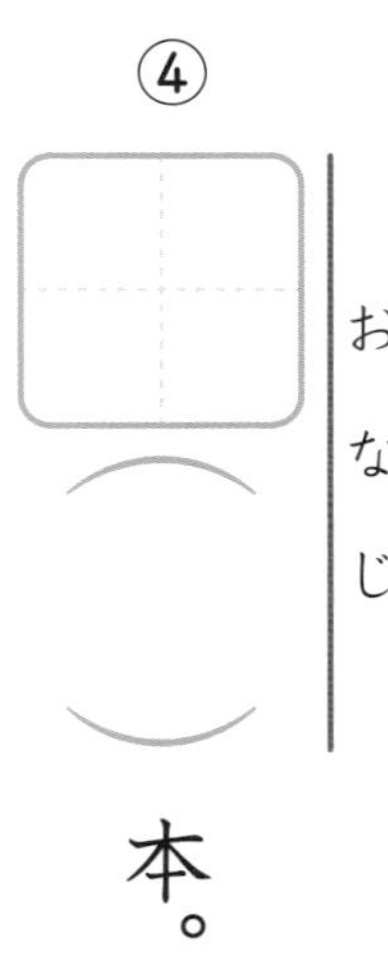
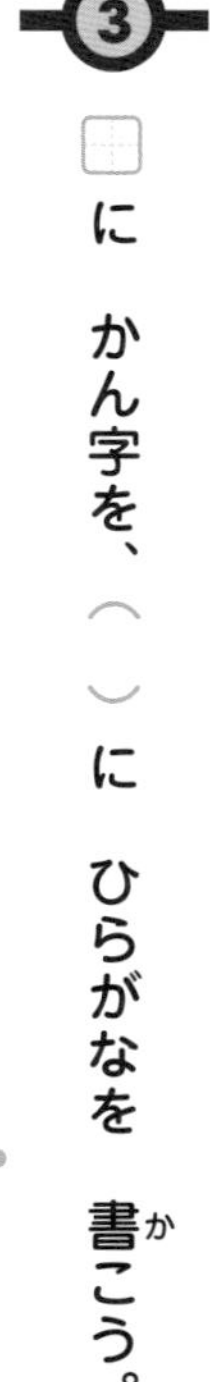

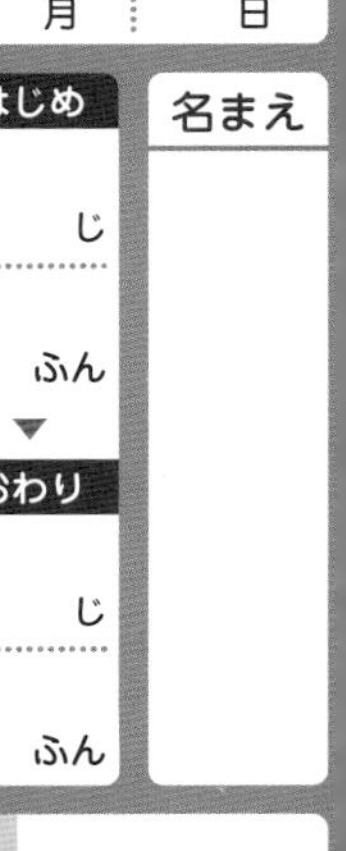

20 自・分・半・多

月　日

名まえ

はじめ　じ　ふん　▶　おわり　じ　ふん

とくてん　てん

かん字の かくにん

自　6かく
よみかた：ジ　シ　みずから
つかいかた：自分（じぶん）　自（し）ぜん　自（みずか）ら

分　4かく
よみかた：ブン・フン・ブ　わける　わかれる　わかる　わかつ
つかいかた：分（わ）ける　五分（ごふん）　半分（はんぶん）

半　5かく
よみかた：ハン　なかば
つかいかた：半（なか）ば　半分（はんぶん）　後半（こうはん）

多　6かく
よみかた：タ　おおい
つかいかた：多（おお）い　多数（たすう）

1 ミニオンたちが、かん字に なりすまして いるよ。元（もと）の かん字を □ に 書（か）こう。（一つ 10てん）

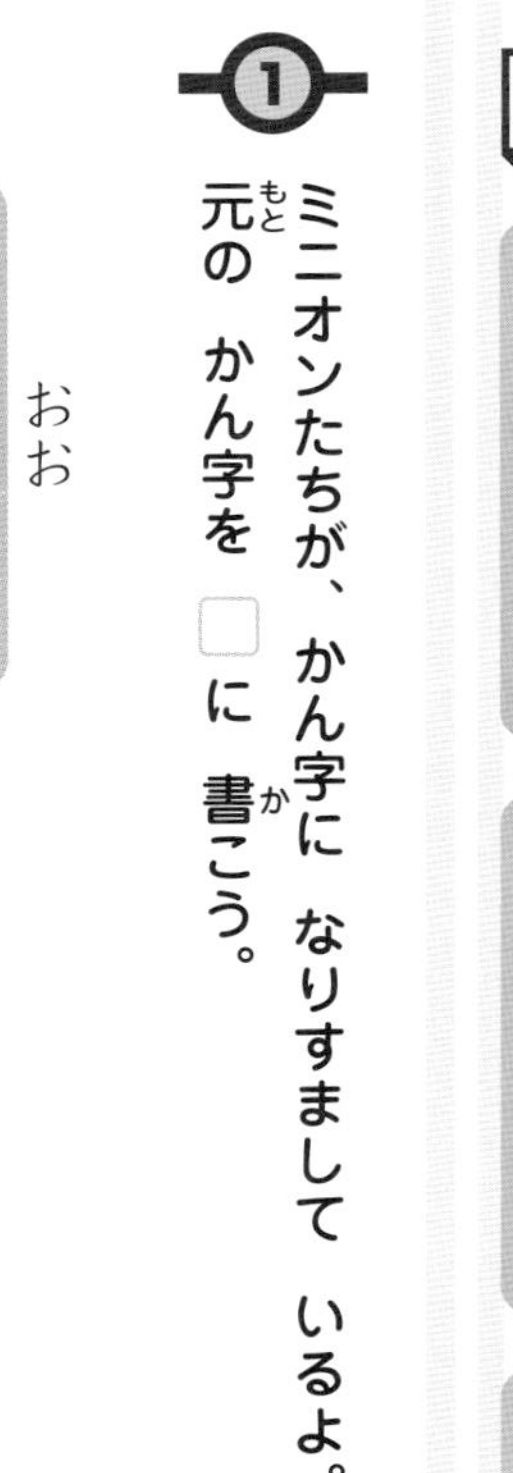

①  おお いい → □（おお）い

②  しぜん → □（し）ぜん

③  はんぶん → □□（はんぶん）

❷ ――の かん字の 読(よ)みがなを 書(か)こう。（一つ 7てん）

① 自分（　　）の 考(かんが)え。

② 二つに 分（　　）ける。

③ 道(みち)の 半（　　）ば。

④ 半分（　　）に わる。

⑤ 数(かず)が 多（　　）い。

❸ □に かん字を 書(か)こう。（一つ 7てん）

① □(じ) ゆうに うごく。

② □(し) ぜんを まもる。

③ 五(ご)□(ぶん) まつ。

④ □□(はんぶん) に 切(き)る。

⑤ □(た)数(すう) の 岩(いわ)。

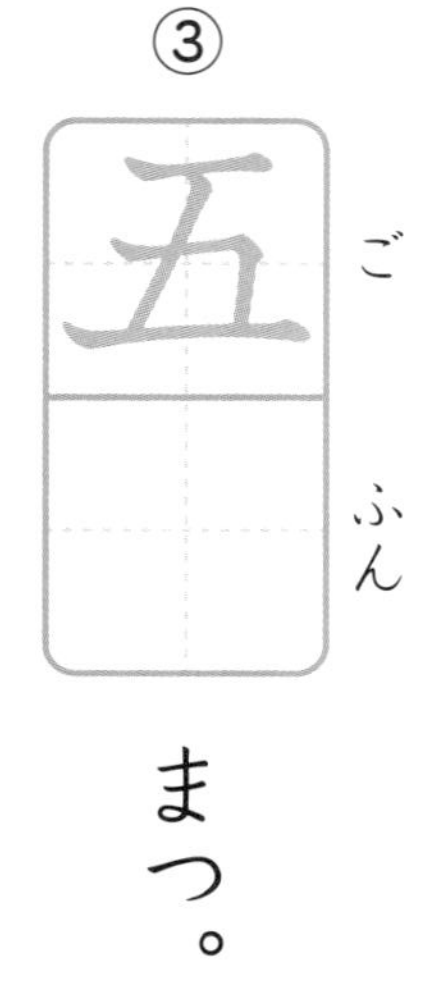

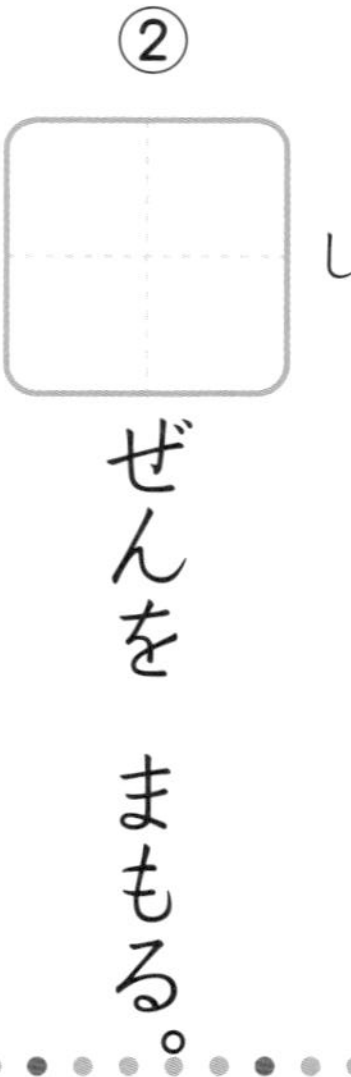

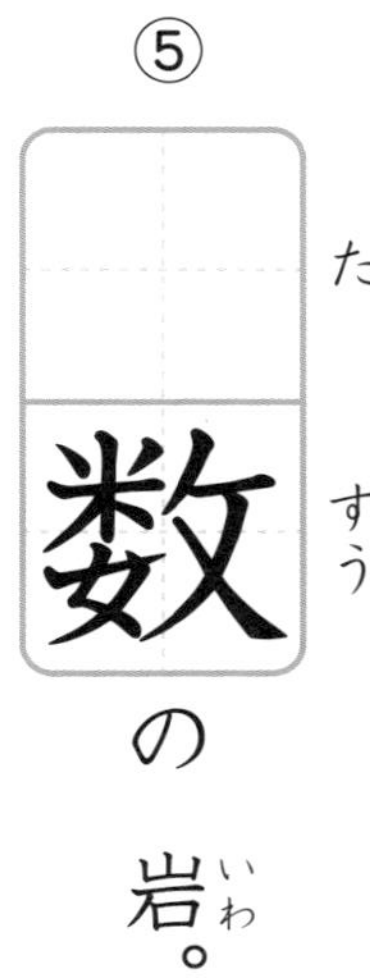

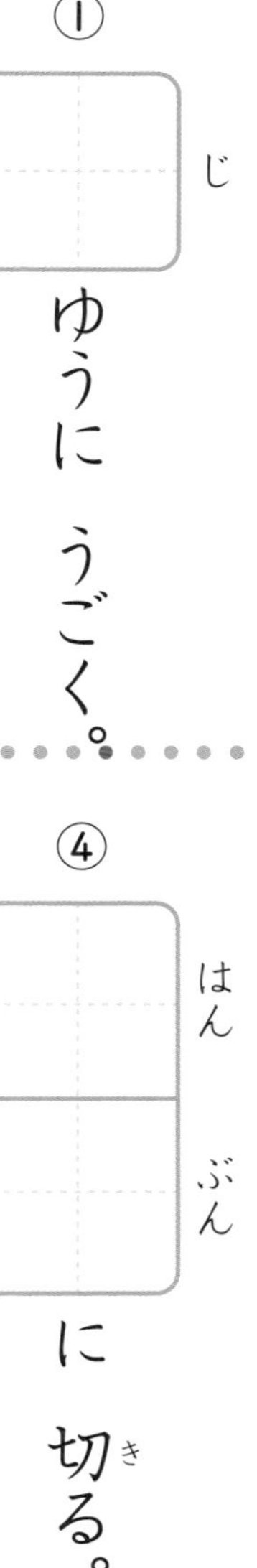

21 朝・昼・午・今

月　日

はじめ　じ　ふん → おわり　じ　ふん

名まえ

とくてん　てん

かん字の かくにん

かく数	かん字	よみかた	つかいかた
12かく	朝 (はねる)	チョウ／あさ	朝(あさ)　朝日(あさひ)　朝食(ちょうしょく)　早朝(そうちょう)
9かく	昼 (はらう)	チュウ／ひる	昼休み(ひるやすみ)　昼食(ちゅうしょく)
4かく	午 (出さない)	ゴ／―	午前(ごぜん)　午後(ごご)　正午(しょうご)
4かく	今 (つける)	コン（キン）／いま	今すぐ(いますぐ)　今週(こんしゅう)　今夜(こんや)

1 スチュアートが、かん字の 形(かたち)を かえて しまったよ。かえられた 四つの かん字に ×を 書(か)き、右に 正しい かん字を 書(か)こう。（40てん）

朝(あさ)、つりに 出(で)かけて

今(いま)、かえりました。

牛後(ごご)は、昼(ひる)ねを

します。

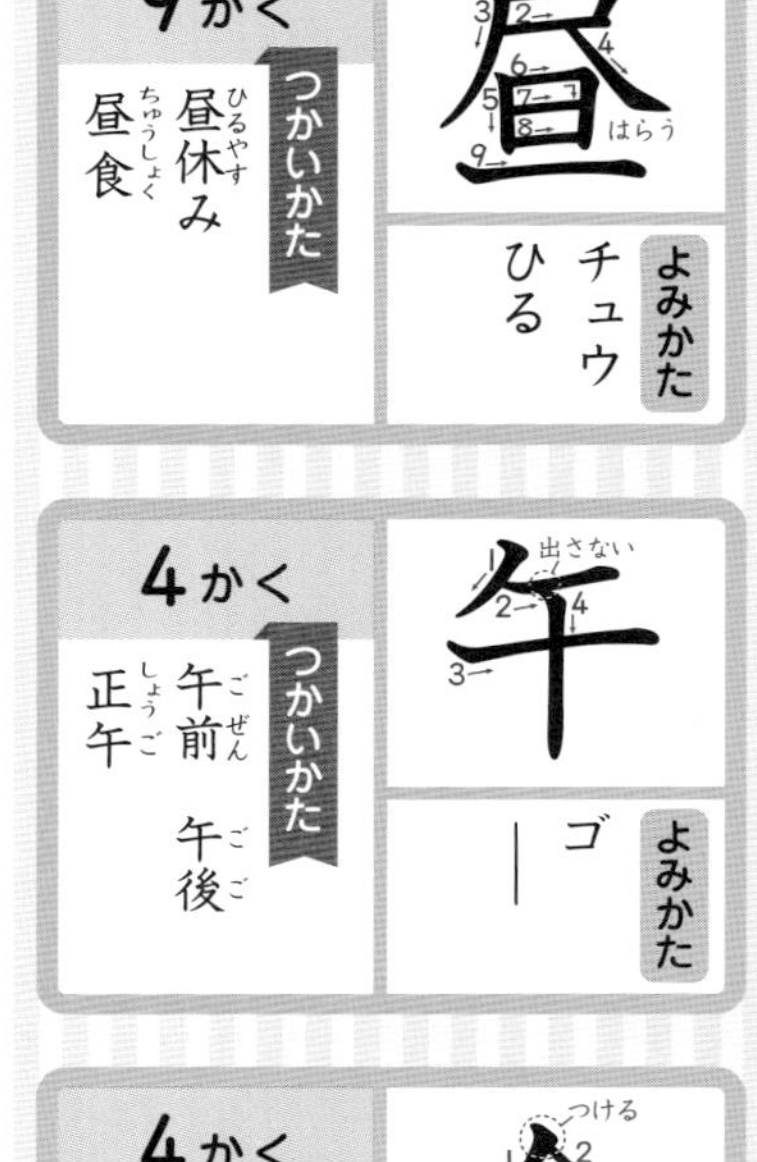

2 ――の かん字の 読(よ)みがなを 書(か)こう。（一つ 6てん）

①（　　）朝早く おきる。（朝）

②（　　）昼休みの 時間(じかん)。（昼）

③（ご）午後に なる。（後）

④（　　）今すぐに やる。（今）

⑤（や）今夜の ごはん。（夜）

3 □に かん字を 書(か)こう。（一つ 6てん）

① □（あさ）の会(かい)が おわる。

② 早□（そうちょう）の こと。

③ □食（ちゅうしょく）の 時間(じかん)。

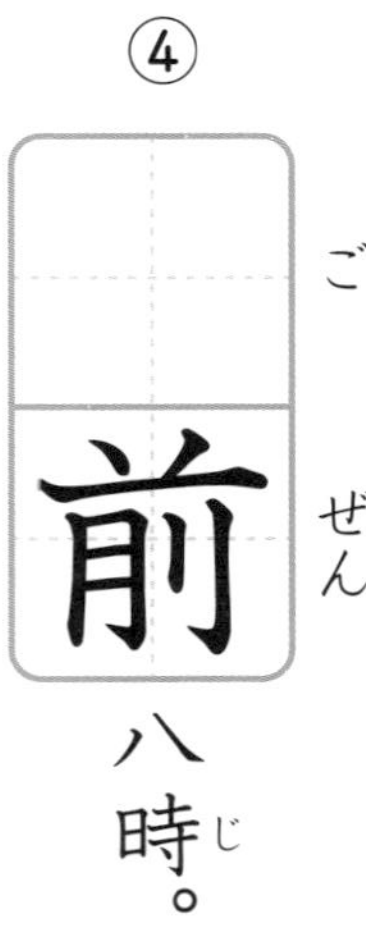

④ □前（ごぜん）八時(じ)。

⑤ □（いま）から 帰(かえ)る。

22 春・夏・秋・冬

月　日

名まえ

はじめ　じ　ふん

おわり　じ　ふん

とくてん　てん

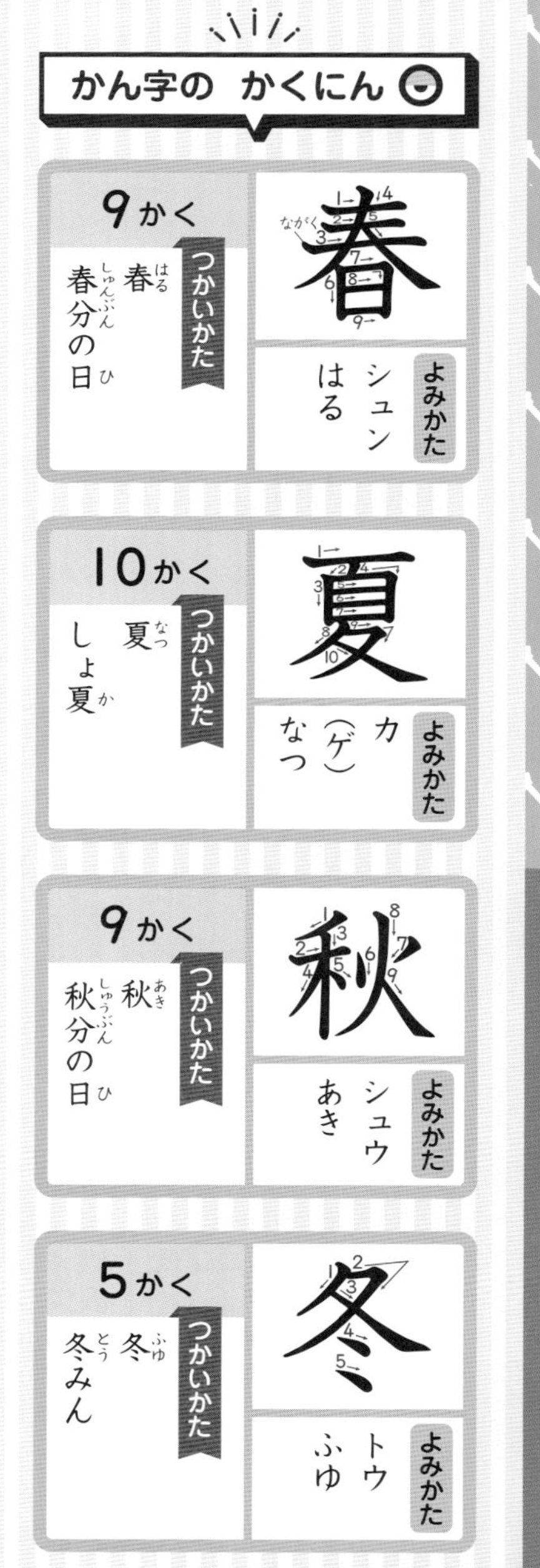

かん字の　かくにん

かん字	かく数	よみかた	つかいかた
春	9かく	シュン、はる	春（はる）、春分（しゅんぶん）の日（ひ）
夏	10かく	カ、（ゲ）、なつ	夏（なつ）、しょ夏（か）
秋	9かく	シュウ、あき	秋（あき）、秋分（しゅうぶん）の日（ひ）
冬	5かく	トウ、ふゆ	冬（ふゆ）、冬（とう）みん

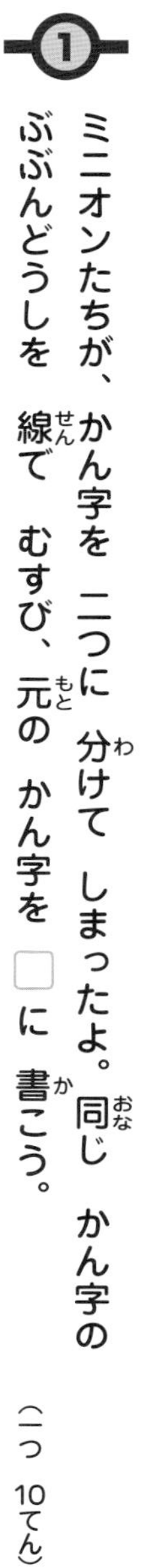

1 ミニオンたちが、かん字を　二つに　分（わ）けて　しまったよ。同（おな）じ　かん字の　ぶぶんどうしを　線（せん）で　むすび、元（もと）の　かん字を　□に　書（か）こう。

（一つ　10てん）

夂	★	★	日	① □
禾	★	★	夂	② □
夫	★	★	火	③ □
百	★	★	氵	④ □

❷ ――の かん字の 読(よ)みがなを 書(か)こう。（一つ 6てん）

① <u>春</u>に さく 花。（　　　）

② <u>春分</u>の日。（　ぶん　）
（ひるとよるの ながさが おなじ くらいに なる 日。三月二十一日ごろ）

③ <u>夏</u>の せみ。（　　　）

④ <u>秋</u>の 月。（　　　）

⑤ <u>冬</u>の 雪(ゆき)。（　　　）

❸ □に かん字を 書(か)こう。（一つ 6てん）

① おだやかな 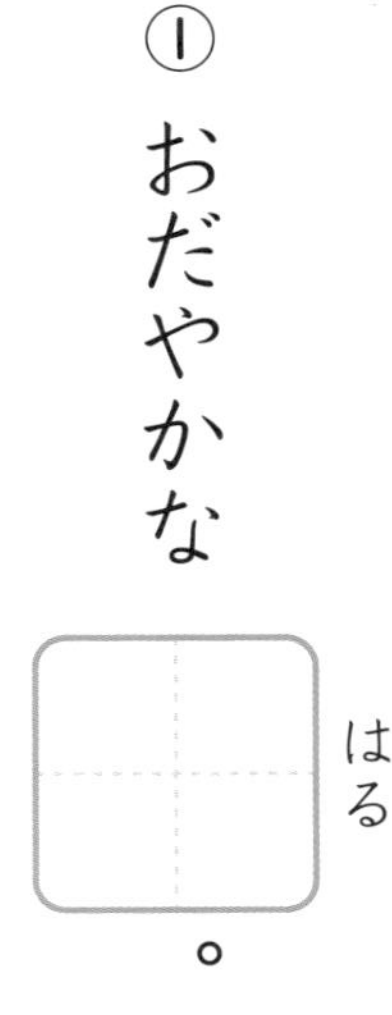（はる）。

② しょ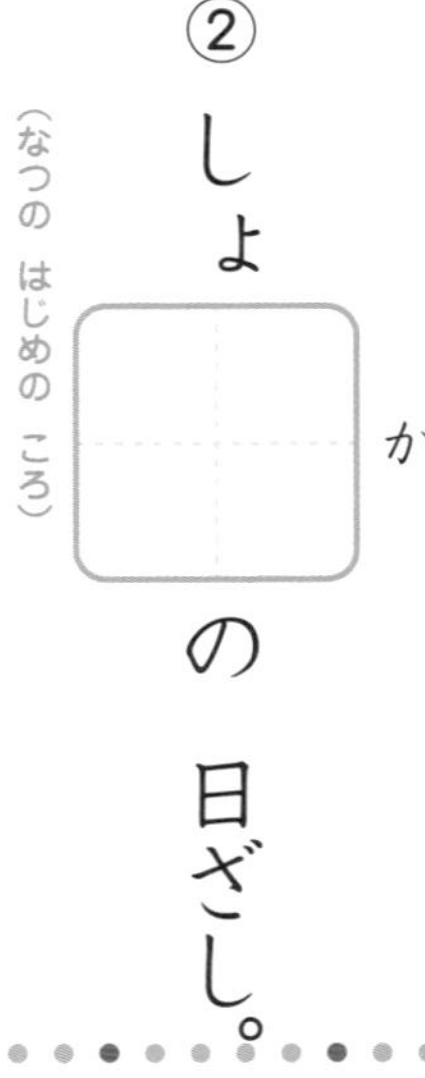（か）の 日ざし。
（なつの はじめの ころ）

③ 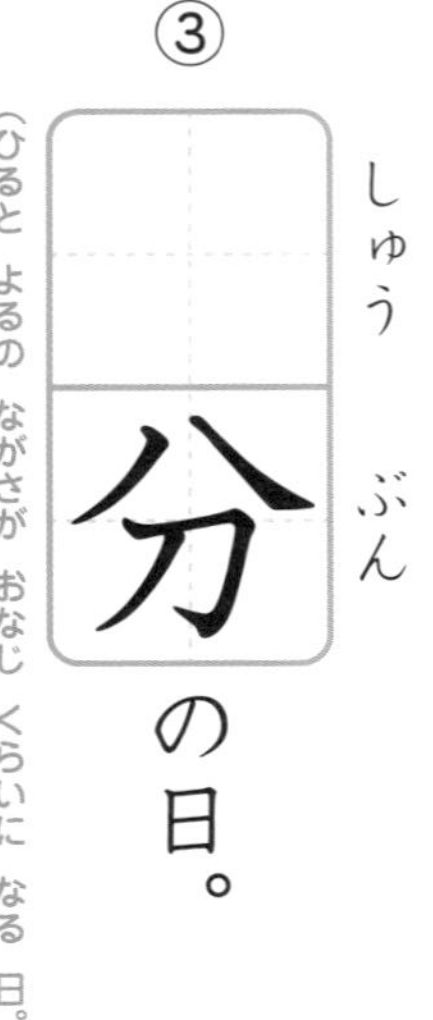（しゅう）分（ぶん）の 日。
（ひるとよるの ながさが おなじ くらいに なる 日。）

④ （ふゆ）休みに 入る。

⑤ □（とう）みんする。
（ふゆ、どうぶつが ねむったように して すごす こと）

23 夜・前・後・行

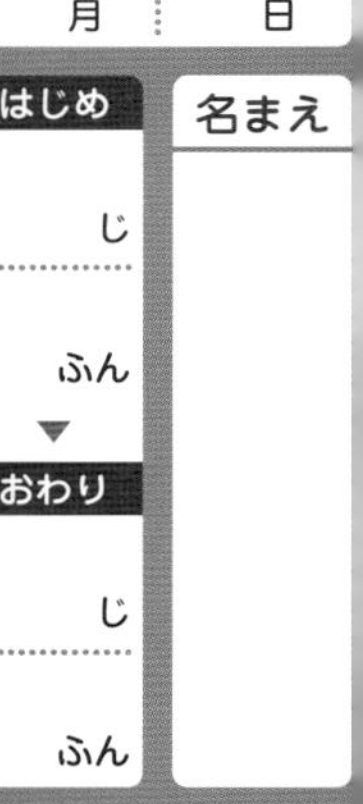

月　日

はじめ　じ　ふん　▼　おわり　じ　ふん

名まえ

とくてん　てん

かん字の かくにん

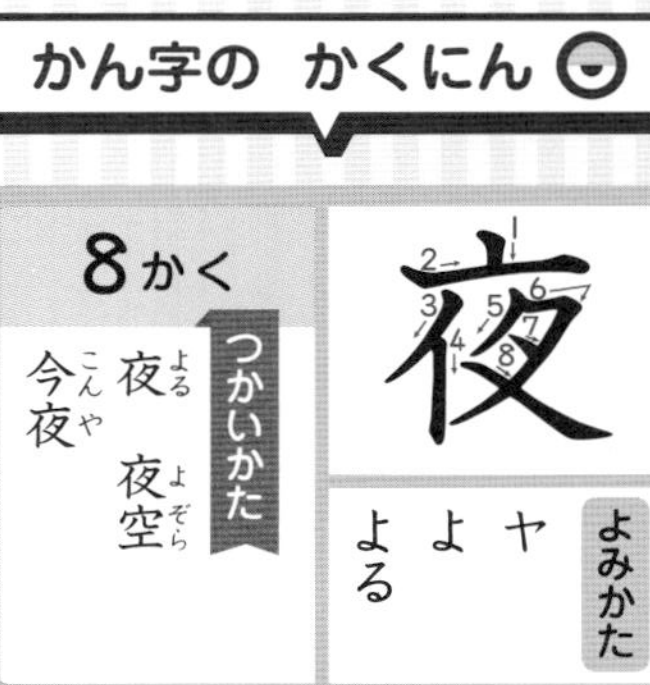

夜　8かく

よみかた：ヤ　よ　よる

つかいかた：夜（よる）　夜空（よぞら）　今夜（こんや）

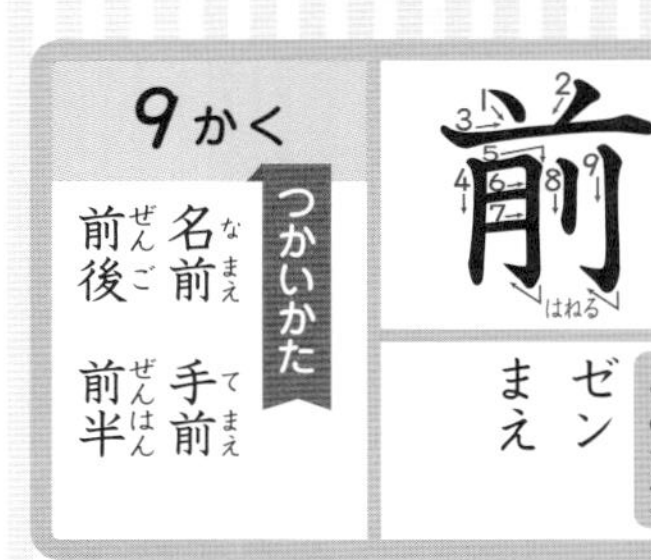

前　9かく

よみかた：ゼン　まえ

つかいかた：名前（なまえ）　手前（てまえ）　前後（ぜんご）　前半（ぜんはん）

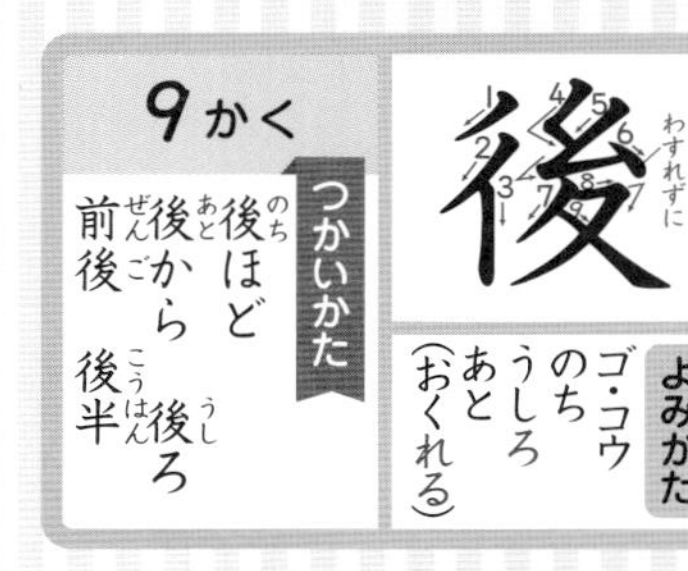

後　9かく

よみかた：ゴ・コウ　のち　うしろ　あと　（おくれる）

つかいかた：後（のち）ほど　後（あと）から　後ろ（うしろ）　前後（ぜんご）　後半（こうはん）

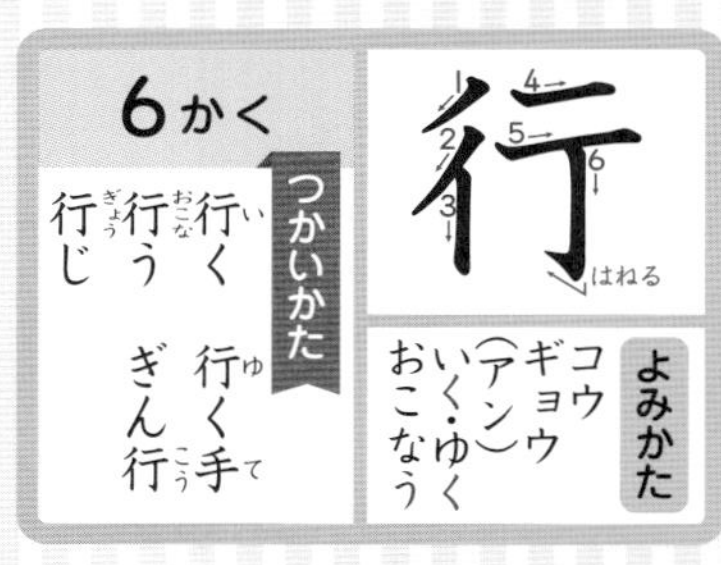

行　6かく

よみかた：コウ　ギョウ　（アン）　いく・ゆく　おこなう

つかいかた：行（い）く　行く手（ゆくて）　行（おこな）う　ぎん行（こう）　行じ（ぎょうじ）

①

ミニオンたちが、かん字の 読（よ）みがなを くりぬいて しまったよ。
正しい 読（よ）みがなを （　） に 書（か）こう。

（一つ 10てん）

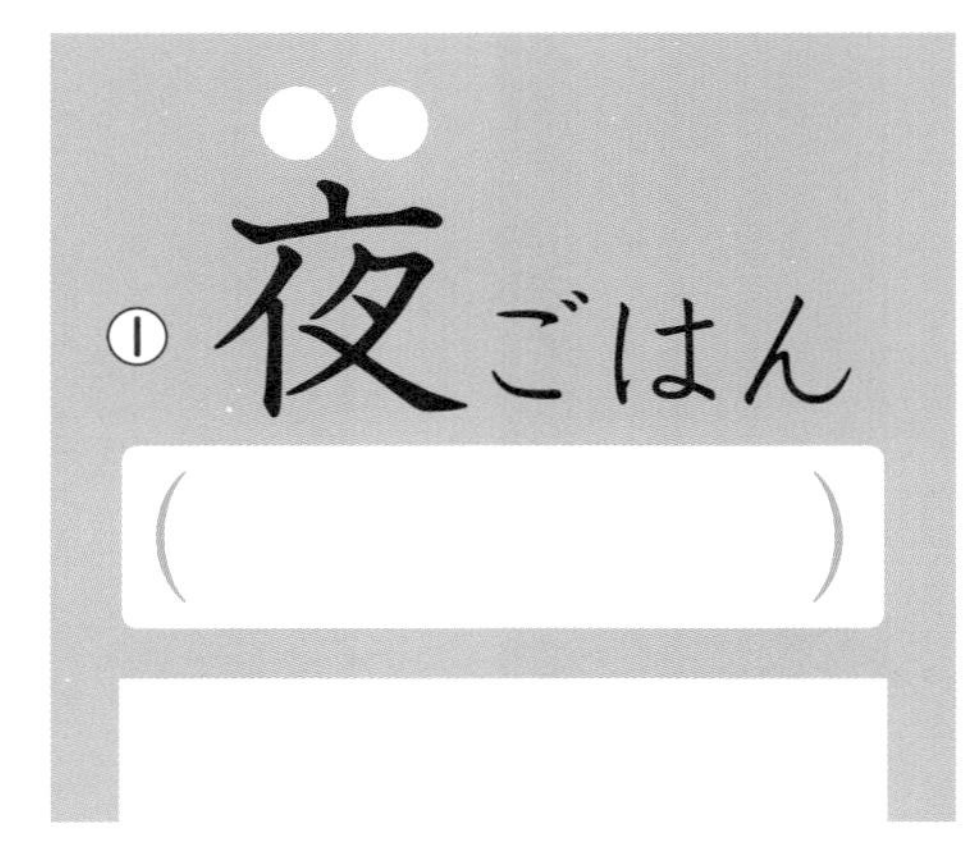

② ―のかん字の読みがなを書こう。（一つ6てん）

①夜中に おきる。（　）

②夜に ねる。（　）

③手前に 引く。（　）

④後ほど 話す。（　）

⑤学校に 行く。（　）

③ □にかん字を、（　）にひらがなを書こう。（一つ6てん）

①（こんや）

今□ 行く。

②（ぜんご）
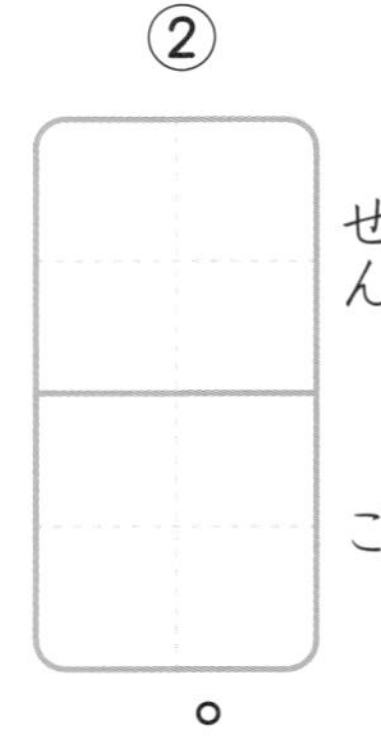
□□。

③（あと）
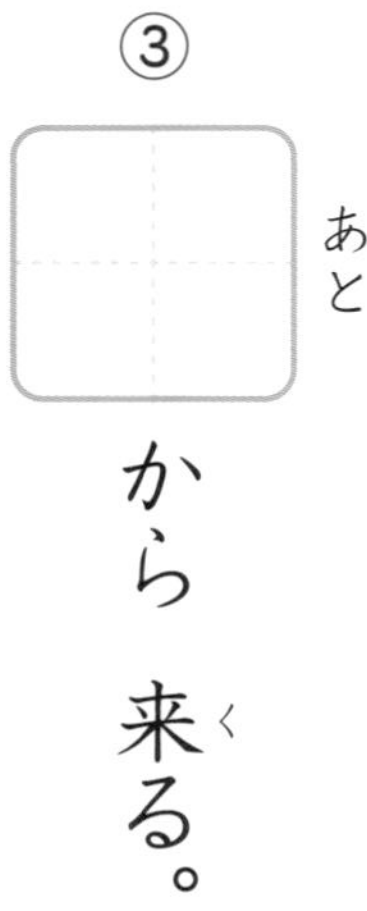
□から 来る。

④ゲームを（おこなう）
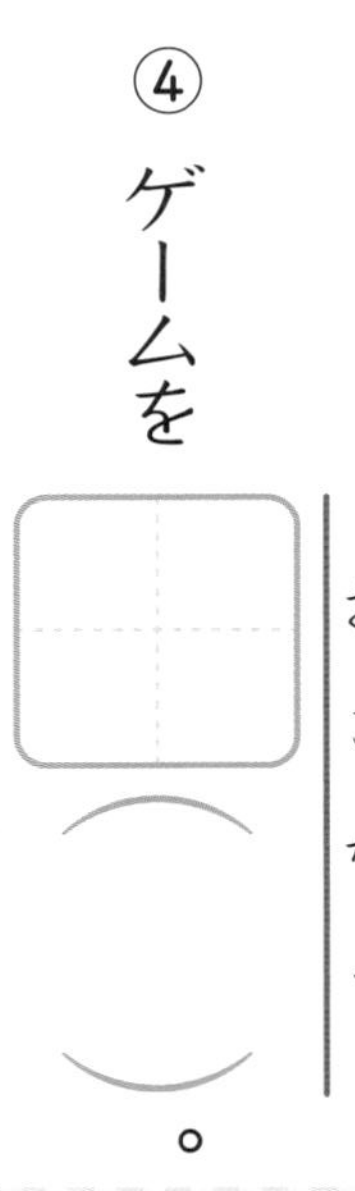
□（　）。

⑤ぎん（こう）

□の 近く。

24 合・会・売・買

月　日

名まえ

はじめ　じ　ふん

おわり　じ　ふん

とくてん　てん

かん字の かくにん

合 6かく
よみかた：ゴウ　ガッ・カッ　あう　あわす　あわせる
つかいかた：合う　合計　合そう　しゅう合

会 6かく
よみかた：カイ　（エ）　あう
つかいかた：会う　会話　大会

売 7かく
よみかた：バイ　うる　うれる
つかいかた：売る　売買　はん売

買 12かく
よみかた：バイ　かう
つかいかた：買う　売買

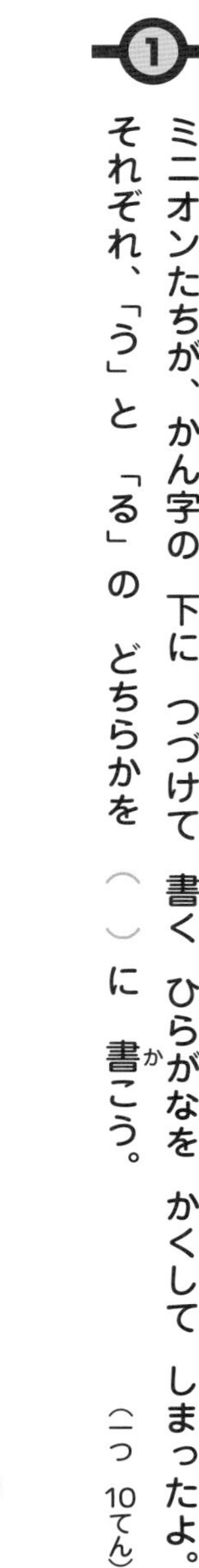

1 ミニオンたちが、かん字の 下に つづけて 書く ひらがなを かくして しまったよ。それぞれ、「う」と 「る」の どちらかを （　）に 書こう。（一つ 10てん）

① 合 ▶▶▶▶（　　）

② 会 ▶▶▶▶（　　）

③ 売 ▶▶▶▶（　　）

④ 買 ▶▶▶▶（　　）

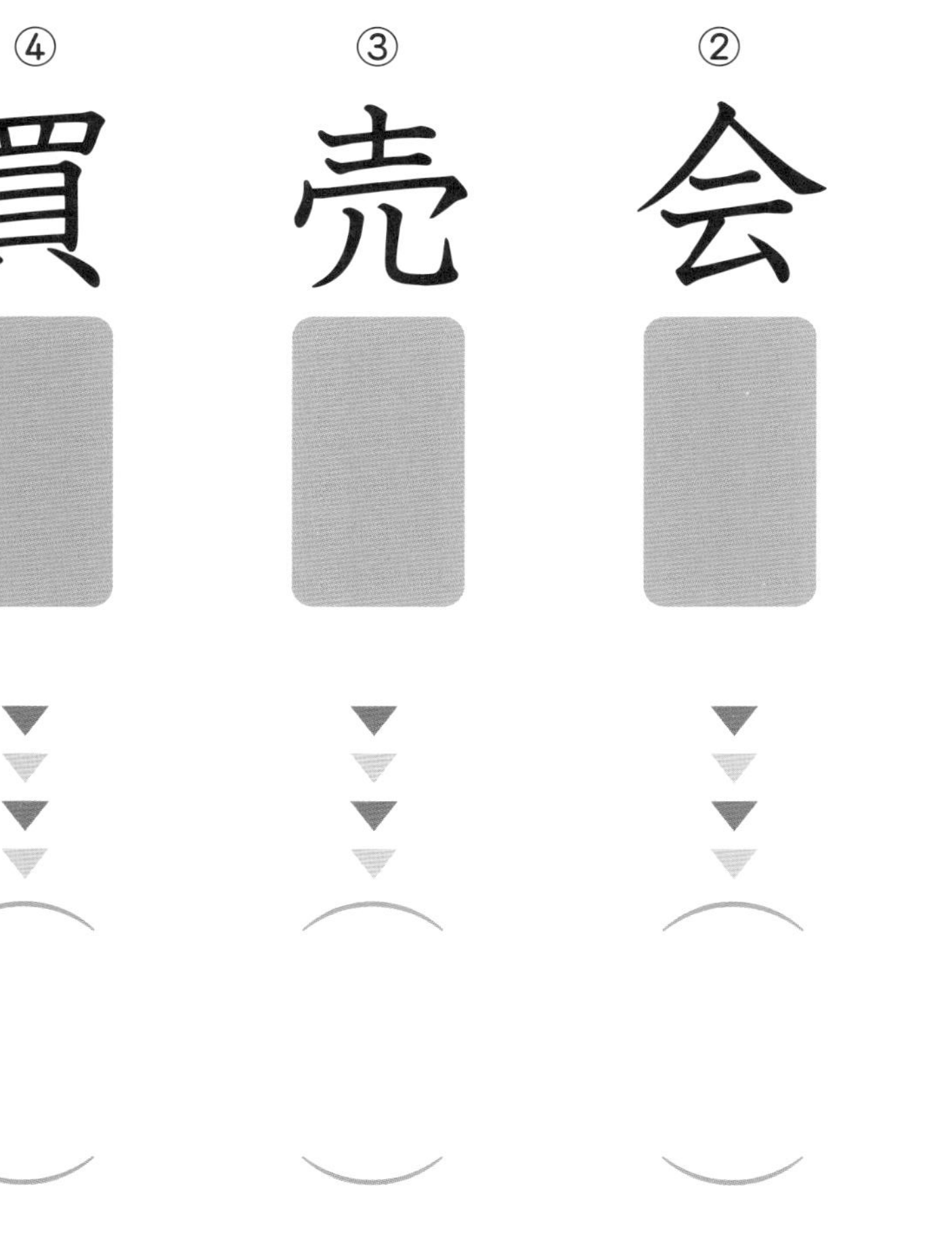

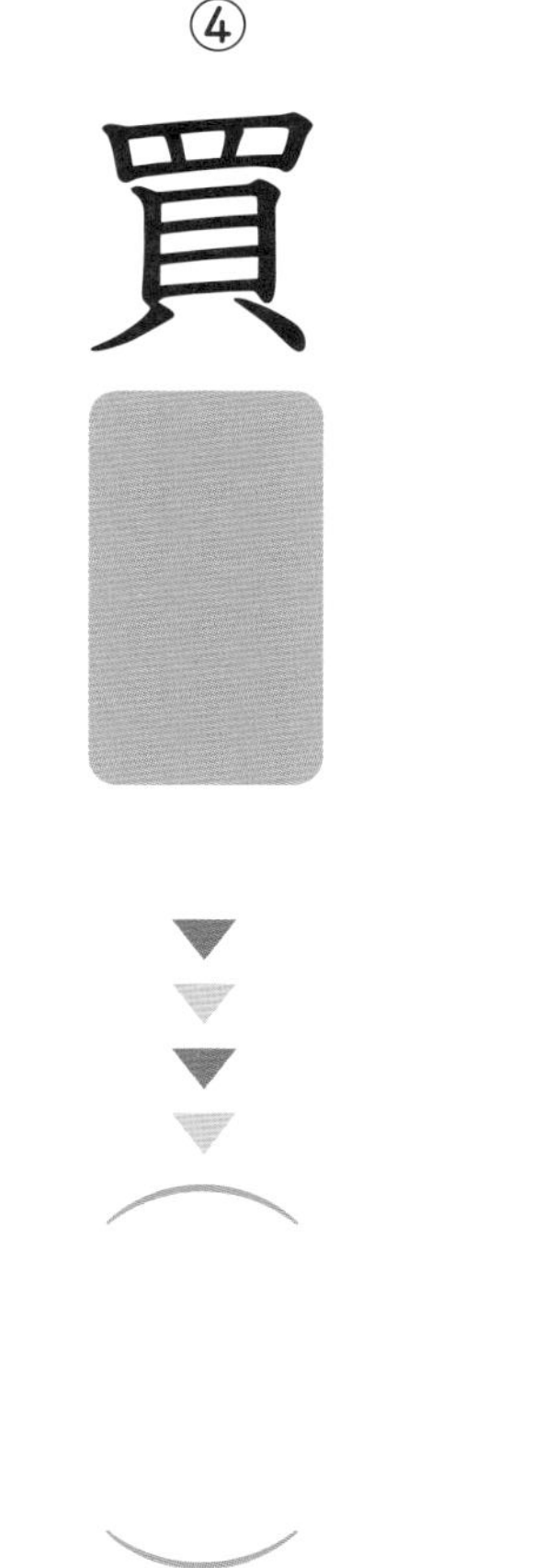

❷ ―― の かん字の 読みがなを 書こう。 （1つ 6てん）

① 答(こた)えが 合う。（　　）

② しゅう合する。（　　）

③ 兄(あに)に 会う。（　　）

④ 野(や)さいの 売りば。（　　）

⑤ 買いものに 行く。（　　）

❸ □に かん字を、（　）に ひらがなを 書こう。 （1つ 6てん）

① 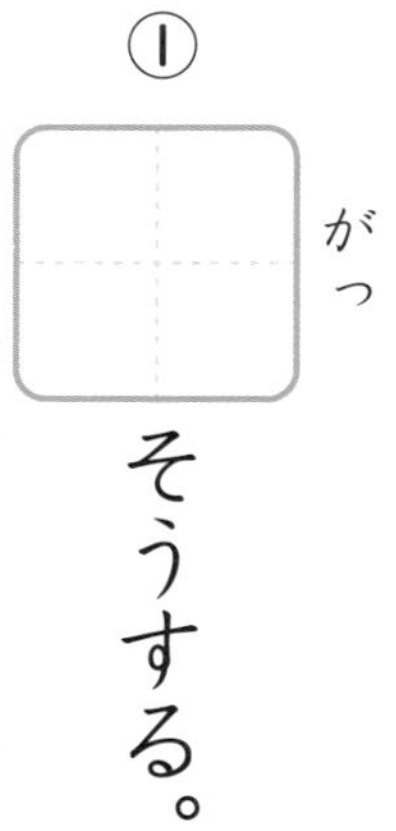 そうする。（がっ）
（いろいろな がっきで いっしょに えんそうする こと）

② 気が 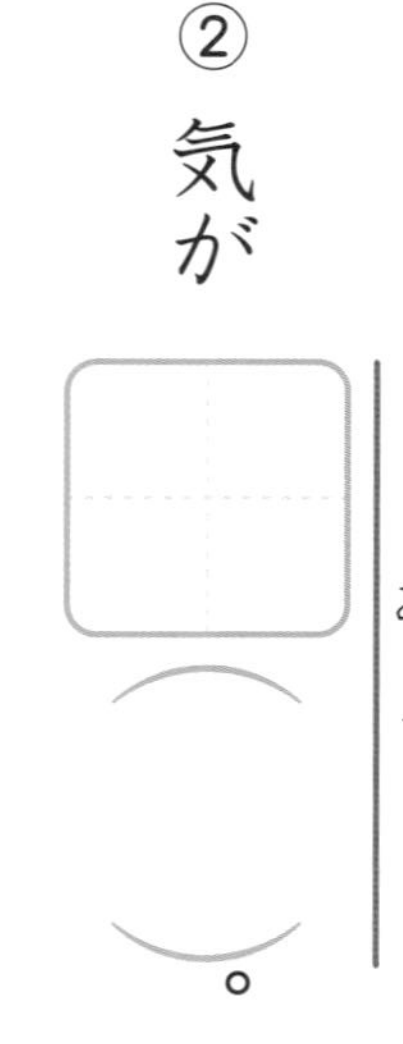（　　）。（あう）

③ 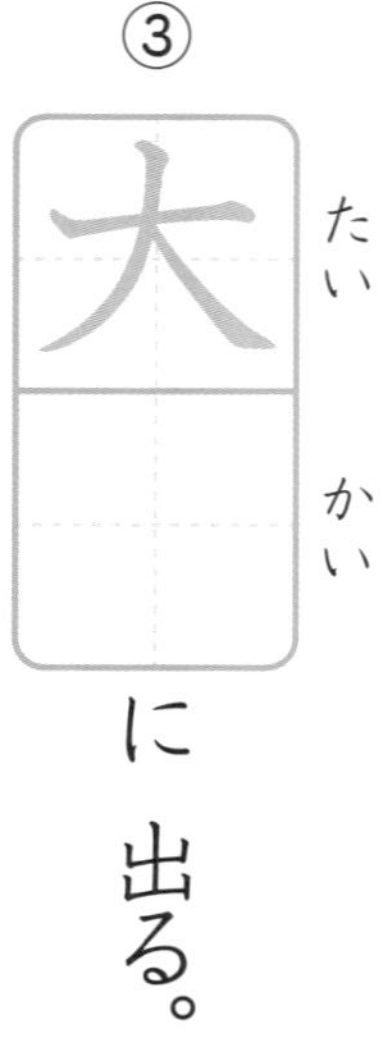 に 出る。（たい かい）

④ 米(こめ)が 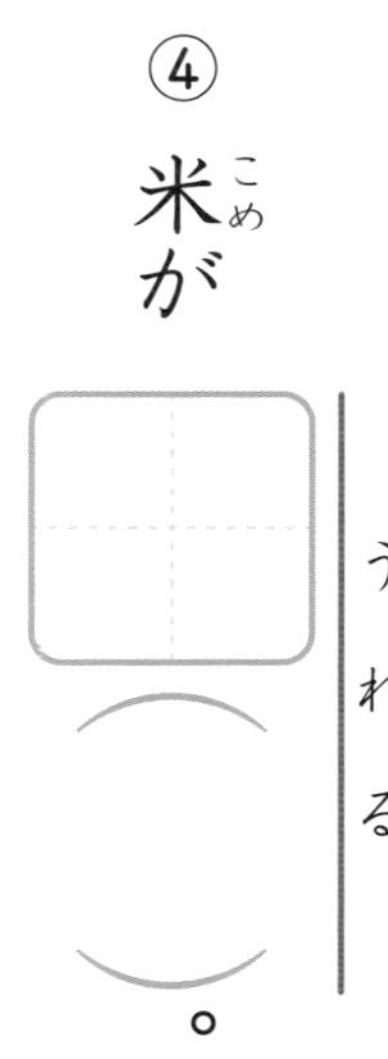（　　）。（うれる）

⑤ ものの 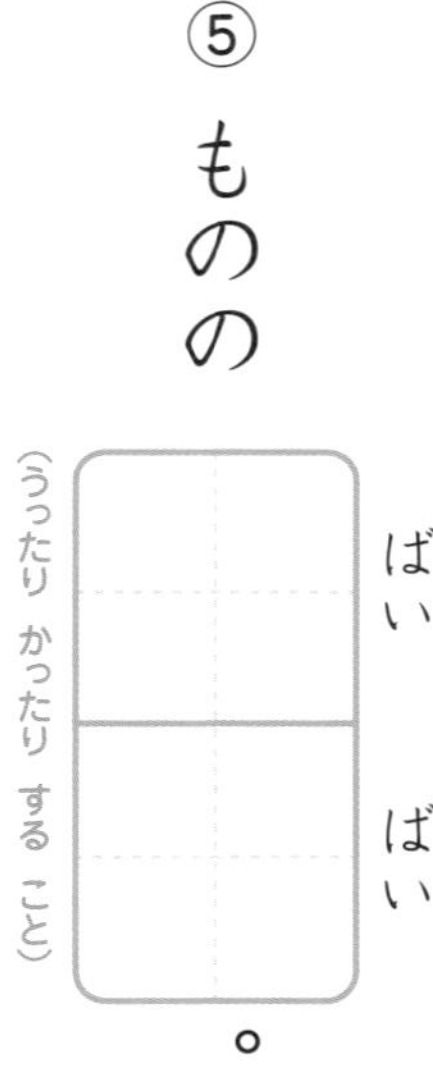。（ばい ばい）
（うったり かったり する こと）

25 馬・時・間・少

月　日

名まえ

はじめ　じ　ふん　▶　おわり　じ　ふん

とくてん　てん

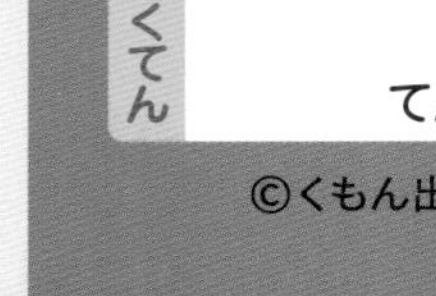

かん字の かくにん

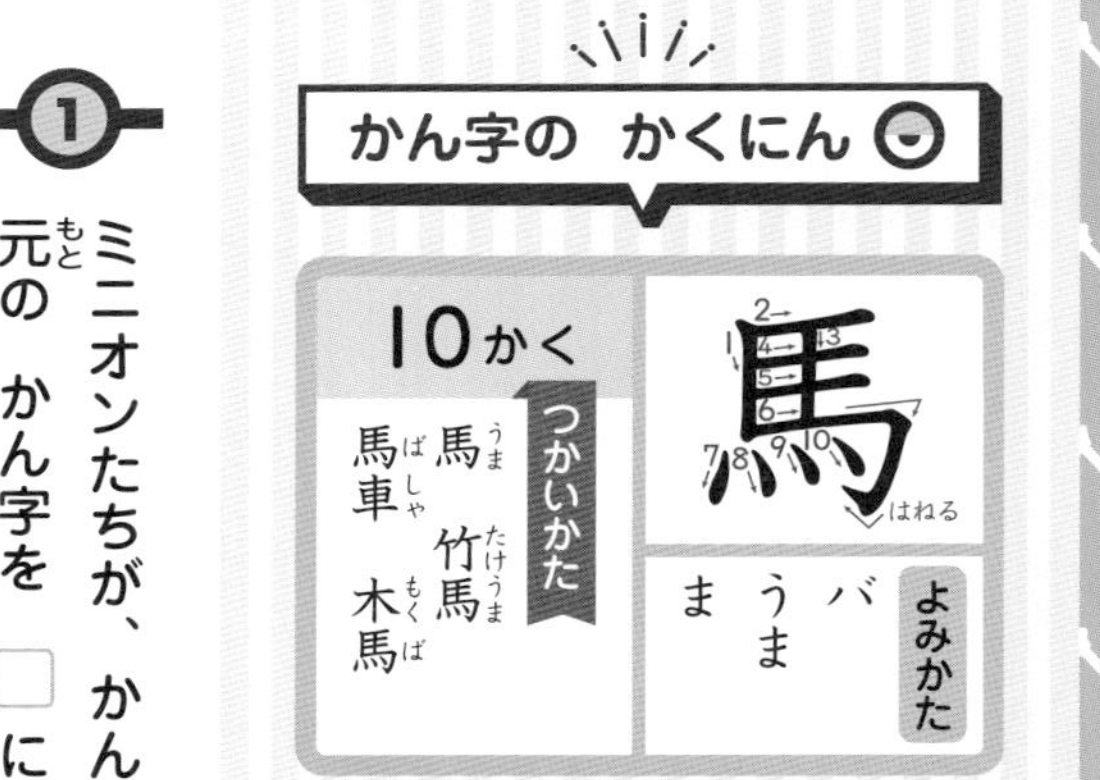

馬　10かく
- よみかた：バ／うま／ま
- つかいかた：馬車（ばしゃ）　竹馬（たけうま）　木馬（もくば）

時　10かく
- よみかた：ジ／とき
- つかいかた：時間（じかん）　時（とき）

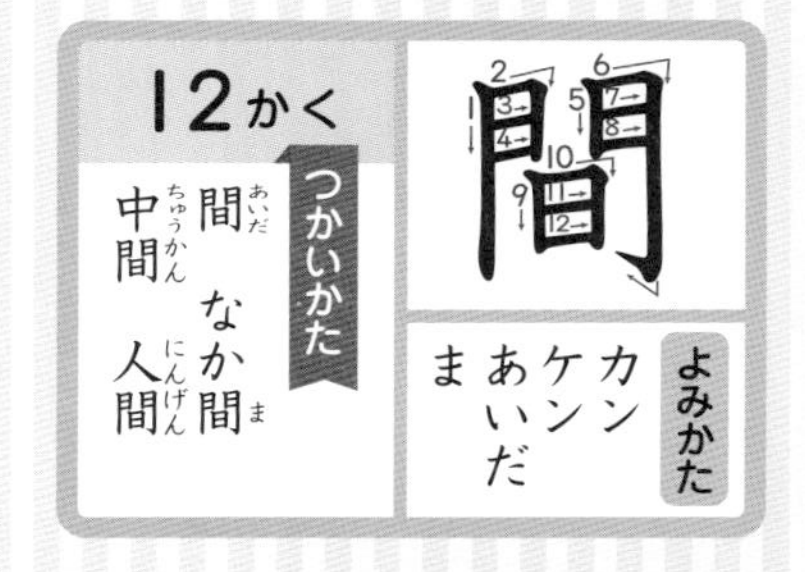

間　12かく
- よみかた：カン／ケン／あいだ／ま
- つかいかた：中間（ちゅうかん）　間（あいだ）　人間（にんげん）　なか間（ま）

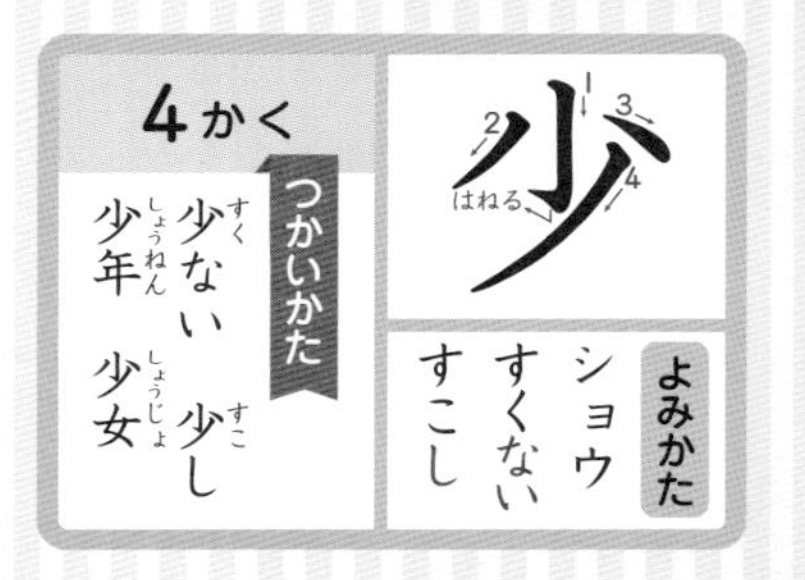

少　4かく
- よみかた：ショウ／すくない／すこし
- つかいかた：少年（しょうねん）　少ない（すくない）　少女（しょうじょ）　少し（すこし）

1

ミニオンたちが、かん字から 線（せん）を 二本 とったよ。元（もと）の かん字を □に 書（か）こう。（1つ 10てん）

① うま　→　□

② とき　→　□

③ あいだ　→　□

④ しょう　→　□

2 ――の かん字の 読(よ)みがなを 書(か)こう。 （一つ 6てん）

① 竹馬で あそぶ。（　　）

② 時が すぎる。（　　）

③ 木と 木の 間。（　　）

④ なか間に なる。（　　）

⑤ 車が 少ない。（　　）

3 □に かん字を、（　）に ひらがなを 書(か)こう。 （一つ 6てん）

① 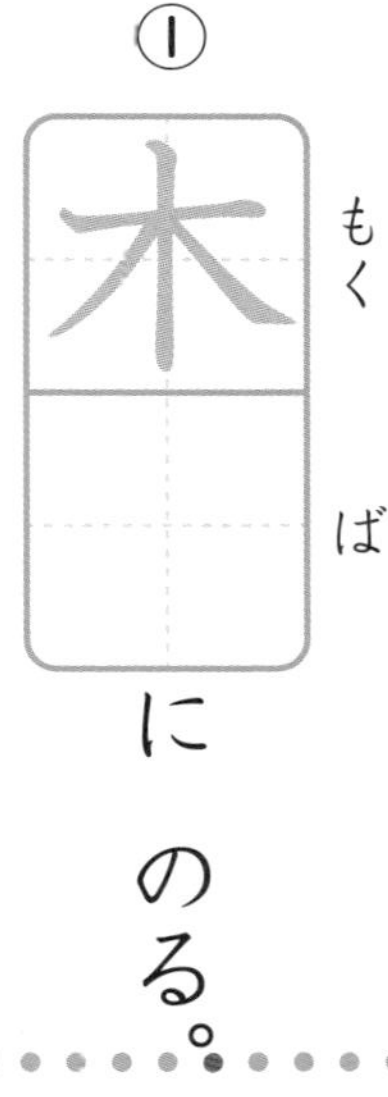 （もく ば）に のる。

② 休み 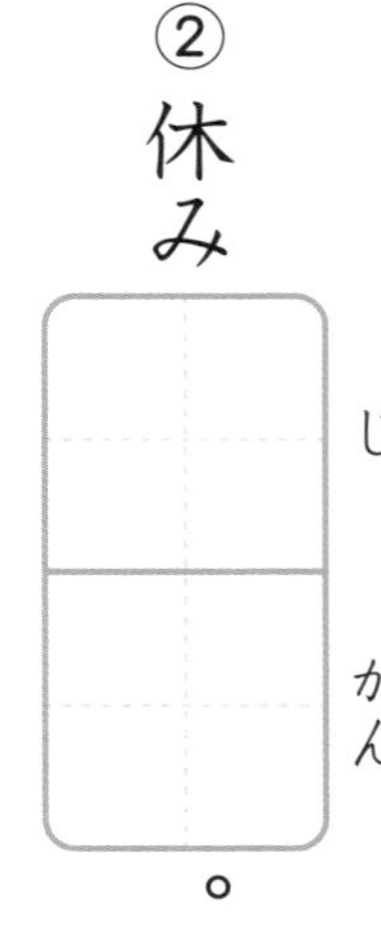 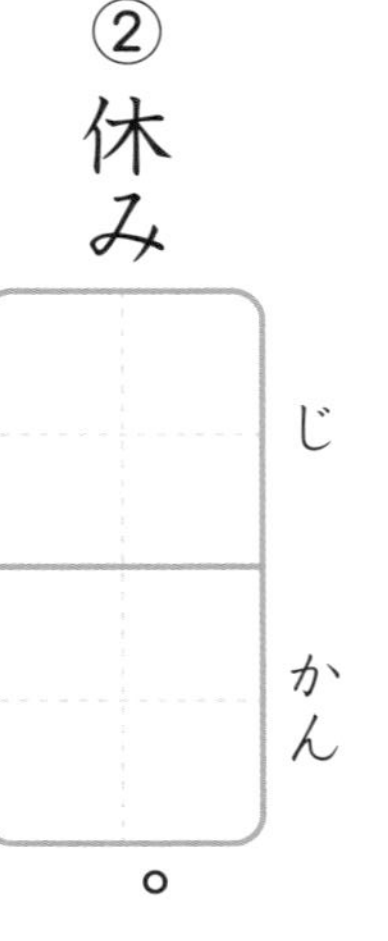 （じ かん）。

③ 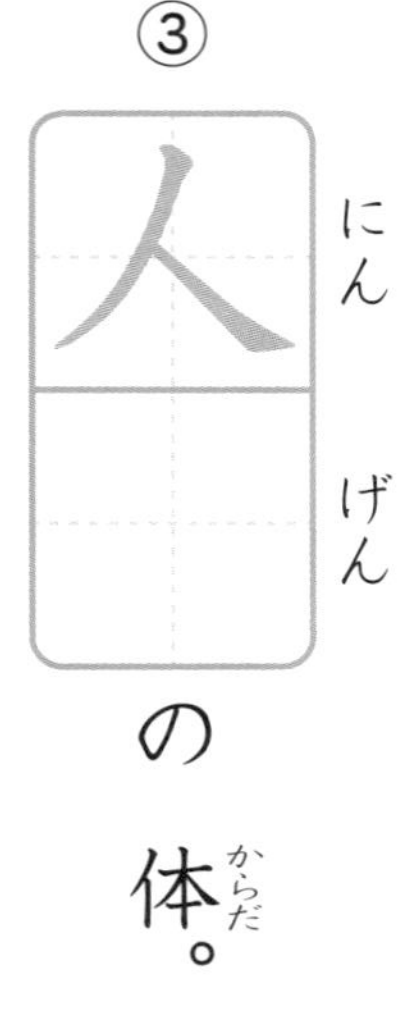 （にん げん）の 体(からだ)。

④ □（　　）ねる。（すこし）

⑤  （しょう じょ）が 歌(うた)う。

26 国・語・算・社

月　日

はじめ　じ　ふん

おわり　じ　ふん

名まえ

とくてん　てん

かん字の　かくにん

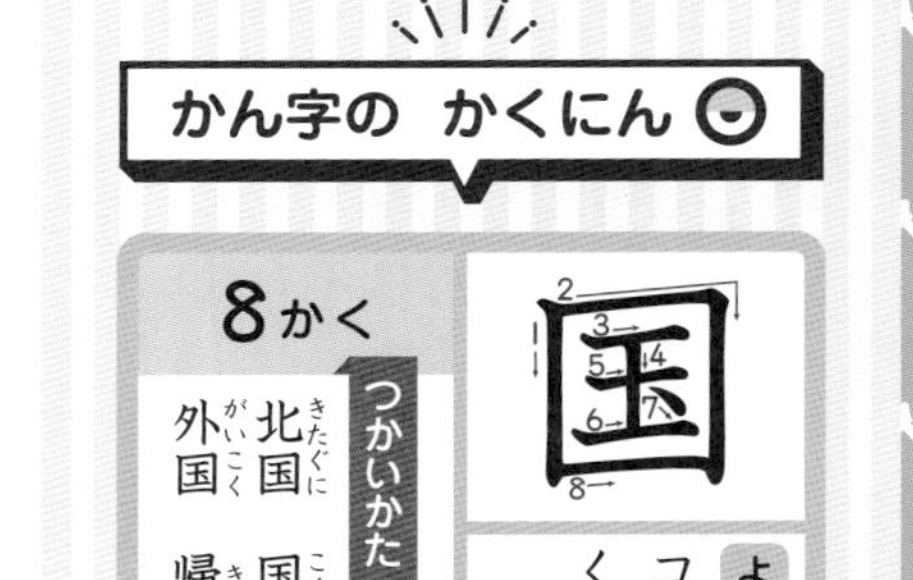

8かく

よみかた：コク／くに

つかいかた：北国（きたぐに）　外国（がいこく）　国語（こくご）　帰国（きこく）

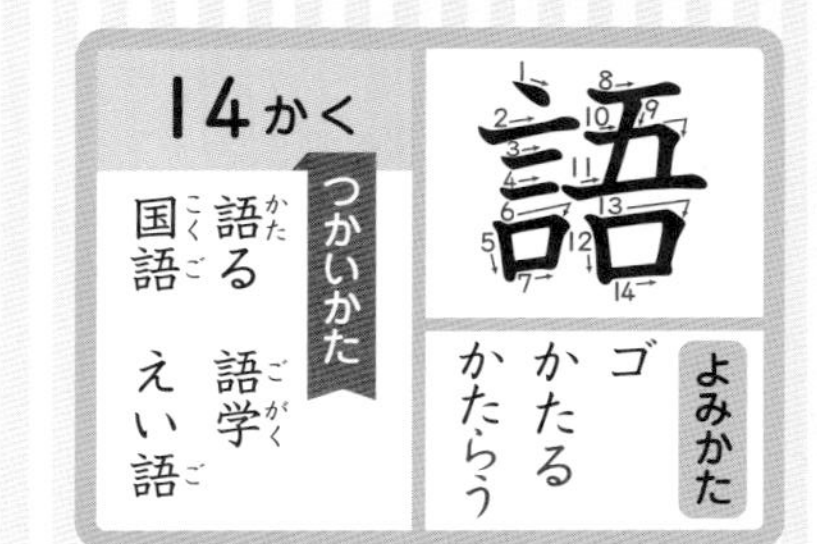

14かく

よみかた：ゴ／かたる／かたらう

つかいかた：語る（かたる）　国語（こくご）　語学（ごがく）　えい語（ご）

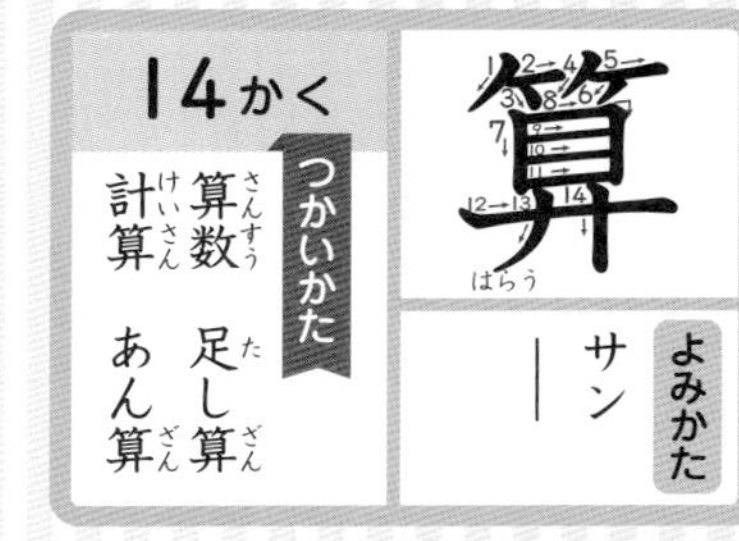

14かく

よみかた：サン

つかいかた：算数（さんすう）　計算（けいさん）　足し算（たしざん）　あん算（ざん）

7かく

よみかた：シャ／やしろ

つかいかた：社（やしろ）　会社（かいしゃ）　社長（しゃちょう）

1

ミニオンたちが、クロスワードパズルの　かん字を　けして　しまったよ。
①～④に　入る　かん字を　□に　書（か）こう。

（一つ　10てん）

矢（や）じるしの　方（ほう）こうに
かん字を　読（よ）むよ。

② ——の　かん字の　読(よ)みがなを　書(か)こう。（一つ　6てん）

① 雪国に　行(い)く。（ゆき　）

② 国語の　ノート。（　）

③ ゆめを　語る。（　）

④ 算数の　時間(じかん)。（すう　）

⑤ りっぱな　社(じんじゃ)。（　）

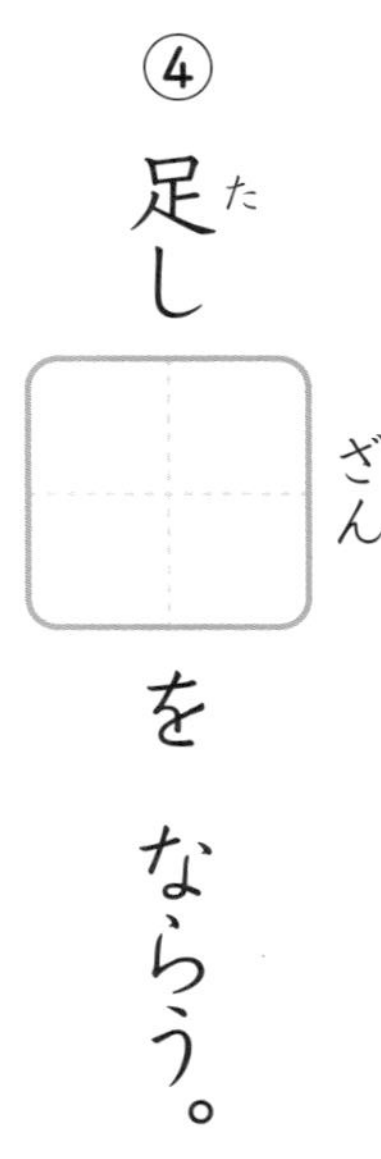

③ □に　かん字を、（　）に　ひらがなを　書(か)こう。（一つ　6てん）

① 帰［き］□［こく］する。（くにに　かえる　こと）

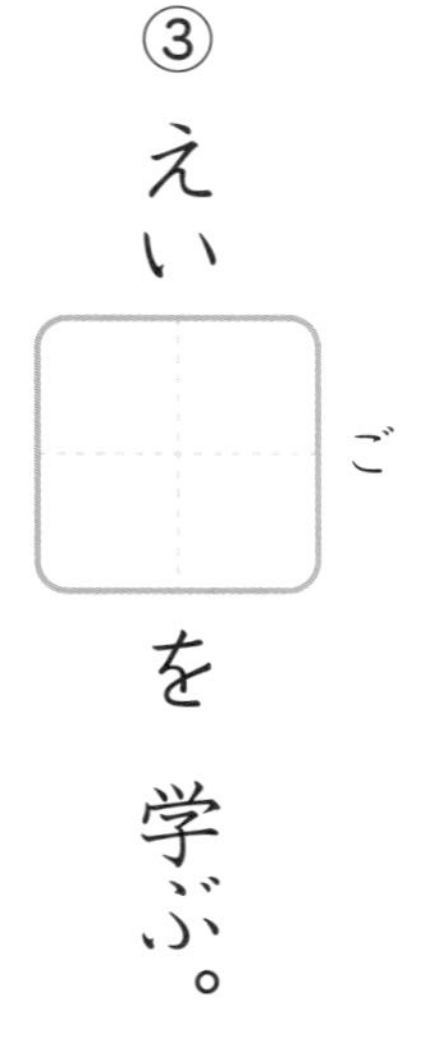

② 兄(あに)が（　）。［かたる］

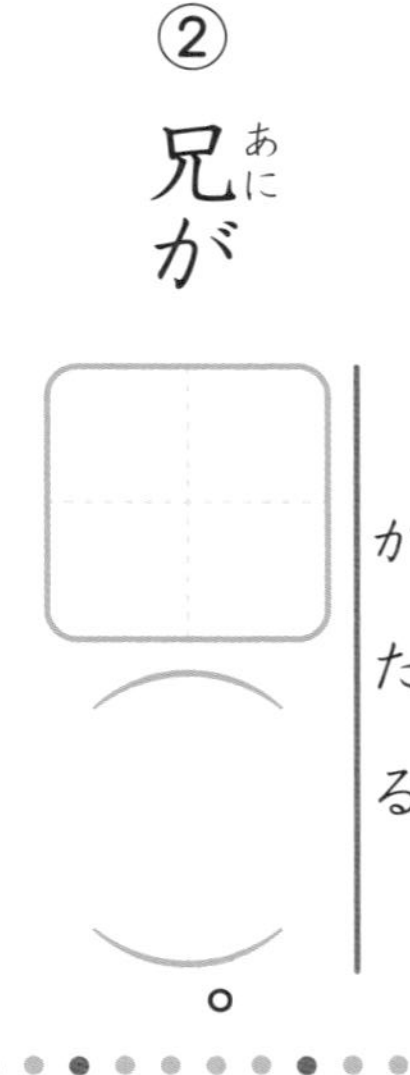

③ えい□［ご］を　学ぶ。

④ 足(た)し□［ざん］を　ならう。

⑤ □［しゃ］長［ちょう］に　聞(き)く。

27 点・数・楽・歌

月　日

名まえ

はじめ　じ　ふん

おわり　じ　ふん

とくてん　てん

かん字の　かくにん

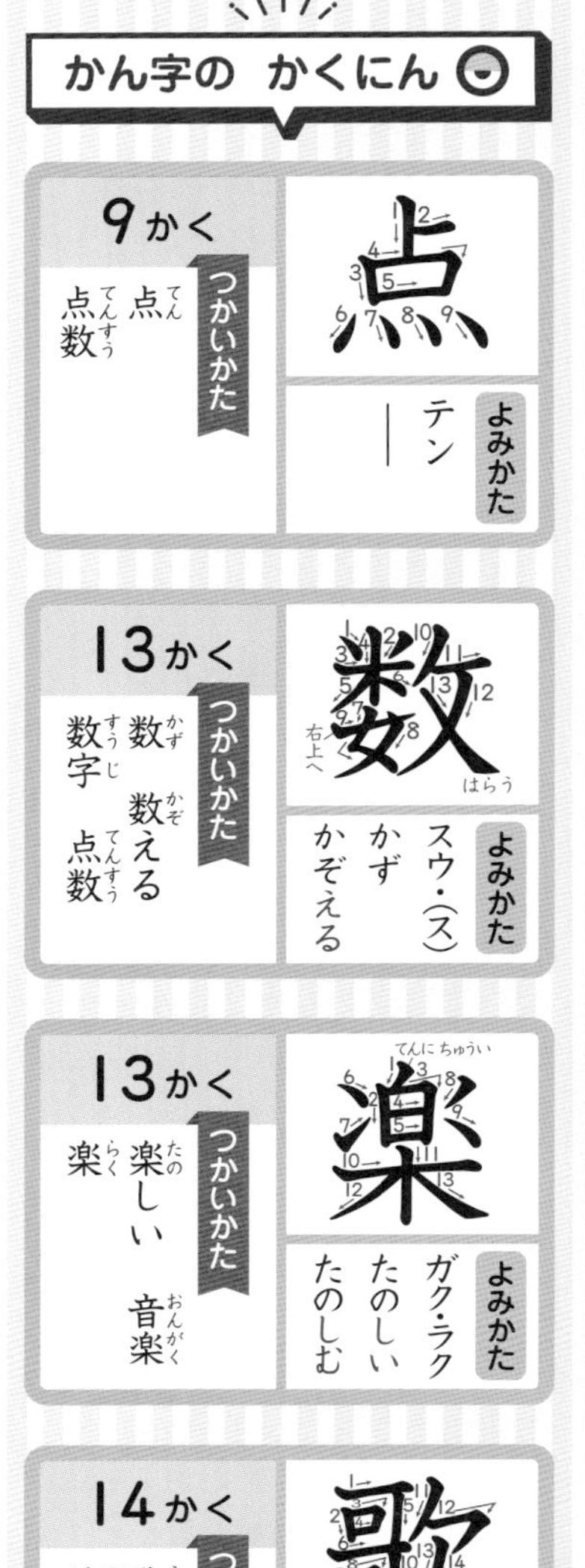

点　9かく

よみかた：テン

つかいかた：点（てん）、点数（てんすう）

数　13かく

よみかた：スウ・（ス）、かず、かぞえる

つかいかた：数（かず）、数える（かぞえる）、数字（すうじ）、点数（てんすう）

楽　13かく

よみかた：ガク・ラク、たのしい、たのしむ

つかいかた：楽しい（たのしい）、音楽（おんがく）、楽（らく）

歌　14かく

よみかた：カ、うた、うたう

つかいかた：歌う（うたう）、歌声（うたごえ）、校歌（こうか）

1

ミニオンたちが、■の　かん字の　形（かたち）を　かえて　しまったよ。元（もと）の　かん字を　□から　えらんで、○で　かこもう。

（一つ　10てん）

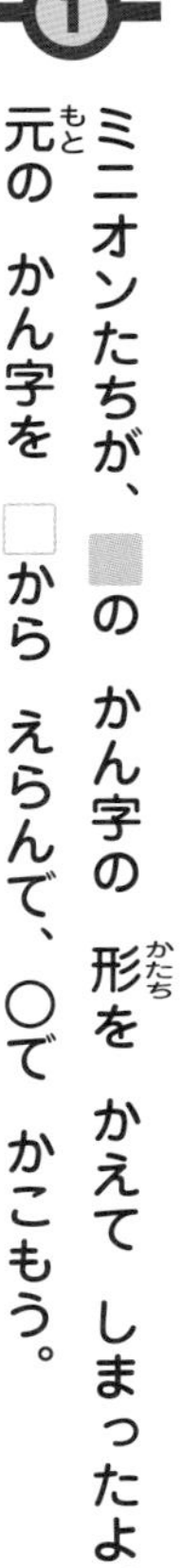

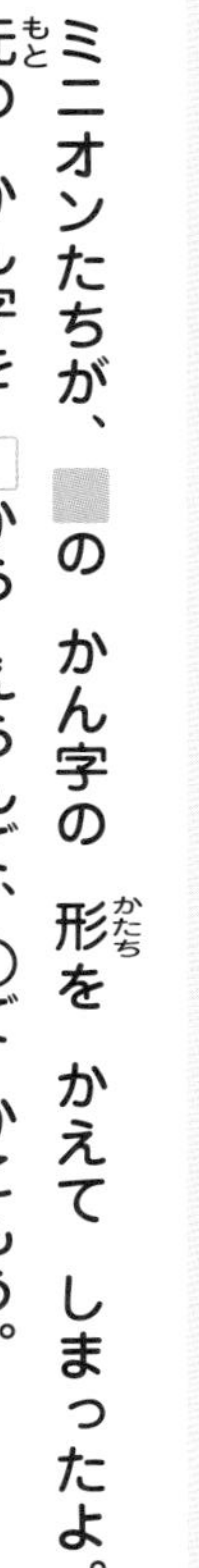

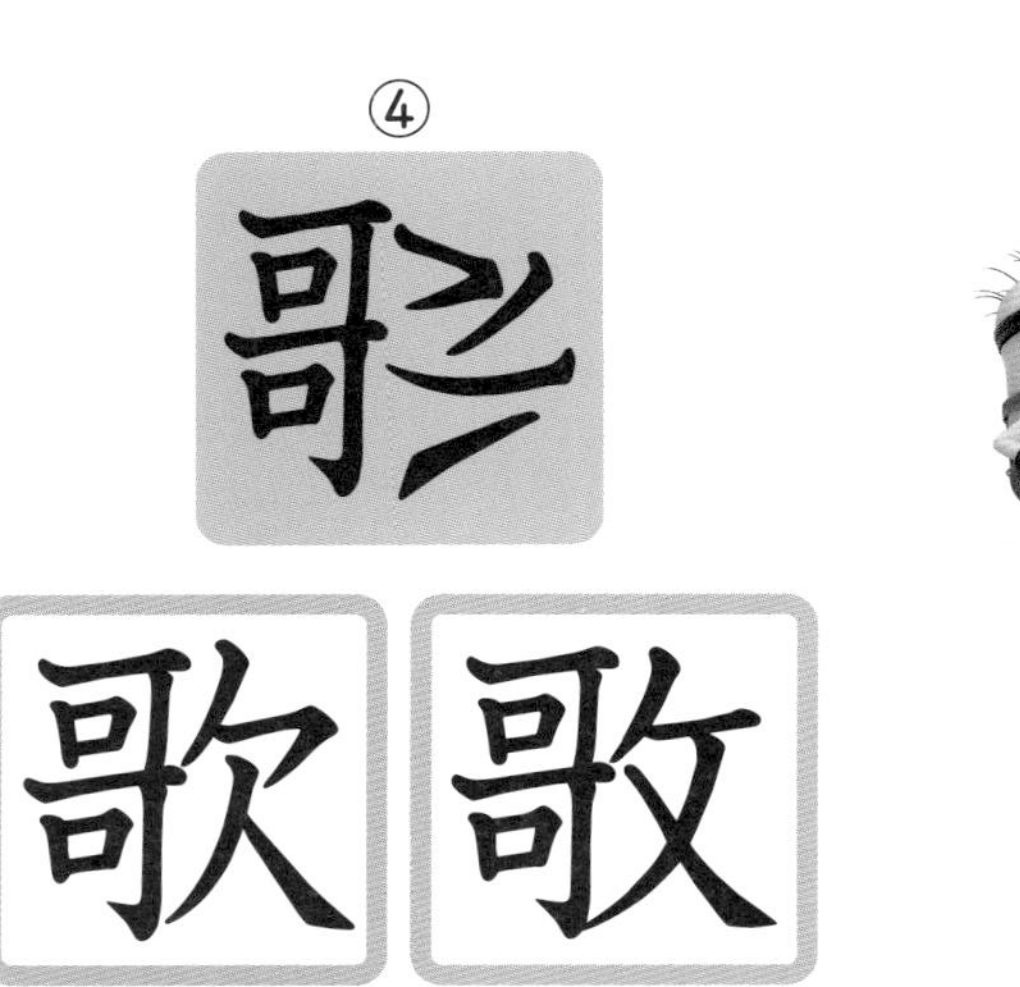

② ——の かん字の 読(よ)みがなを 書(か)こう。（一つ 6てん）

① 丸(まる)と 点。（　　）

② みかんの 数。（　　）

③ 楽しい あそび。（　　）

④ 大きな 声(こえ)で 歌う。（　　）

⑤ 校歌を 聞(き)く。（　　）

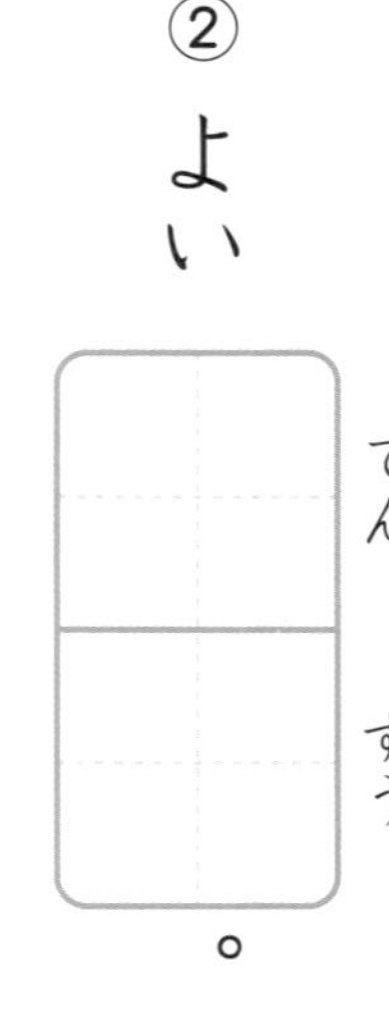

③ □に かん字を、（　）に ひらがなを 書(か)こう。（一つ 6てん）

① 車を □（　　）。 かぞえる

② よい □□。 てんすう

③ 音□を 聞(き)く。 おんがく

④ □ なしせい。 らく

⑤ 明(あか)るい □。 うた

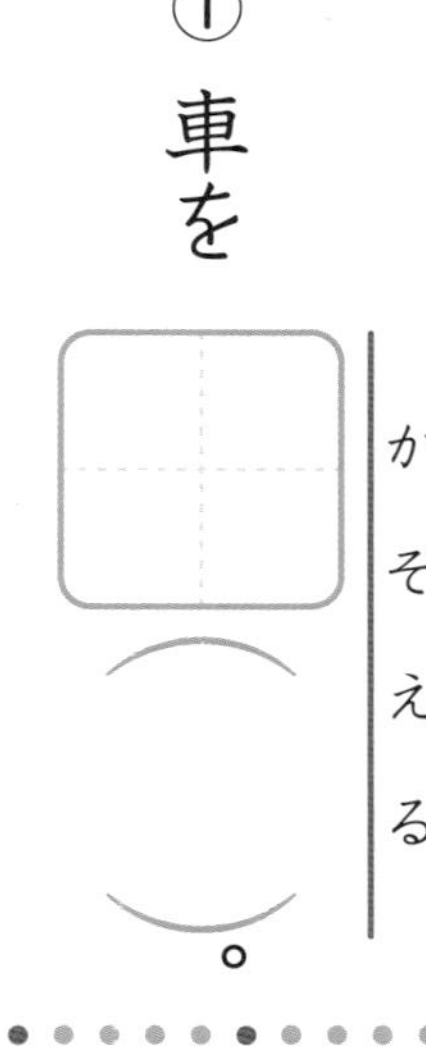

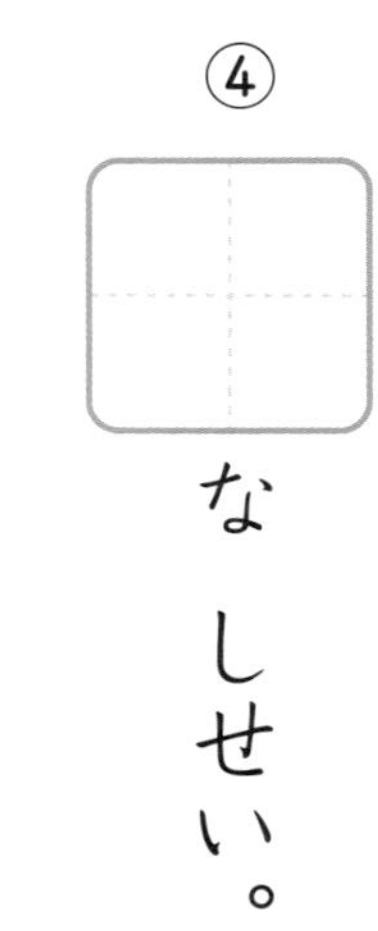

28 かくにんもんだい②

月　日

名まえ

はじめ　じ　ふん ▼ おわり　じ　ふん

とくてん　てん

1 ——の　かん字の　読(よ)みがなを　書(か)こう。（一つ　4てん）

① 工場に　つく。（　　）

② 東西南北を　しめす。（　　）

③ 京都(と)に　行(い)く。（　　）

④ 毛糸の　マフラー。（　　）

⑤ 茶色の　ねこ。（　　）

⑥ 自分で　かたづける。（　　）

⑦ 今すぐ　出かける。（　　）

⑧ 前後に　ならぶ。（　　）

⑨ 答(こた)えが　合う。（　　）

⑩ 時間を　きめる。（　　）

⑪ 算数の　べん強(きょう)。（　　）

⑫ 校歌を　歌(うた)う。（　　）

② □に かん字を 書こう。（1つ 4てん）

① 星(ほし)の □(かたち) の 紙(かみ)。

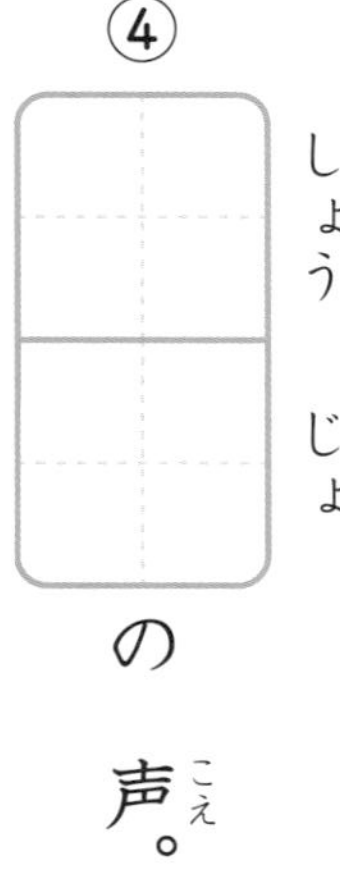

② 西(にし)の □□(ほうがく)。

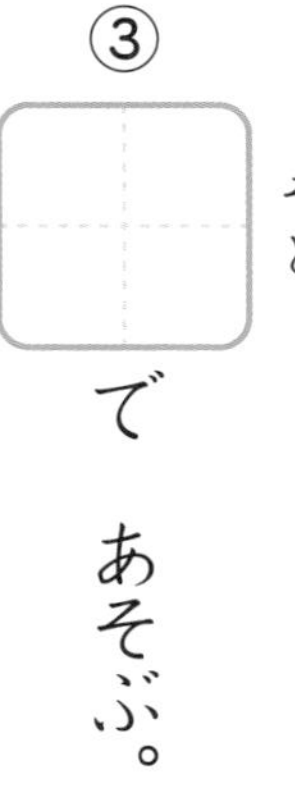

③ □(そと) で あそぶ。

④ □□(しょうじょ) の 声(こえ)。

⑤ □(ひる) ごはんを 食(た)べる。

⑥ □□(しゅんぶん) の 日(ひ)。

⑦ 野(や)さいの □□(ばいばい)。

⑧ □□(こくご) の 時間(じかん)。

③ ―の ことばを かん字と ひらがなで 書(か)こう。（1つ 5てん）

① くろい 犬。

② おなじ へや。

③ 週(しゅう)の なかば。

④ たのしい ゲーム。

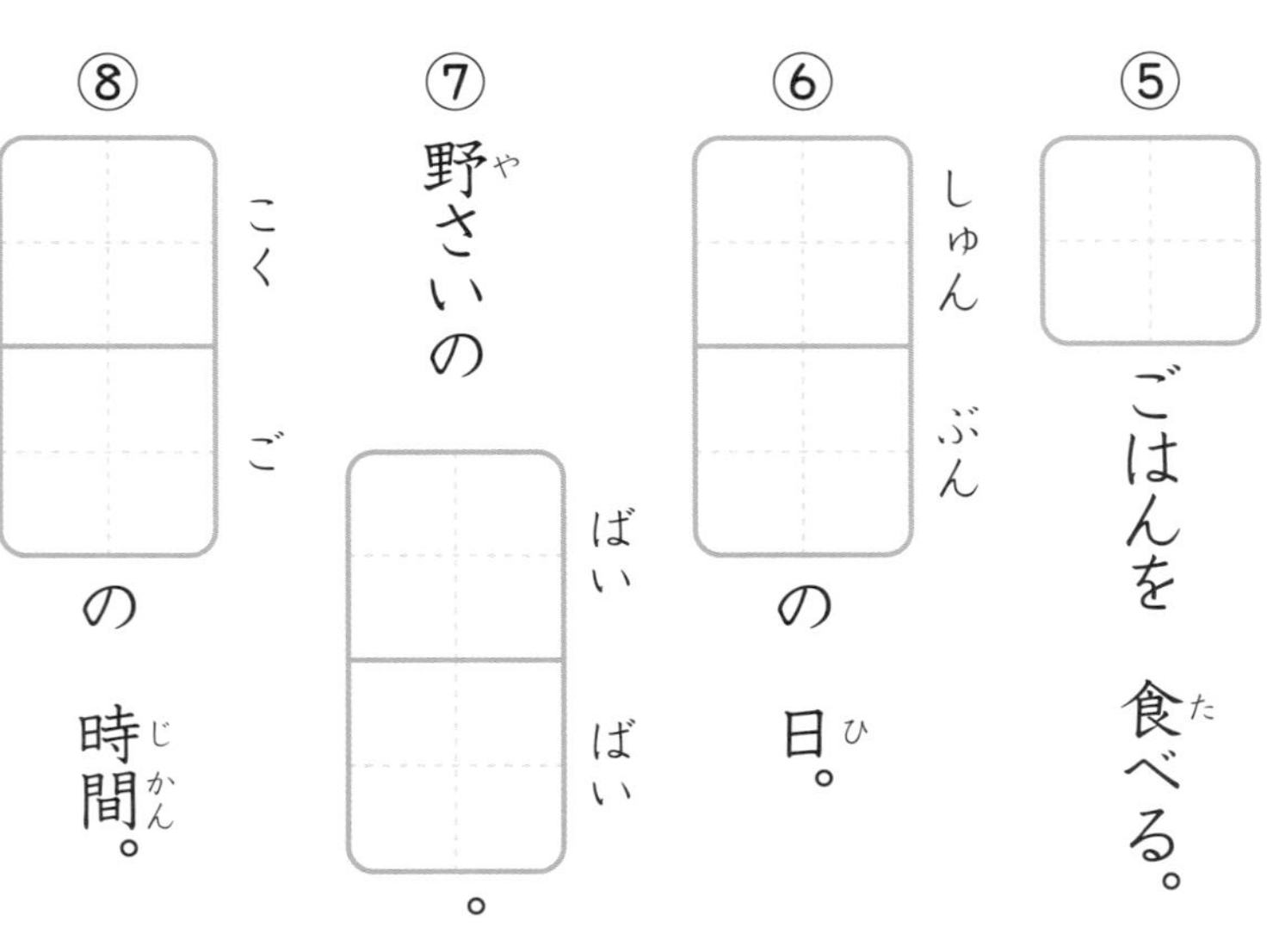

29 声・理・科・活

月　日

はじめ　じ　ふん
おわり　じ　ふん

名まえ

とくてん　てん

かん字の　かくにん

	かく数	つかいかた	よみかた
声	7かく	声(こえ)　歌声(うたごえ)　音声(おんせい)	セイ　(ショウ)　こえ　(こわ)
理	11かく	理(り)ゆう　りょう理(り)　理科(りか)	リ
科	9かく	教科書(きょうかしょ)　理科(りか)　科目(かもく)　生活科(せいかつか)	カ
活	9かく	生活(せいかつ)　活(かっ)やく	カツ

①

ミニオンたちが、かん字を　ばらばらに　して　しまったよ。
組(く)み合(あ)わせて　かん字を　四つ　作(つく)り、□に　書(か)こう。

(一つ　10てん)

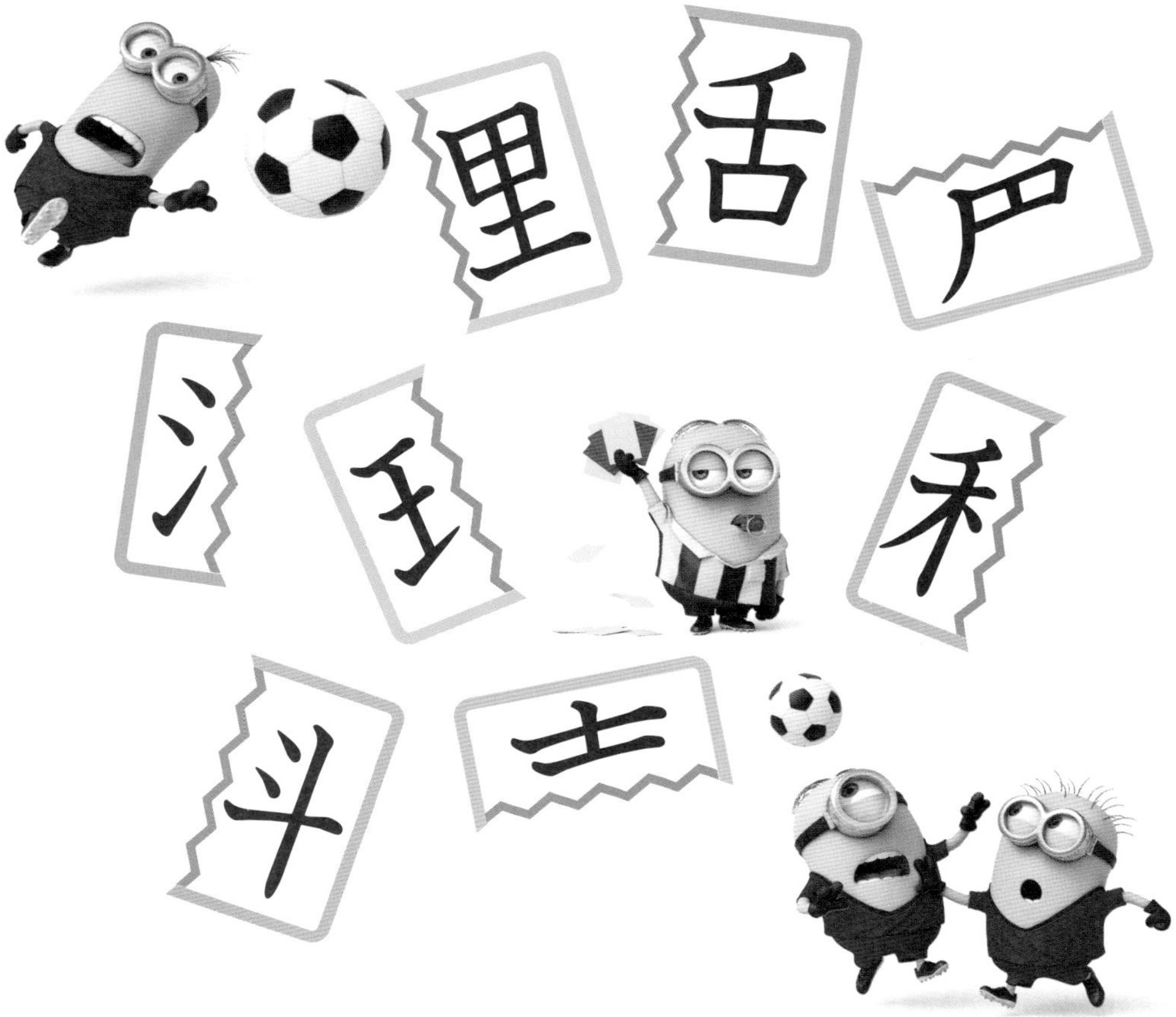

里　舌　戸　氵　王　禾　斗　士

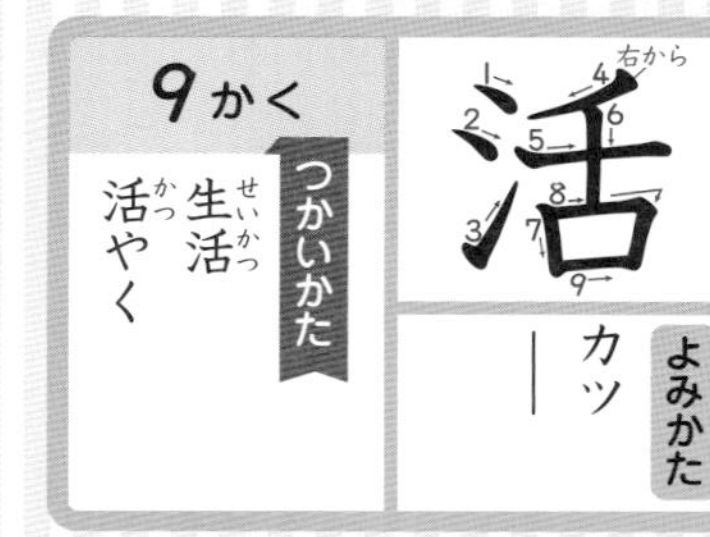

□　□　□　□

② ――の かん字の 読(よ)みがなを 書(か)こう。 （一つ 6てん）

① 声 が 聞(き)こえる。 （　　）

② テレビの 音声。 （　　）

③ ちこくの 理 ゆう。 （　　）
（そのように なった わけ）

④ 学校の 理科室。 （　しつ　）

⑤ しあいで 活 やくする。 （　　）
（めざましい かつどうを する）

③ □に かん字を 書(か)こう。 （一つ 6てん）

① 大きな 歌（うた）□（ごえ）。

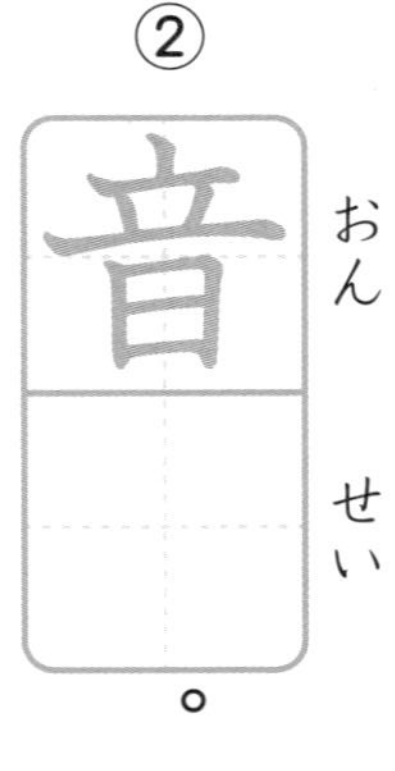

② 音（おん）□（せい）。

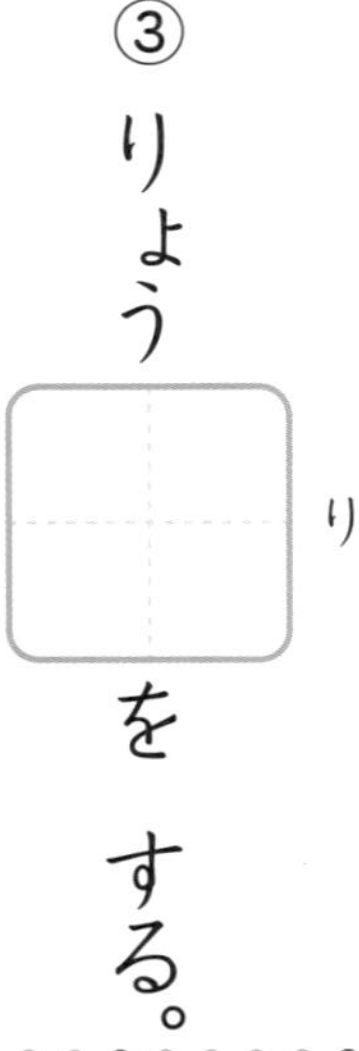

③ りょう □（り） を する。

④ 教（きょう）□（か）書（しょ）。

⑤ 生（せい）□（かつ）□（か）。

30 当・番・答・用

月　日
名まえ
はじめ　じ　ふん
おわり　じ　ふん
とくてん　てん

かん字の かくにん

当（6かく）
よみかた：トウ　あたる　あてる
つかいかた：当たる　当てる　当番（とうばん）　本当（ほんとう）

番（12かく）
よみかた：バン　―
つかいかた：交番（こうばん）　当番（とうばん）　るす番（ばん）

答（12かく）
よみかた：トウ　こたえる　こたえ
つかいかた：答え　答える　回答（かいとう）

用（5かく）
よみかた：ヨウ　もちいる
つかいかた：用いる　用意（ようい）　用紙（ようし）

1 ミニオンたちが、かん字を ペンキで よごして しまったよ。□に 元（もと）の かん字を 書（か）こう。

（一つ 10てん）

① とう

② ばん
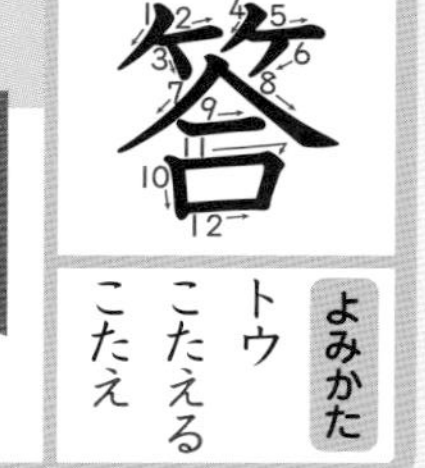

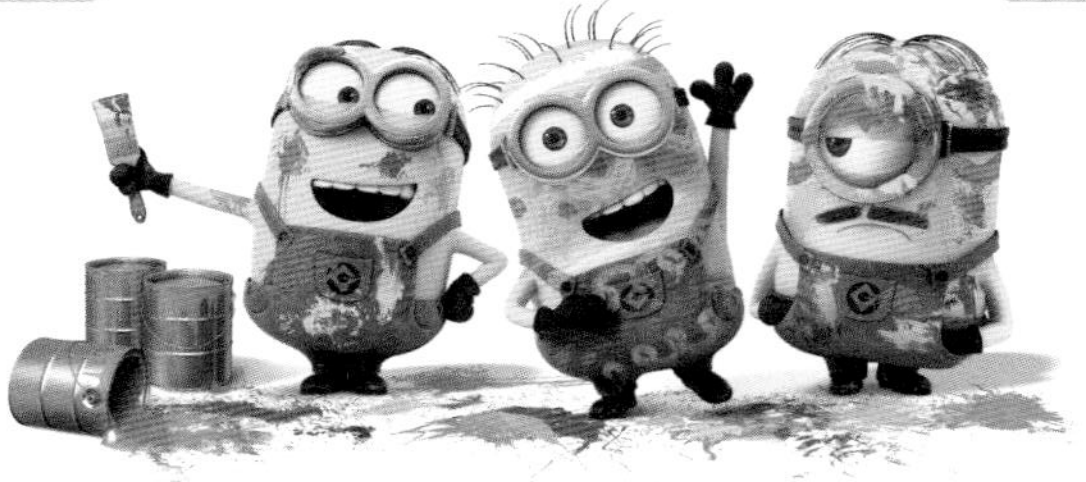

③ 回（かい）□（とう）

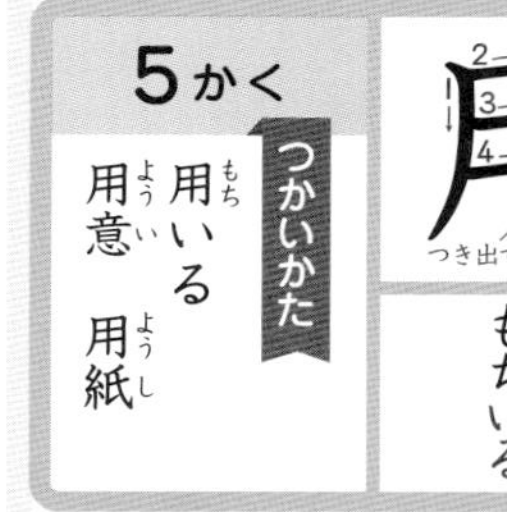

④ □（よう）紙（し）

2 ――の かん字の 読(よ)みがなを 書(か)こう。（一つ 6てん）

① くじに 当たる。（　）

② そうじ 当番。（　）

③ しつもんに 答える。（　）

④ アンケートの 回答。（かい　）
（しつもんに たいする こたえ）

⑤ ペンを 用いる。（　）

3 □に かん字を、（　）に ひらがなを 書(か)こう。（一つ 6てん）

① 本(ほん)□(とう)の こと。

② 手を □（　）。(あてる)

③ 交(こう)□(ばん)。

④ 正しい □（　）。(こたえ)

⑤ 遠足(えんそく)の □(よう)意(い)。

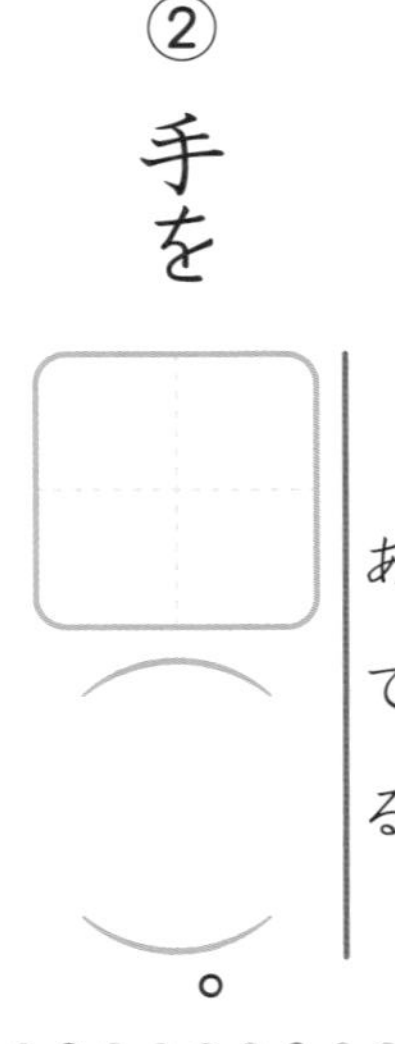
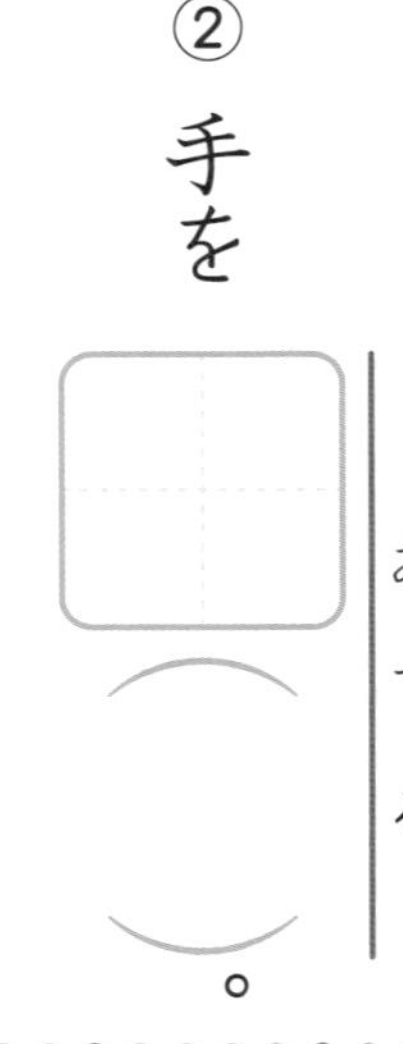

31 考・止・長・直

月　日

名まえ

はじめ　じ　ふん

おわり　じ　ふん

とくてん　てん

かん字の　かくにん

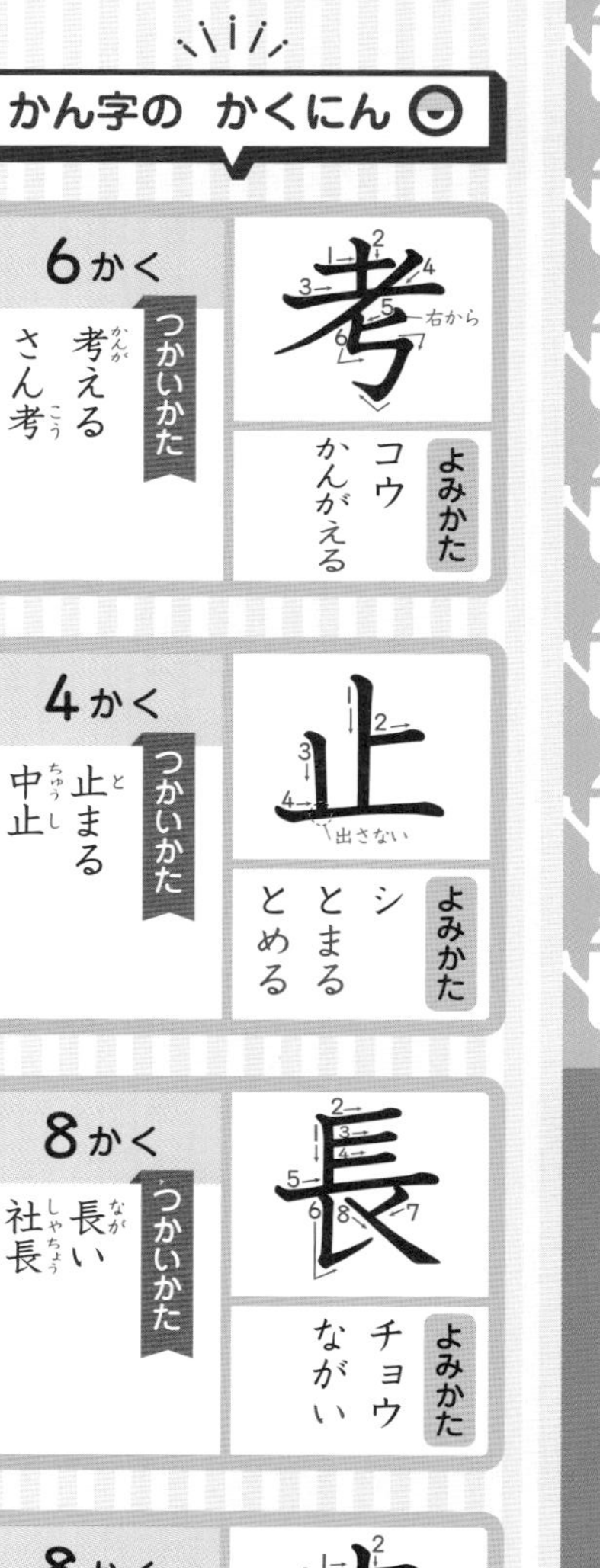

字	かく	よみかた	つかいかた
考	6かく	コウ／かんがえる	考（かんが）える　さん考（こう）
止	4かく	シ／とまる／とめる	止（と）まる　中止（ちゅうし）
長	8かく	チョウ／ながい	長（なが）い　社長（しゃちょう）
直	8かく	チョク・ジキ／ただちに／なおす／なおる	直（ただ）ちに　直（なお）す　日直（にっちょく）　正直（しょうじき）

1 ミニオンたちが、きみを　おいて　ビーチに　出かけて　しまったよ。おくりがなが　正しい　ほうを　えらんで　すすみ、ミニオンたちを　おいかけよう。（40てん）

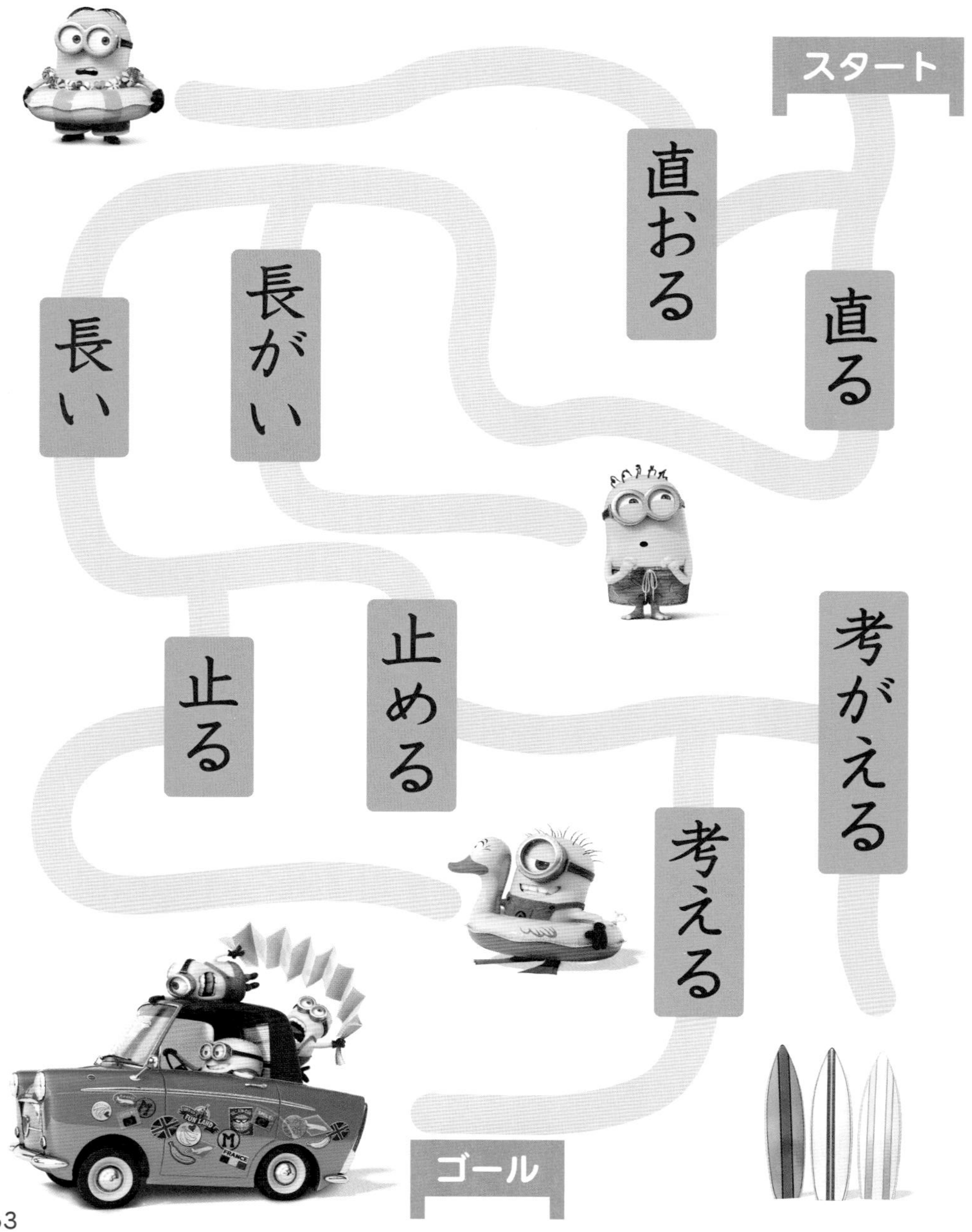

スタート

直る　直おる　長がい　長い　考がえる　止める　止る　考える

ゴール

② ――の かん字の 読(よ)みがなを 書(か)こう。

（一つ 6てん）

① よく 考える。（　　）

② 時計(とけい)が 止まる。（　　）

③ 長い ひも。（　　）

④ 直ちに 行(い)く。（すぐに）（　　）

⑤ くせを 直す。（　　）

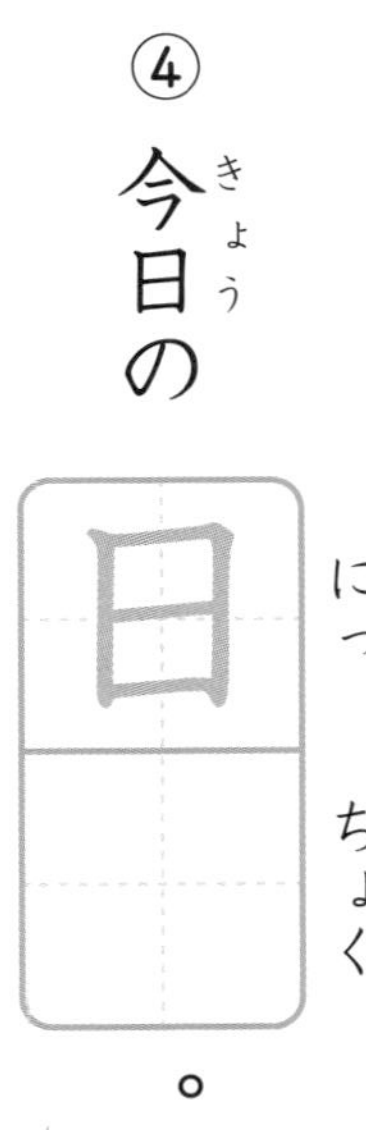

③ □に かん字を 書(か)こう。

（一つ 6てん）

① さん□(こう)に する。（かんがえの たすけに する）

② 中□(ちゅうし) する。

③ 社□(しゃちょう)の 話(はなし)。

④ 今日(きょう)の 日□(にっちょく)。

⑤ 正□(しょうじき)な 人。

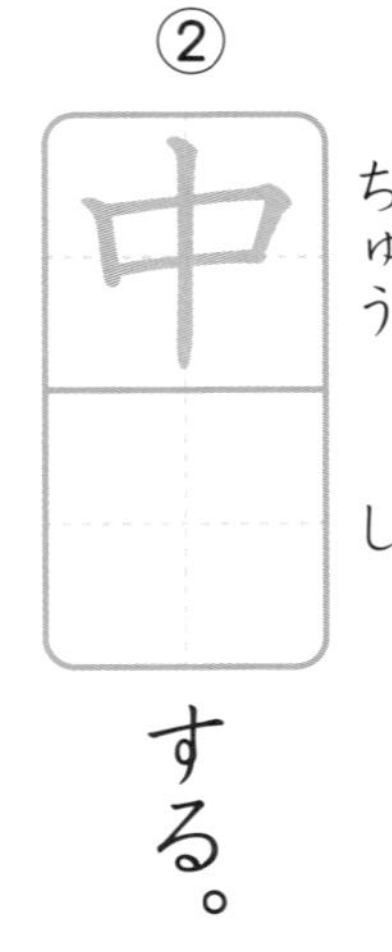
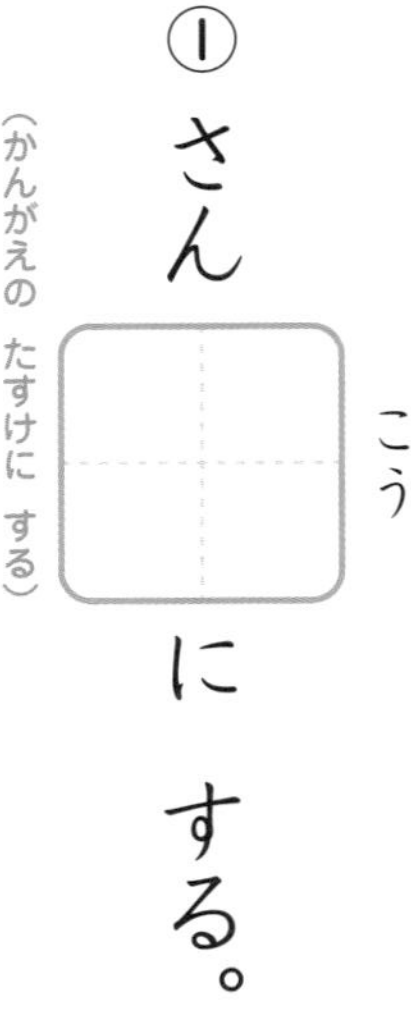

32 教・室・線・計

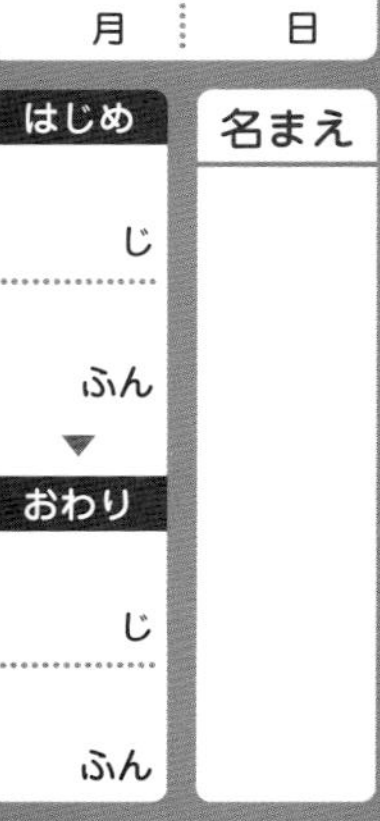

月　日

名まえ

はじめ　じ　ふん
おわり　じ　ふん

とくてん　てん

かん字の かくにん

かん字	よみかた	かく数	つかいかた
教	キョウ、おしえる、おそわる	11かく	教(おし)える、教(おそ)わる、教科書(きょうかしょ)、教室(きょうしつ)
室	シツ、(むろ)	9かく	教室(きょうしつ)、ほけん室(しつ)、図書室(としょしつ)
線	セン	15かく	直線(ちょくせん)、点線(てんせん)
計	ケイ、はかる、はからう	9かく	計(はか)る、計算(けいさん)

①

ミニオンたちが、かん字に らくがきを して しまったよ。正しい かん字を □に 書(か)こう。（一つ 10てん）

① すきな 教(きょう)科(か)。 → □

② 堂(しつ)内(ない)で あそぶ。 → □

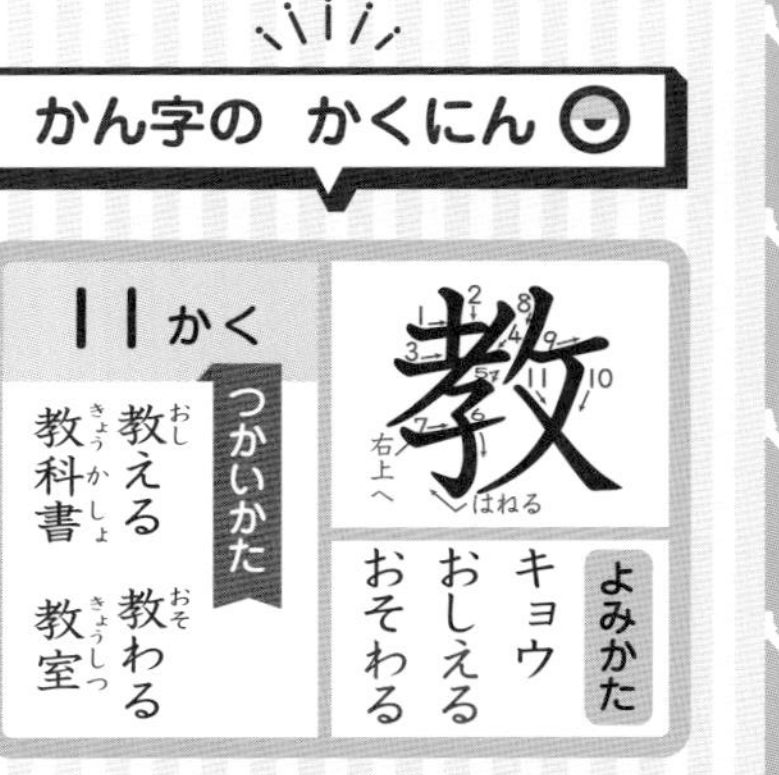

③ まっすぐな 線(せん)。 → □

④ 計(けい)算(さん)が とくいだ。 → □

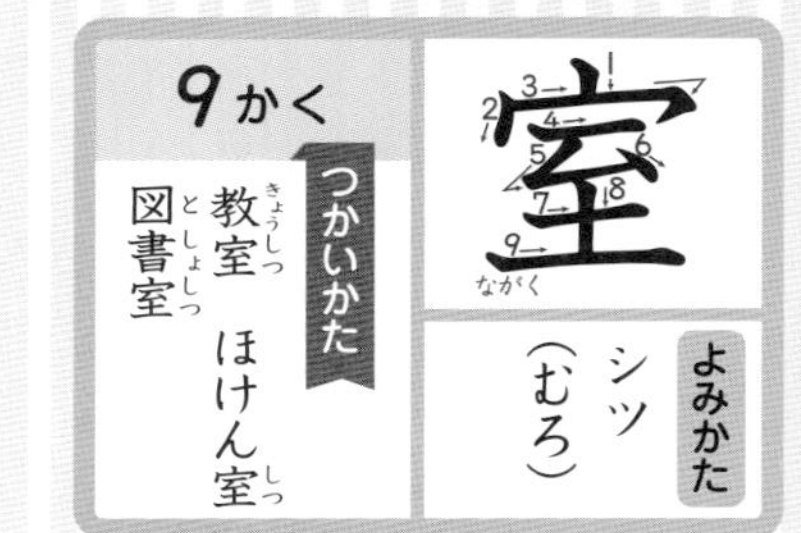
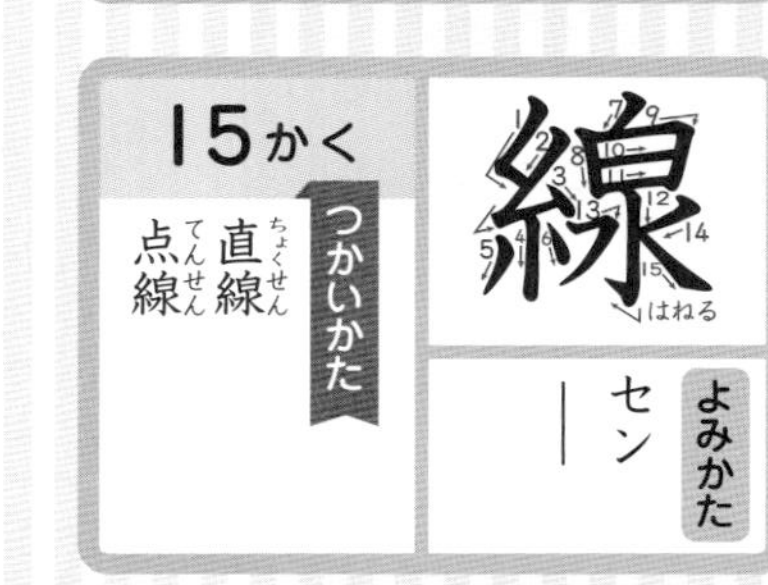
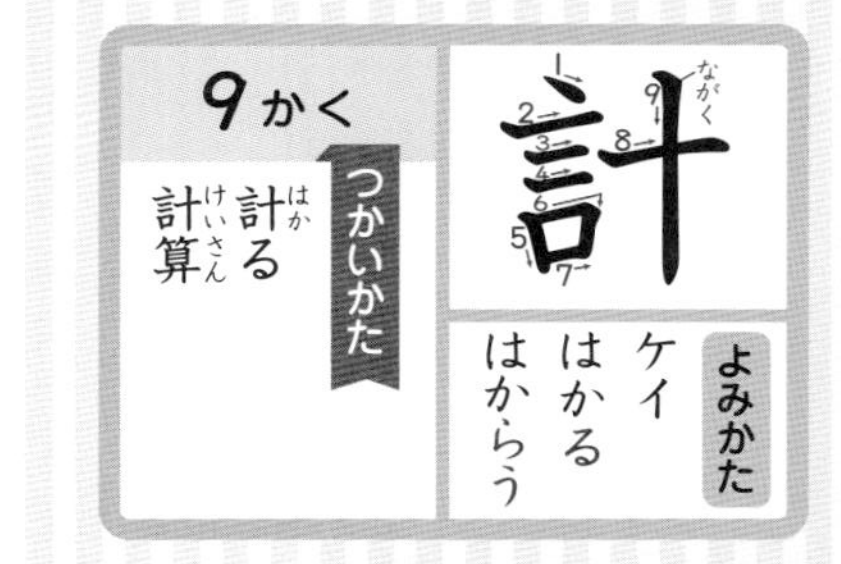

② ―― の かん字の 読(よ)みがなを 書(か)こう。（一つ 6てん）

① やり方(かた)を 教(おし)える。（　　）

② 兄(あに)に 教(おそ)わる。（　　）

③ 図書室の 本。（としょ）

④ 直線を 引(ひ)く。（ちょく）

⑤ 時間(じかん)を 計(はか)る。（　　）

③ □に かん字を、（　）に ひらがなを 書(か)こう。（一つ 6てん）

① 妹(いもうと)に □（おしえる）（　　）。

② □（きょう）科（か）書（しょ）。

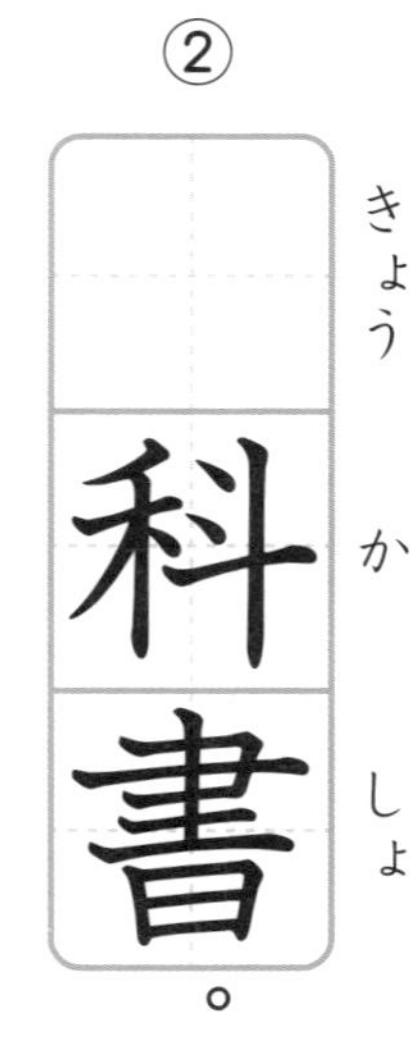

③ □□（きょう しつ）に 入る。

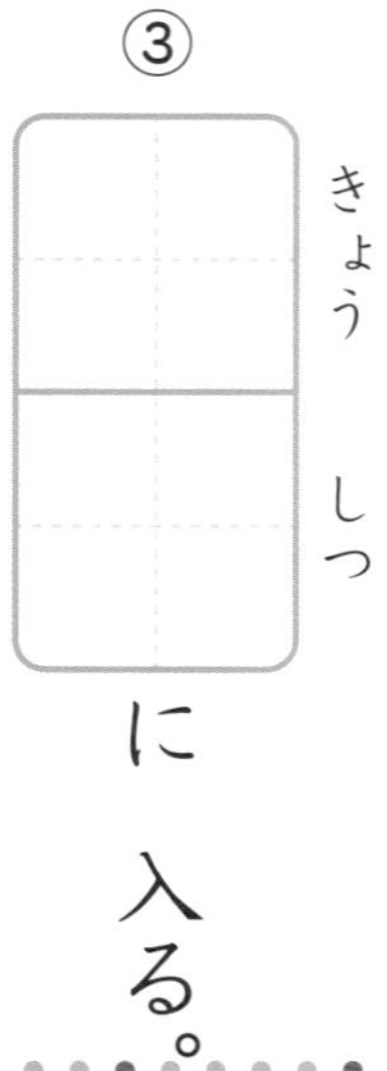

④ 白い 点（てん）□（せん）。

⑤ □（けい）算（さん）を する。

33 毎・記・言・読

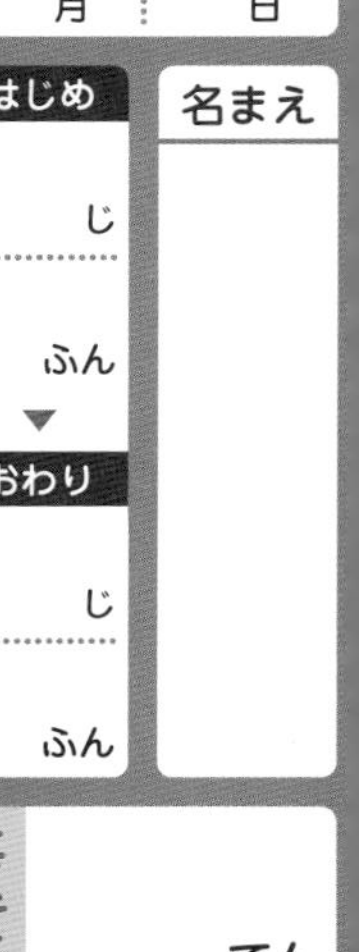

月　日

はじめ　じ　ふん

おわり　じ　ふん

名まえ

とくてん　てん

かん字の かくにん

字	かく数	よみかた	つかいかた
毎	6かく	マイ	毎日（まいにち）　毎朝（まいあさ）
記	10かく	キ　しるす	記す（しるす）　日記（にっき）
言	7かく	ゲン・ゴン　いう　こと	言う（いう）　はつ言（げん）　一言（ひとこと）　でん言（ごん）
読	14かく	ドク・トク　トウ　よむ	読む（よむ）　音読（おんどく）　読書（どくしょ）　読点（とうてん）

1

デイブが、かん字を ばらばらに して しまったよ。元（もと）の かん字を えらんで、線（せん）で むすぼう。（一つ 10てん）

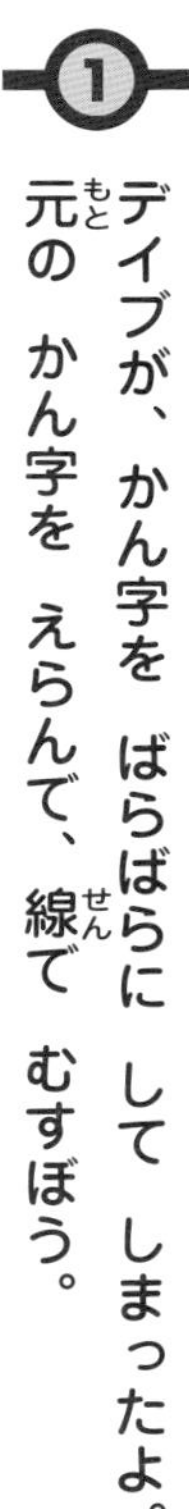

①　②　③　④

記　読　言　毎

② ——の かん字の 読み（よ）がなを 書（か）こう。 （一つ ６てん）

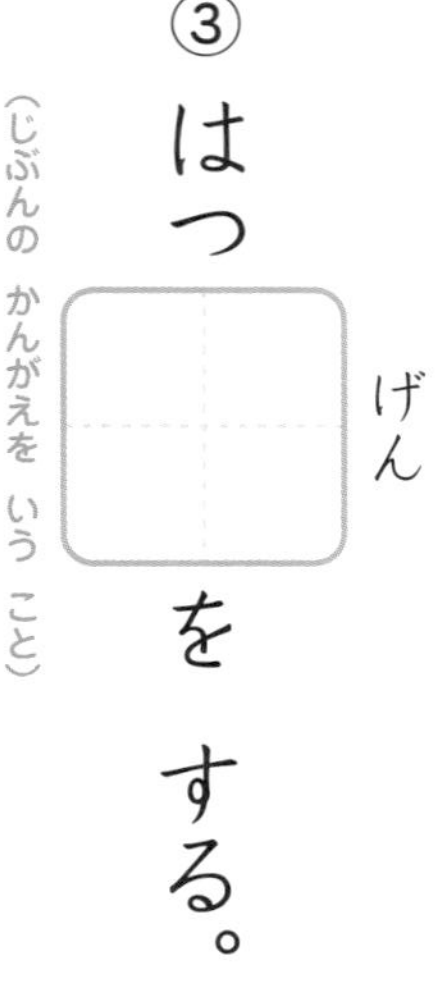

① 毎朝（あさ） 出かける。

② 紙（かみ）に 記（　　）す。

③ 考（かんが）えを 言（　　）う。

④ 一言（　　） つたえる。

⑤ 本を 読（　　）む。

③ □に かん字を 書（か）こう。 （一つ ６てん）

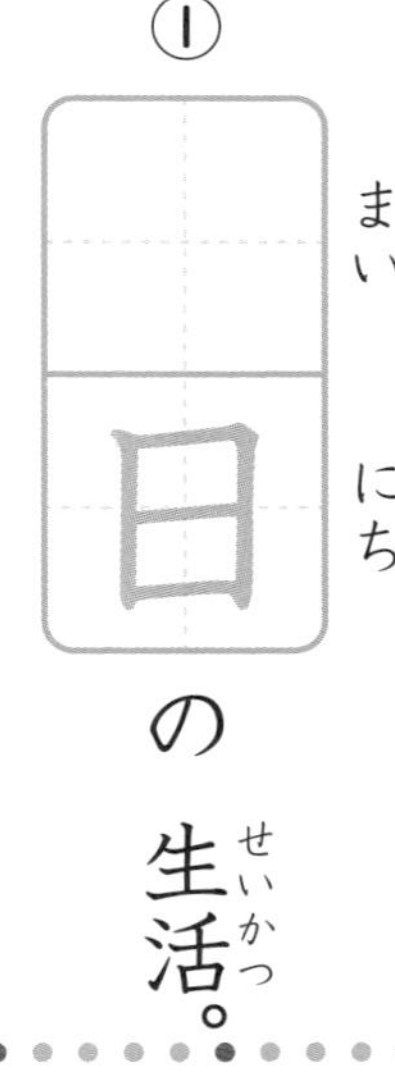

① □日（まい）□日（にち）の 生活（せいかつ）。

② □日（にっ）□（き）を 書（か）く。

③ はつ□（げん）を する。

（じぶんの かんがえを いう こと）

④ □（どく）□書（しょ）を する。

⑤ □（とう）□点（てん）を つける。

（文の きれめに つける てん（、）の こと）

34 内・肉・地・池

月　日

はじめ　じ　ふん　▶　おわり　じ　ふん

名まえ

とくてん　てん

かん字の　かくにん

かん字	よみかた	かくすう	つかいかた
内	ナイ（ダイ）　うち	4かく	内(うち)がわ　校内(こうない)
肉	ニク	6かく	牛肉(ぎゅうにく)　とり肉(にく)　きん肉(にく)
地	チ　ジ	6かく	地図(ちず)　電池(でんち)　地(じ)めん
池	チ　いけ	6かく	池(いけ)　電池(でんち)

1 ミニオンたちが、文の　中の　かん字を　入れかえて　しまったよ。正しい　かん字を　□に　書(か)こう。（一つ　10てん）

① たからの［池(ち)］図(ず)。 → □

② ［内(にく)］を　やく。 → □

③ はこの［肉(うち)］がわ。 → □

④ ［地(いけ)］の　魚(さかな)。 → □

② ――のかん字の読みがなを書こう。（一つ6てん）

① 線の内がわ。（　　）

② とり肉を食べる。（　　）

③ 地図を広げる。（ず）

④ 池でおよぐ。（　　）

⑤ 電池をつかう。（でん）

③ □にかん字を書こう。（一つ6てん）

① 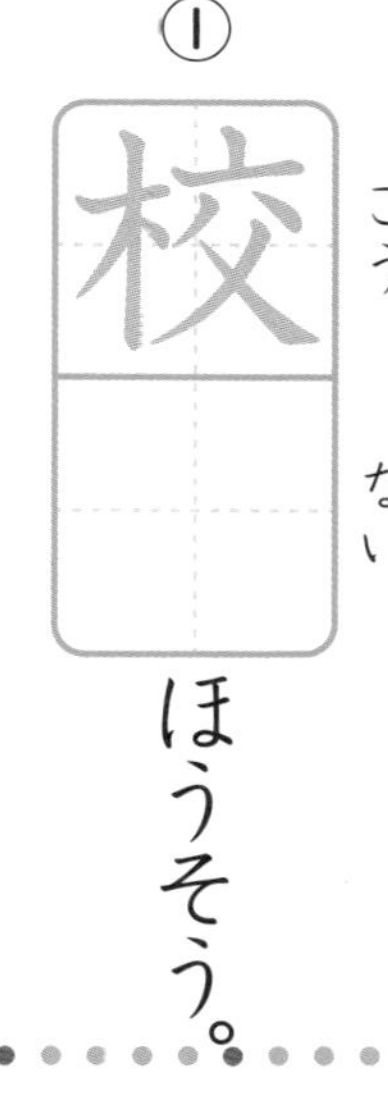 （こう）校（ない）□ほうそう。

② 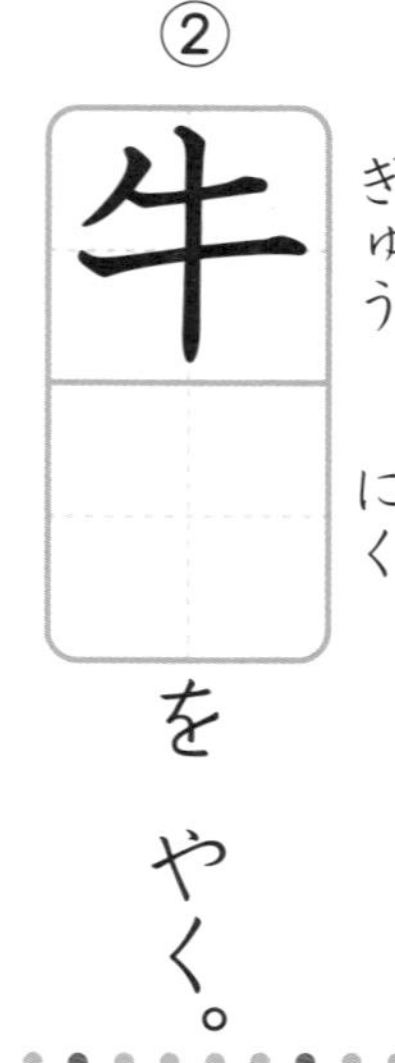 （ぎゅう）牛（にく）□をやく。

③ 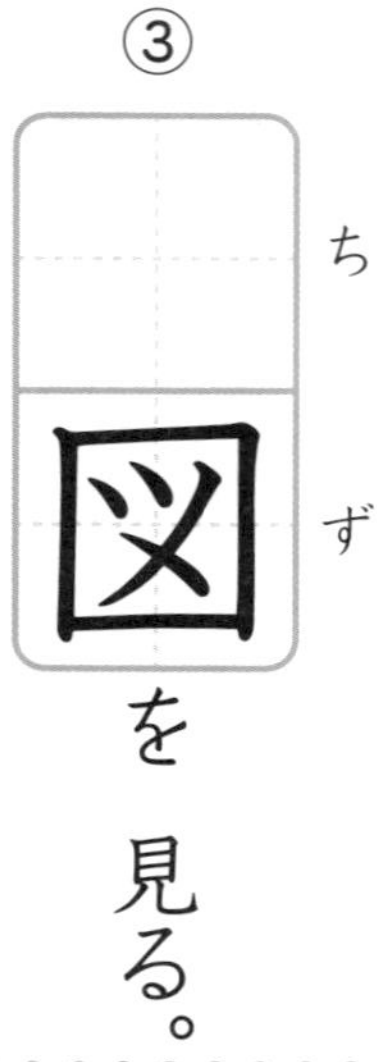 （ち）□（ず）図を見る。

④ （じ）□めんをほる。

⑤ にわの（いけ）□をながめる。

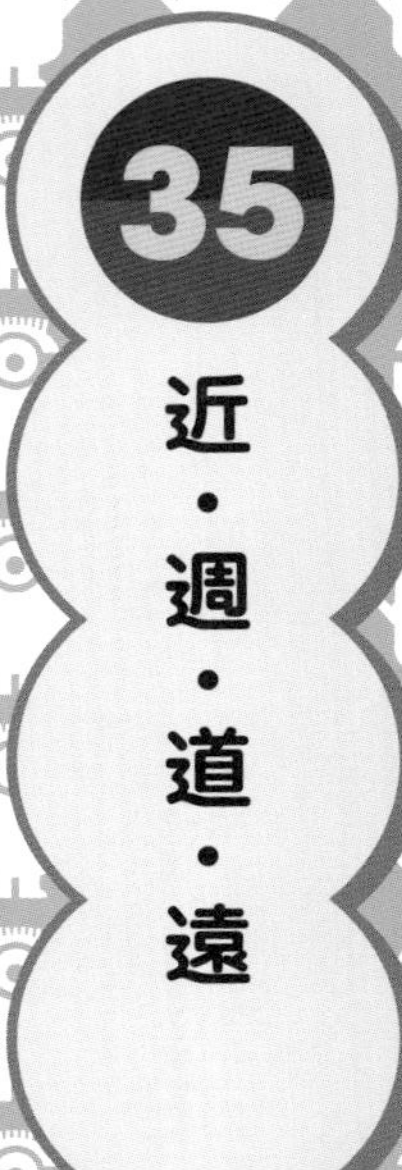
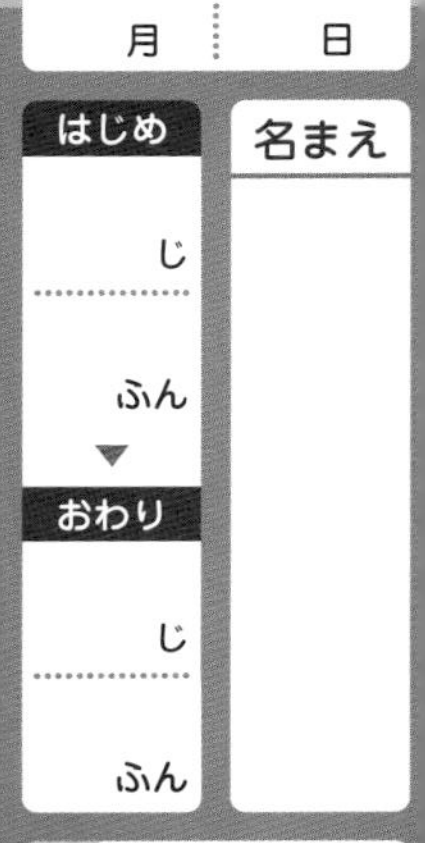

35 近・週・道・遠

月　日

名まえ

はじめ　じ　ふん　▼　おわり　じ　ふん

とくてん　てん

かん字の　かくにん

かく数	かん字	よみかた	つかいかた
7かく	近（出さない・はらう）	キン　ちかい	近(ちか)い　近(ちか)く　近(きん)じょ
11かく	週（はねる）	シュウ　―	一週間(いっしゅうかん)　来週(らいしゅう)　先週(せんしゅう)
12かく	道	ドウ（トウ）　みち	小道(こみち)　歩道(ほどう)　道(みち)あん内(ない)
13かく	遠（とめる）	エン（オン）　とおい	遠(とお)い　遠(とお)く　遠足(えんそく)

1

ミニオンたちが、文の　中の　かん字の　いちぶを　バナナに　すりかえて　しまったよ。正しい　かん字に　なるように、合(あ)う　ものを　線(せん)で　むすぼう。

（一つ　10てん）

① 家(いえ)の　[辶](ちか)く。　★

② [辶](しゅう)の　はじめ。　★

③ [辶](みち)を　歩(ある)く。　★

④ [辶](とお)い　ところ。　★

★ 首

★ 斤

★ 袁

★ 周

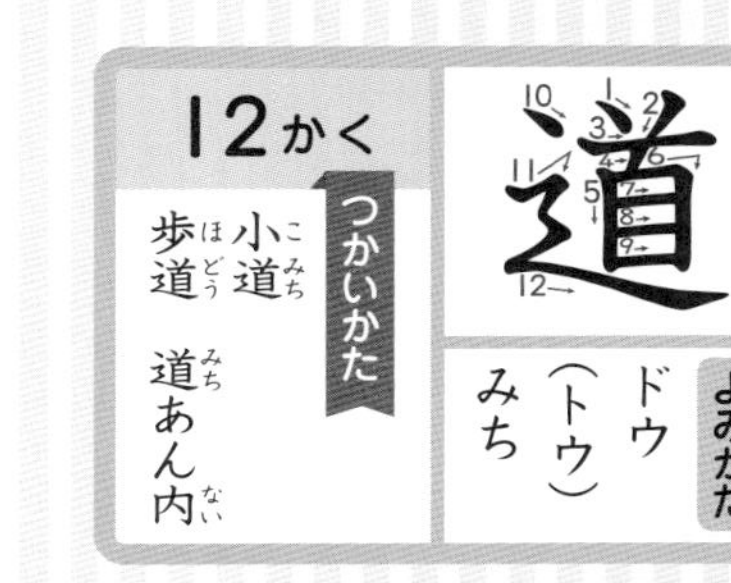
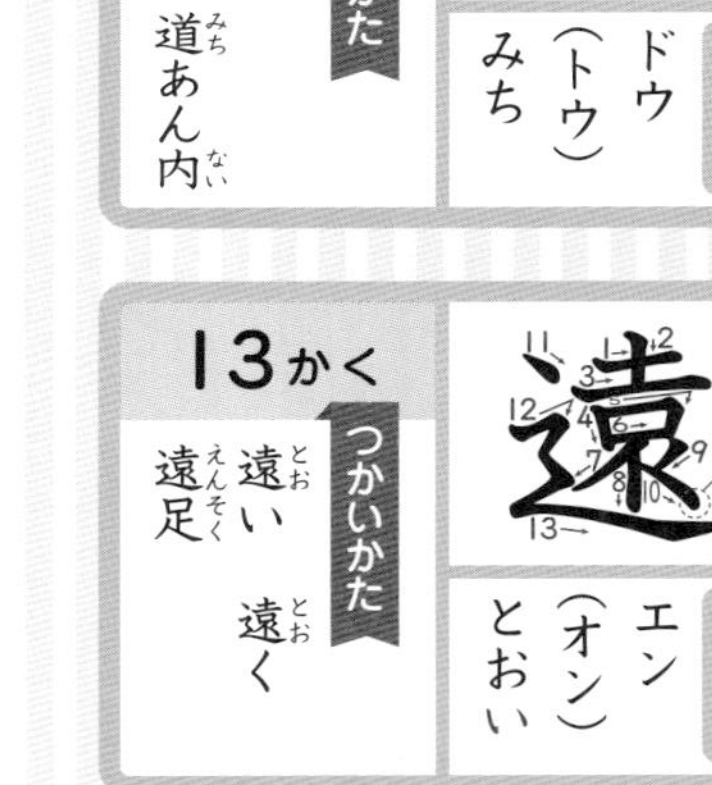

❷ ——の かん字の 読(よ)みがなを 書(か)こう。（一つ 6てん）

① 川が 近い。（　　）

② 先週の 当番(とうばん)。（　　）

③ 小道に 入る。（　　）

④ えきから 遠い。（　　）

⑤ 遠足の じゅんび。（　　）

❸ □に かん字を、（　）に ひらがなを 書(か)こう。（一つ 6てん）

① 家(いえ)の □(きん)じょ。

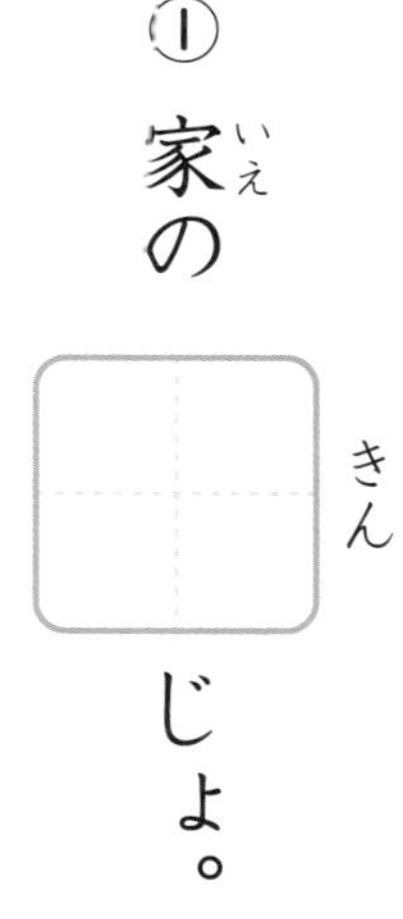

② 来□(らいしゅう)の 前半(ぜんはん)。

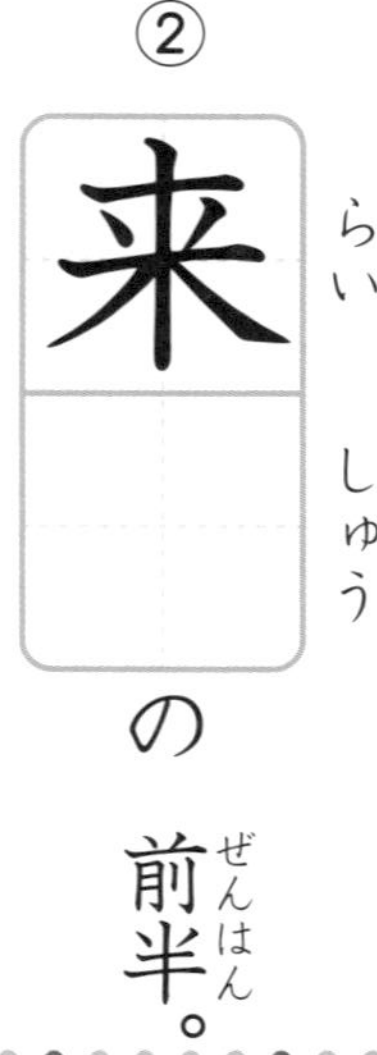

③ □(みち)あん内(ない)を する。

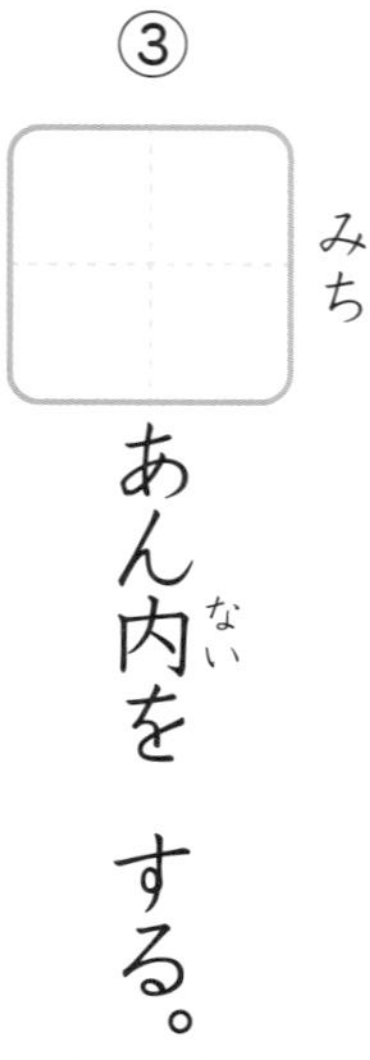

④ おうだん 歩□(ほどう)。

⑤ □（　）(とおい) 町。

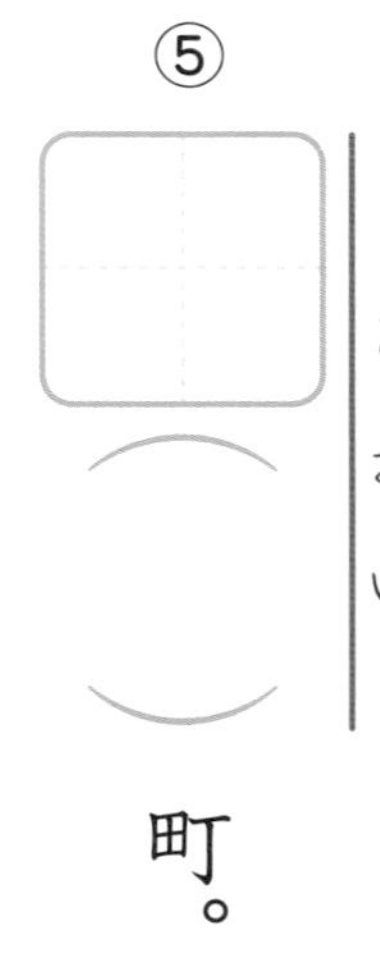

36 里・野・鳥・羽

月　日

名まえ

はじめ　じ　ふん

おわり　じ　ふん

とくてん　てん

かん字の かくにん

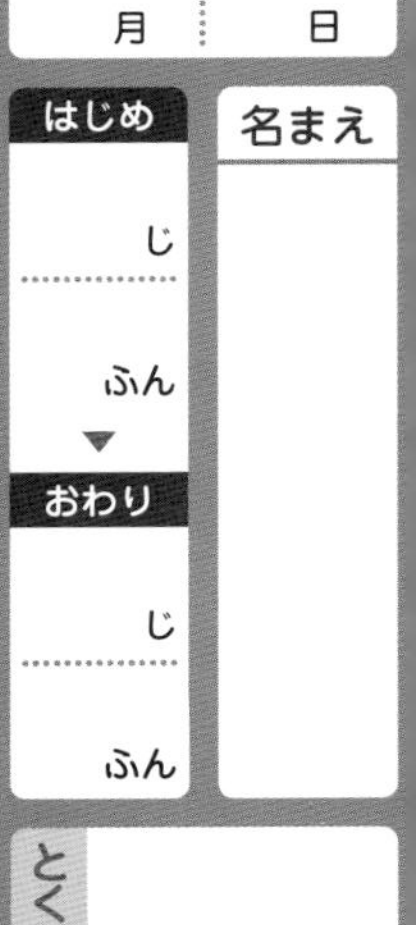

里　7かく

よみかた：リ　さと

つかいかた：里(さと)いも　千里(せんり)

野　11かく

よみかた：ヤ　の

つかいかた：野原(のはら)　野山(のやま)　野(や)さい

鳥　11かく

よみかた：チョウ　とり

つかいかた：小鳥(ことり)　白鳥(はくちょう)

羽　6かく

よみかた：(ウ)　は　はね

つかいかた：羽(はね)　羽音(はおと)

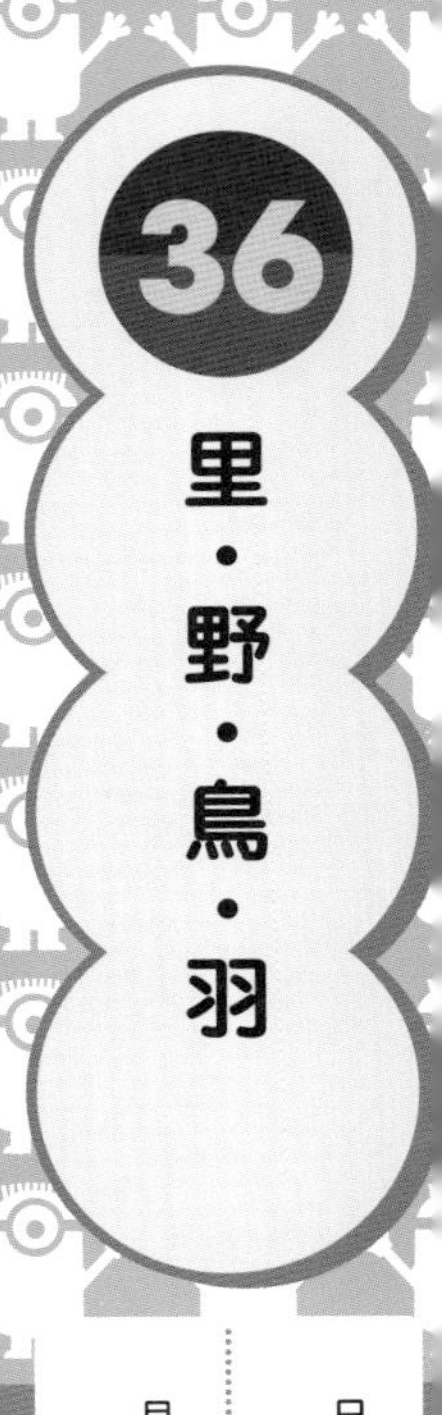

1 ボブが、かん字の 読(よ)みがなが 書(か)かれた バナナの うち、一つを 食(た)べて しまったよ。食(た)べられた バナナを えらんで、線(せん)で むすぼう。

（一つ 10てん）

① 里　② 野　③ 鳥　④ 羽

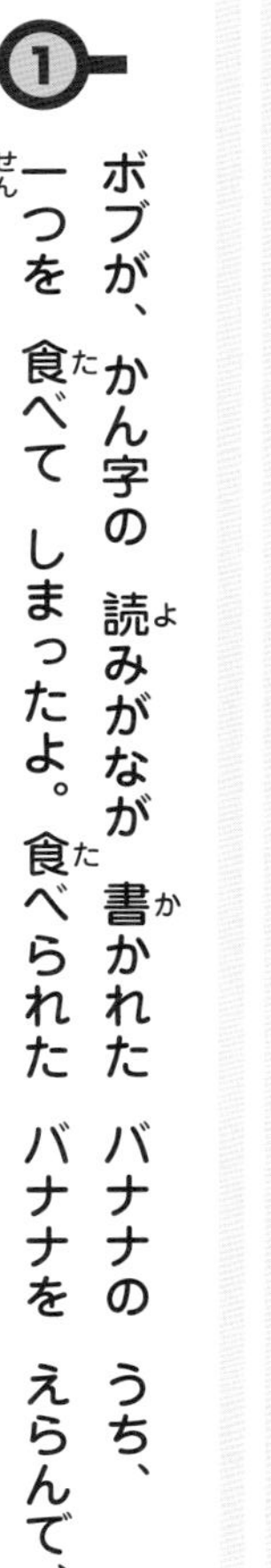

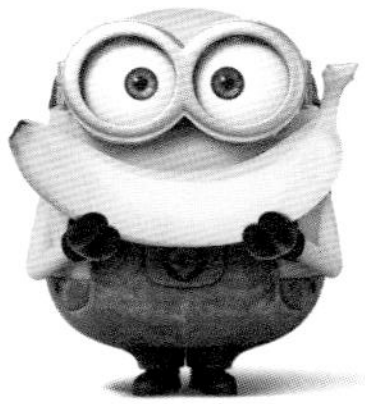

② ——の かん字の 読(よ)みがなを 書(か)こう。

（一つ 6てん）

① 里いもを 食(た)べる。（　　）

② 千里の 道(みち)のり。（　　）
（とおく はなれて いる こと）

③ 野原で あそぶ。（ はら ）

④ 小鳥の せわ。（　　）

⑤ 大きな 羽。（　　）

③ □に かん字を 書(か)こう。

（一つ 6てん）

① さと

いもを にる。

② やま の
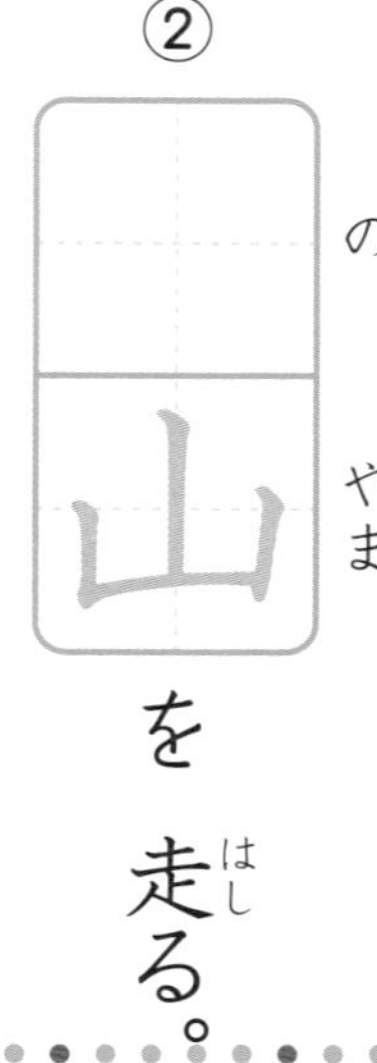
を 走(はし)る。

③ や

さいを 切(き)る。

④ はく ちょう
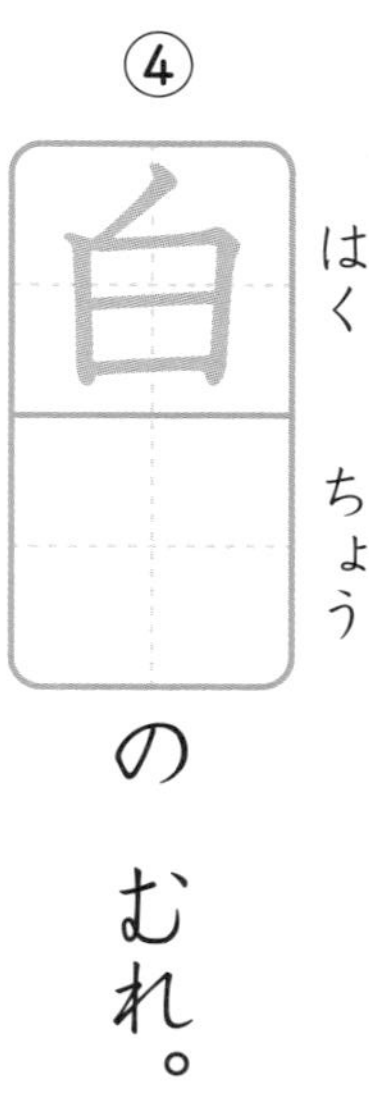
の むれ。

⑤ 虫の は おと
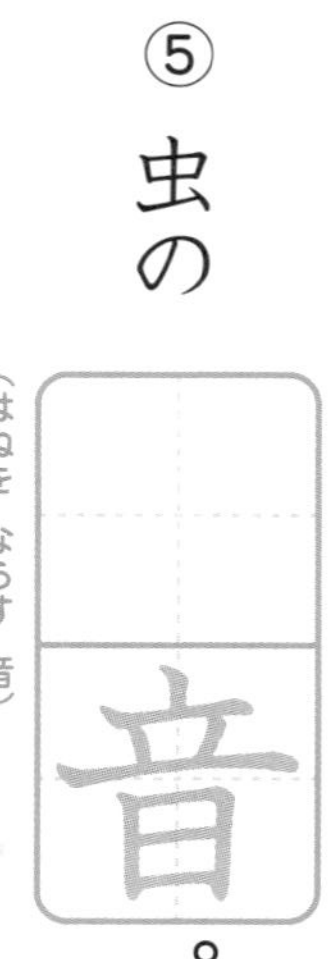
。
（はねを ならす 音）

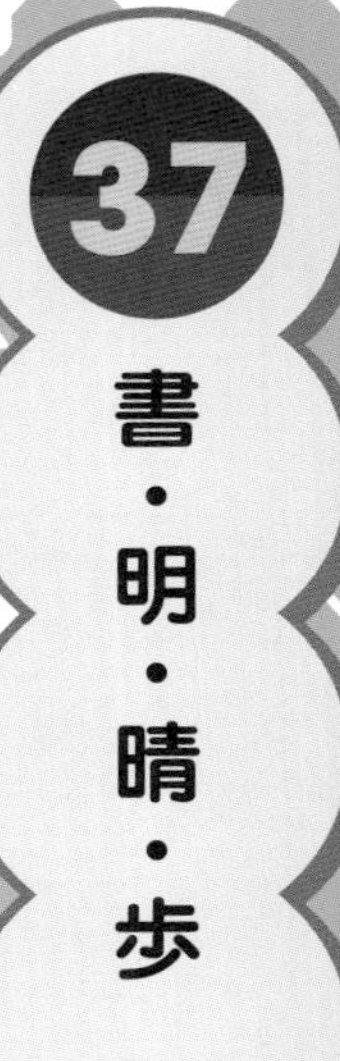

37 書・明・晴・歩

月　日

名まえ

はじめ　じ　ふん ▶ おわり　じ　ふん

とくてん　てん

かん字の かくにん

書　10かく

よみかた：ショ、かく

つかいかた：書（か）く、読書（どくしょ）

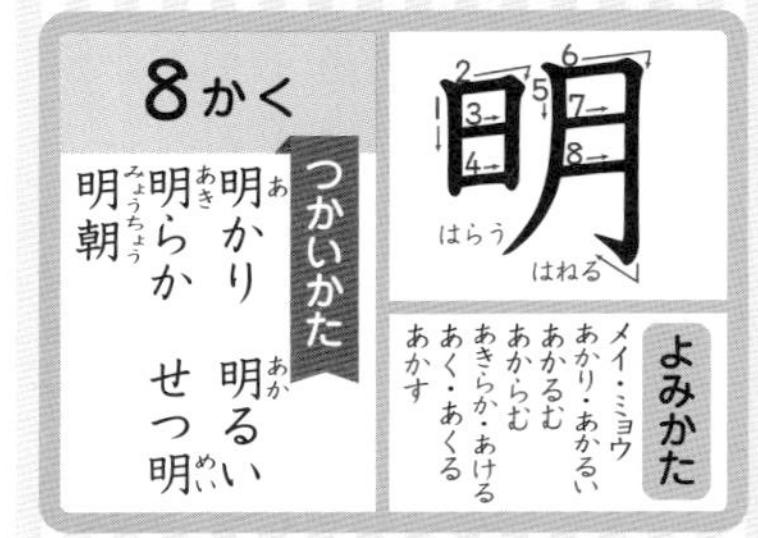

明　8かく

よみかた：メイ・ミョウ、あかり・あかるい、あかるむ、あからむ、あきらか・あける、あく・あくる、あかす

つかいかた：明（あ）かり、明（あき）らか、明朝（みょうちょう）、明（あか）るい、せつ明（めい）

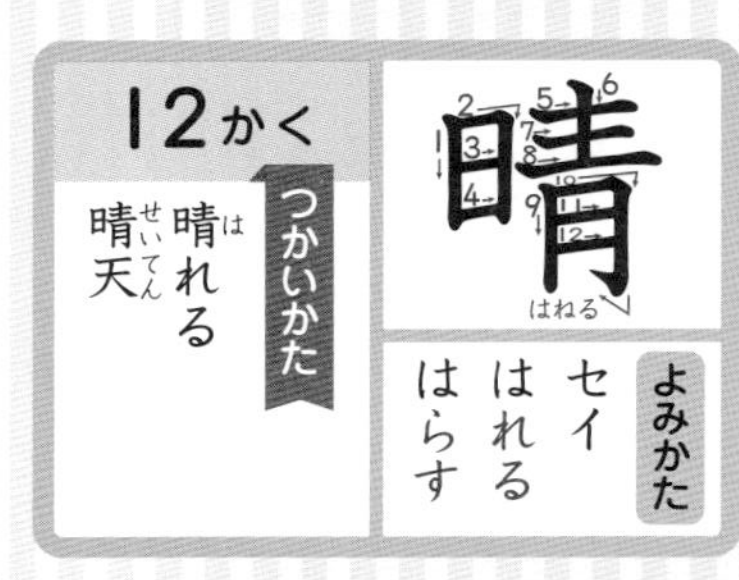

晴　12かく

よみかた：セイ、はれる、はらす

つかいかた：晴（は）れる、晴天（せいてん）

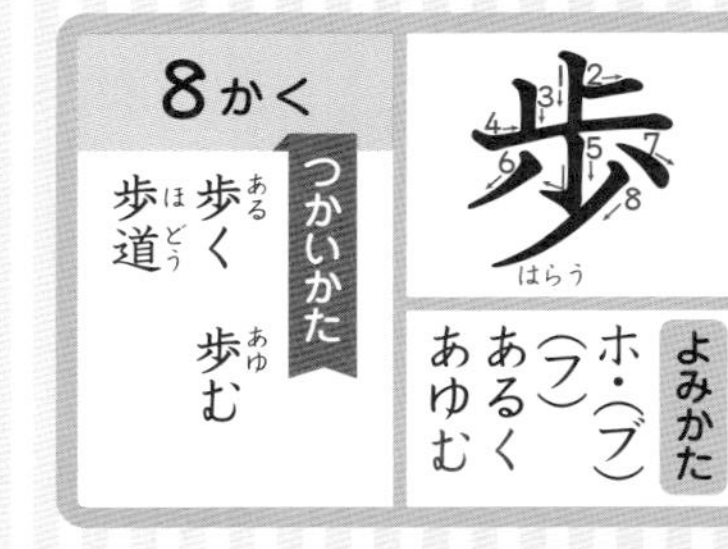

歩　8かく

よみかた：ホ・（ブ）・（フ）、あるく、あゆむ

つかいかた：歩（ある）く、歩（あゆ）む、歩道（ほどう）

①

ミニオンたちが、ひらがなを　ぬすんで　しまったよ。
□の　ことばを　かん字で　かく　とき、下に　つづけて　かく　ひらがなを　えらんで、（　）に　かこう。（一つ　10てん）

同（おな）じ　ひらがなを　何回（なんかい）　つかっても　いいよ。

① かく…書（　）

② あかり…明（　）

③ はれる…晴（　）

④ あるく…歩（　）

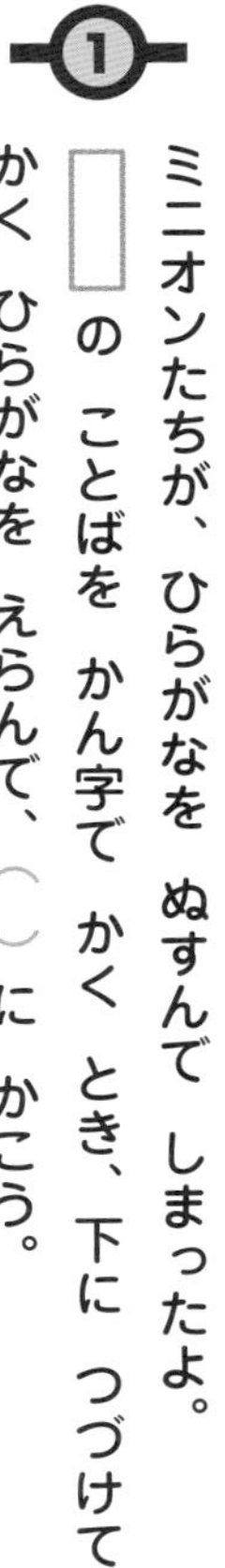

②

＿＿の　かん字の　読(よ)みがなを　かこう。

（一つ　６てん）

① 名前(なまえ)を　<u>書</u>く。（　　）

② へやの　<u>明</u>かり。（　　）

③ 空が　<u>明</u>るい。（　　）

④ 夜(よる)には　<u>晴</u>れる。（　　）

⑤ 学校まで　<u>歩</u>く。（　　）

③

□に　かん字を、（　）に　ひらがなを　かこう。

（一つ　６てん）

① 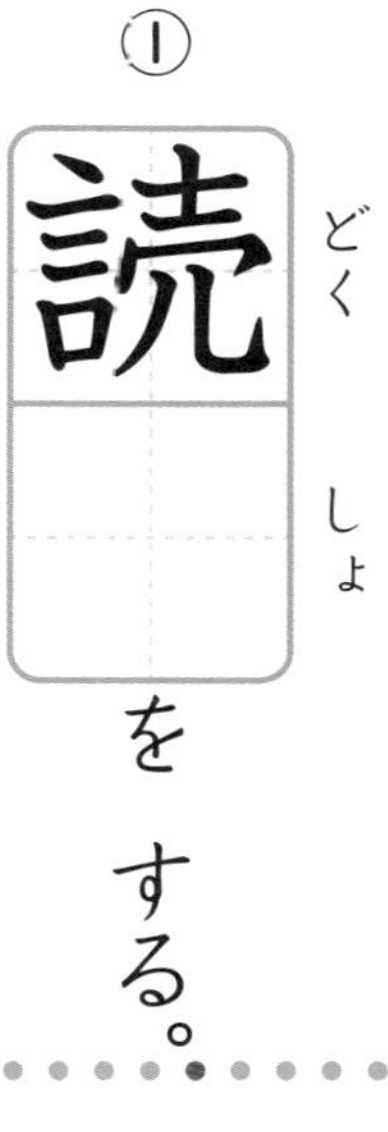 読［どく］□［しょ］を　する。

② せつ 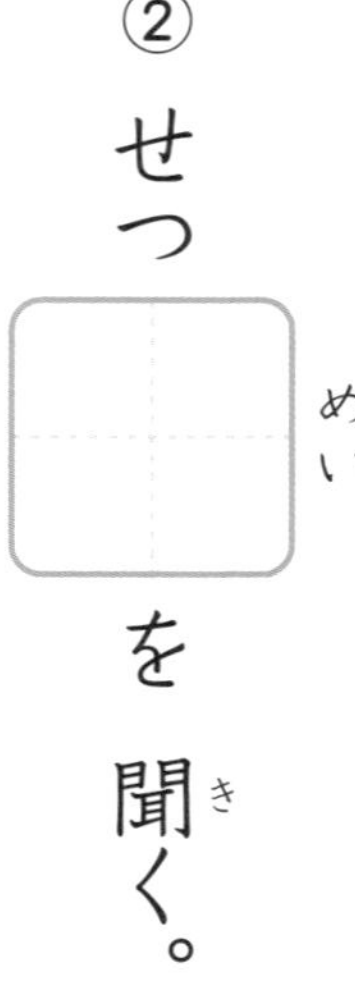 □［めい］を　聞(き)く。

③  □［せい］天［てん］の　一日。

④ 道(みち)を　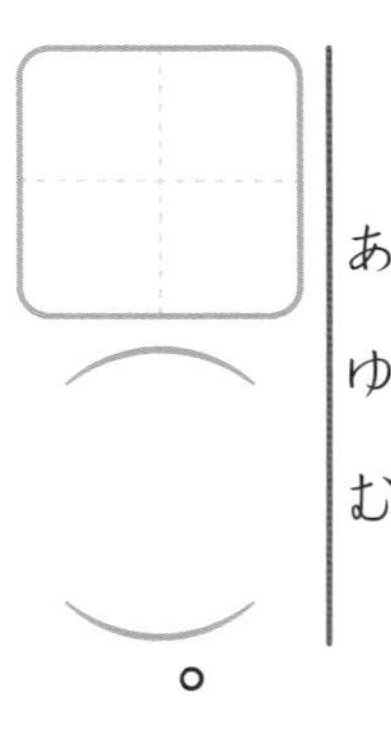 □（　　）。［あゆむ］

⑤ おうだん 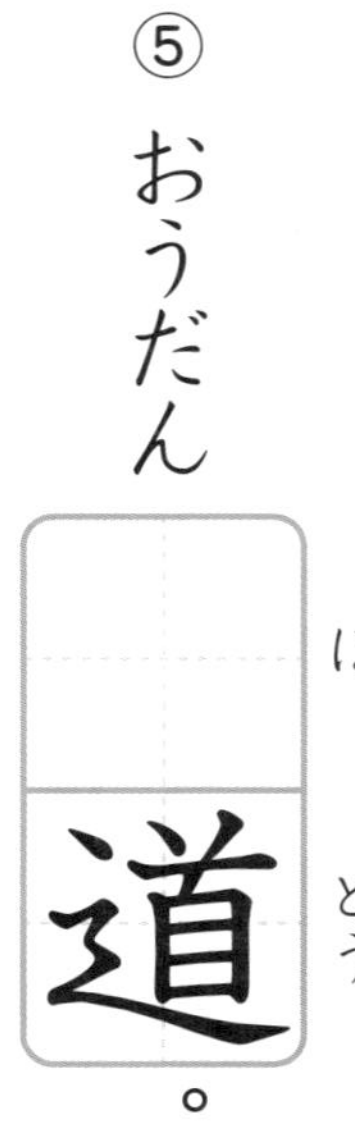 □［ほ］道［どう］。

38 親・友・家・食

月　日

はじめ　じ　ふん
おわり　じ　ふん

名まえ

とくてん　てん

かん字の かくにん

親　16かく
よみかた：シン　おや　したしい　したしむ
つかいかた：親しい　親子　親友　親切

友　4かく
よみかた：ユウ　とも
つかいかた：友だち　親友

家　10かく
よみかた：カ・ケ　いえ　や
つかいかた：家　一けん家　家ぞく　家来

食　9かく
よみかた：ショク　(ジキ)　くう　(くらう)　たべる
つかいかた：大食い　食べる　朝食

①

ミニオンたちが、こうじを して かん字を 作りかえて しまったよ。□に 元の かん字を 書き、①と ②の かん字を 組み合わせて できる ことばを、□に 書こう。

(一つ 8てん)

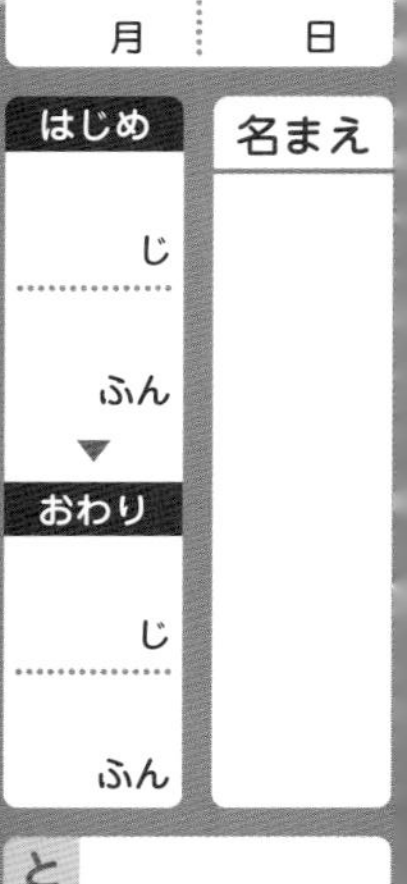

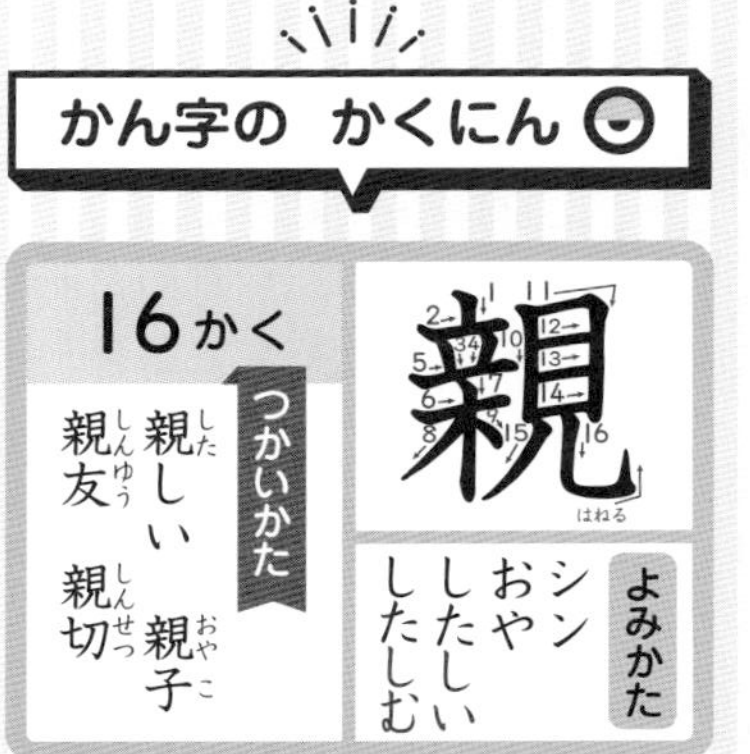
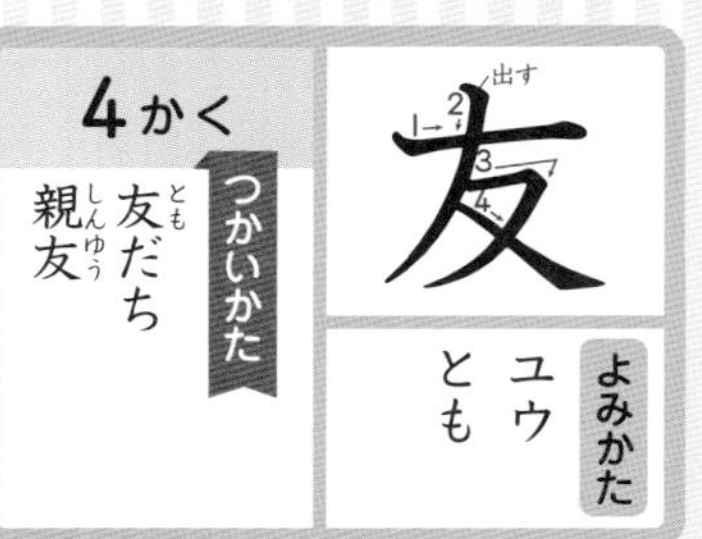

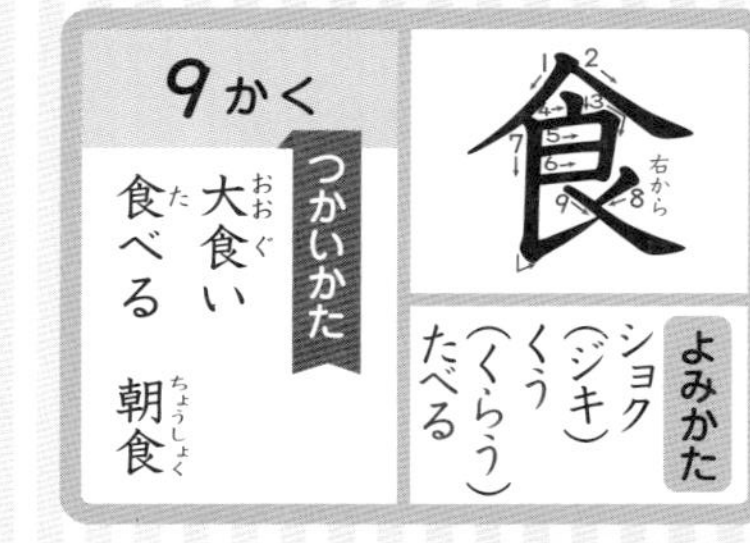

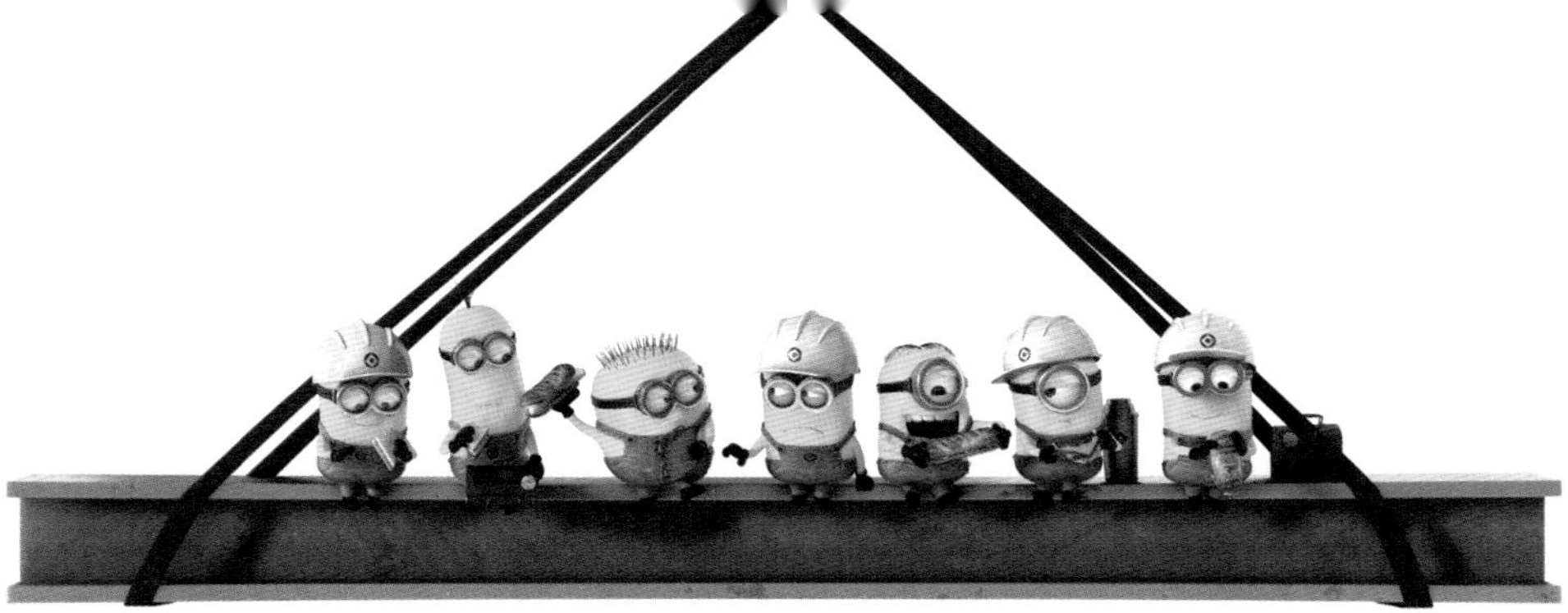

① □
② □
③ □
④ □
⑤ □□

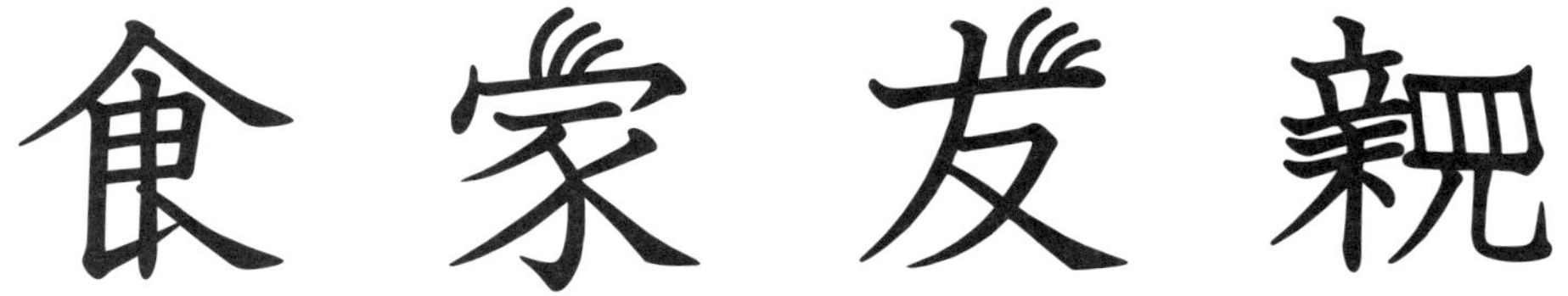

②　―― の　かん字の　読(よ)みがなを　書(か)こう。（一つ　6てん）

① 一年生と　親しい。（　　）

② かるがもの　親子。（　　）

③ 友だちと　あそぶ。（　　）

④ 家に　帰(かえ)る。（　　）

⑤ 兄(あに)は　大(おお)食いだ。（　　）

③　□に　かん字を、（　）に　ひらがなを　書(か)こう。（一つ　6てん）

① □□（しん・ゆう）に　なる。（なかの　よい　ともだち）

② □（か）ぞくりょ行(こう)。

③ □来（け・らい）に　話(はな)す。

④ 朝□（ちょう・しょく）を　とる。

⑤ 魚(さかな)を　□（　　）（たべる）。

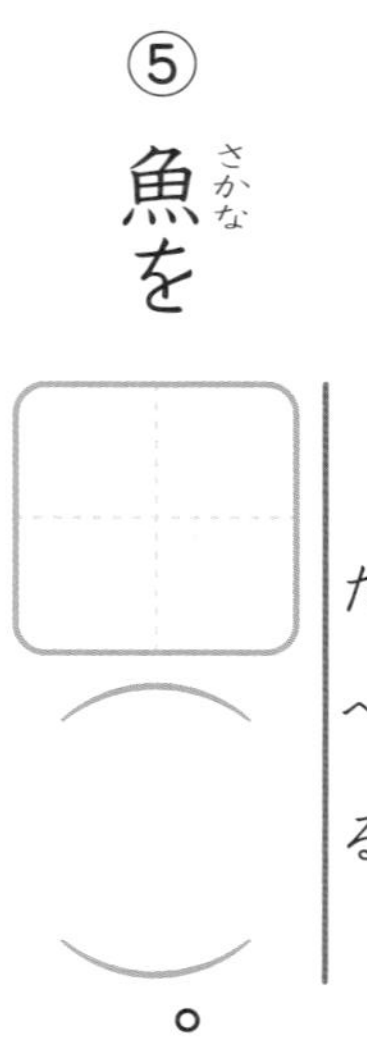
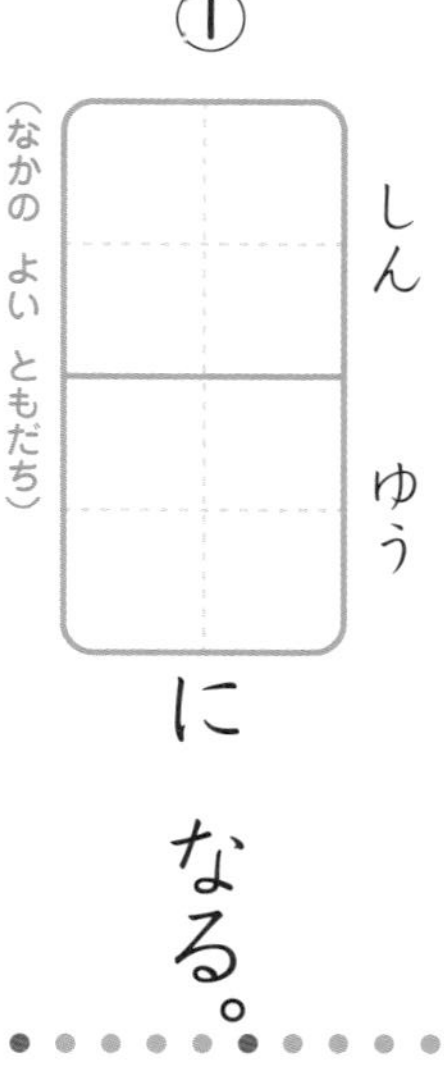
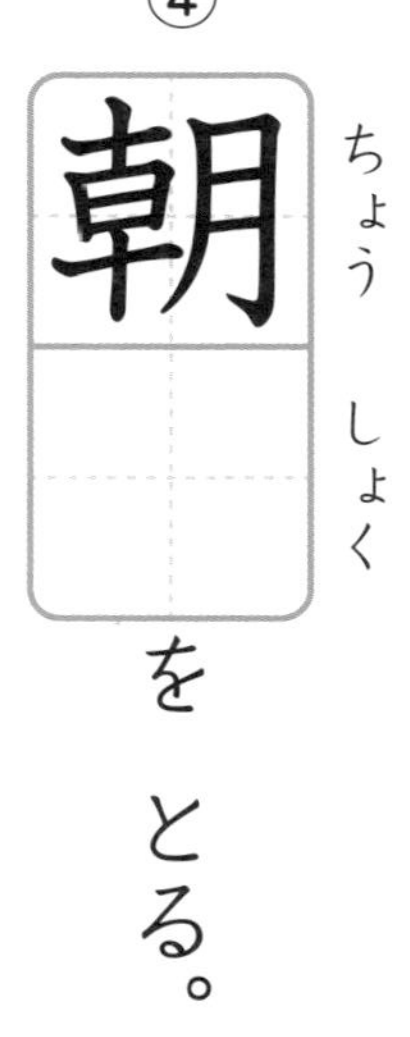

39 紙・組・強・弱

月　日

名まえ

はじめ　じ　ふん

おわり　じ　ふん

とくてん　てん

©くもん出版

かん字の かくにん

紙　10かく

よみかた：シ　かみ

つかいかた：紙(かみ)　紙(かみ)しばい　画用紙(がようし)

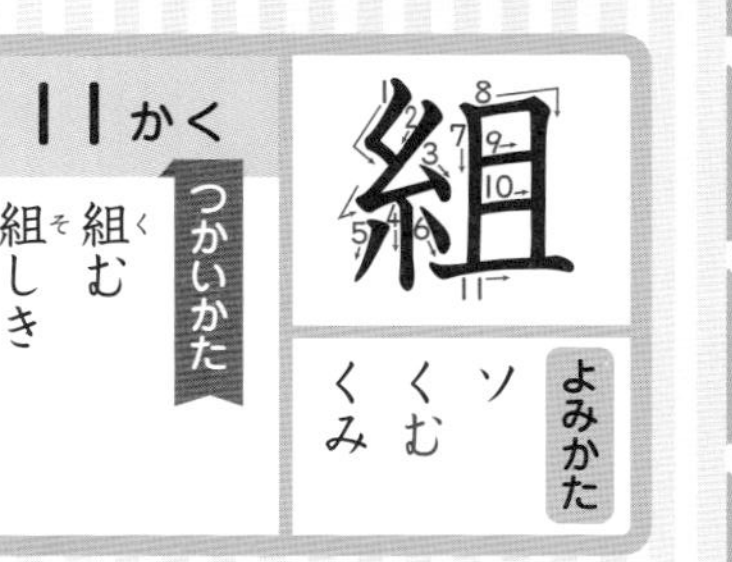

組　11かく

よみかた：ソ　くむ　くみ

つかいかた：組(く)む　組(そ)しき

強　11かく

よみかた：キョウ　(ゴウ)　つよい　つよまる　つよめる　(しいる)

つかいかた：強(つよ)い　べん強(きょう)　強弱(きょうじゃく)

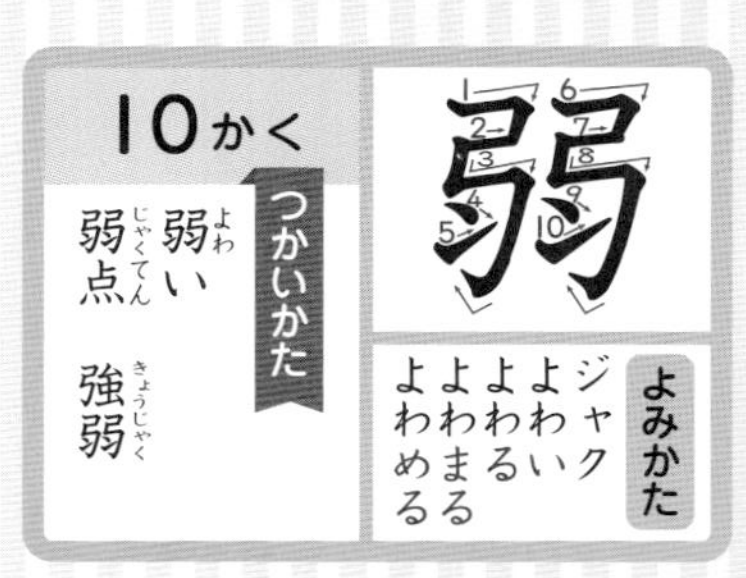

弱　10かく

よみかた：ジャク　よわい　よわる　よわまる　よわめる

つかいかた：弱(よわ)い　弱点(じゃくてん)　強弱(きょうじゃく)

1

ミニオンたちが、二つの かん字の 同(おな)じ ぶぶんを とかして しまったよ。とけた ぶぶんを 考(かんが)えて、元(もと)の 正しい かん字を 書(か)こう。

(一つ 10てん)

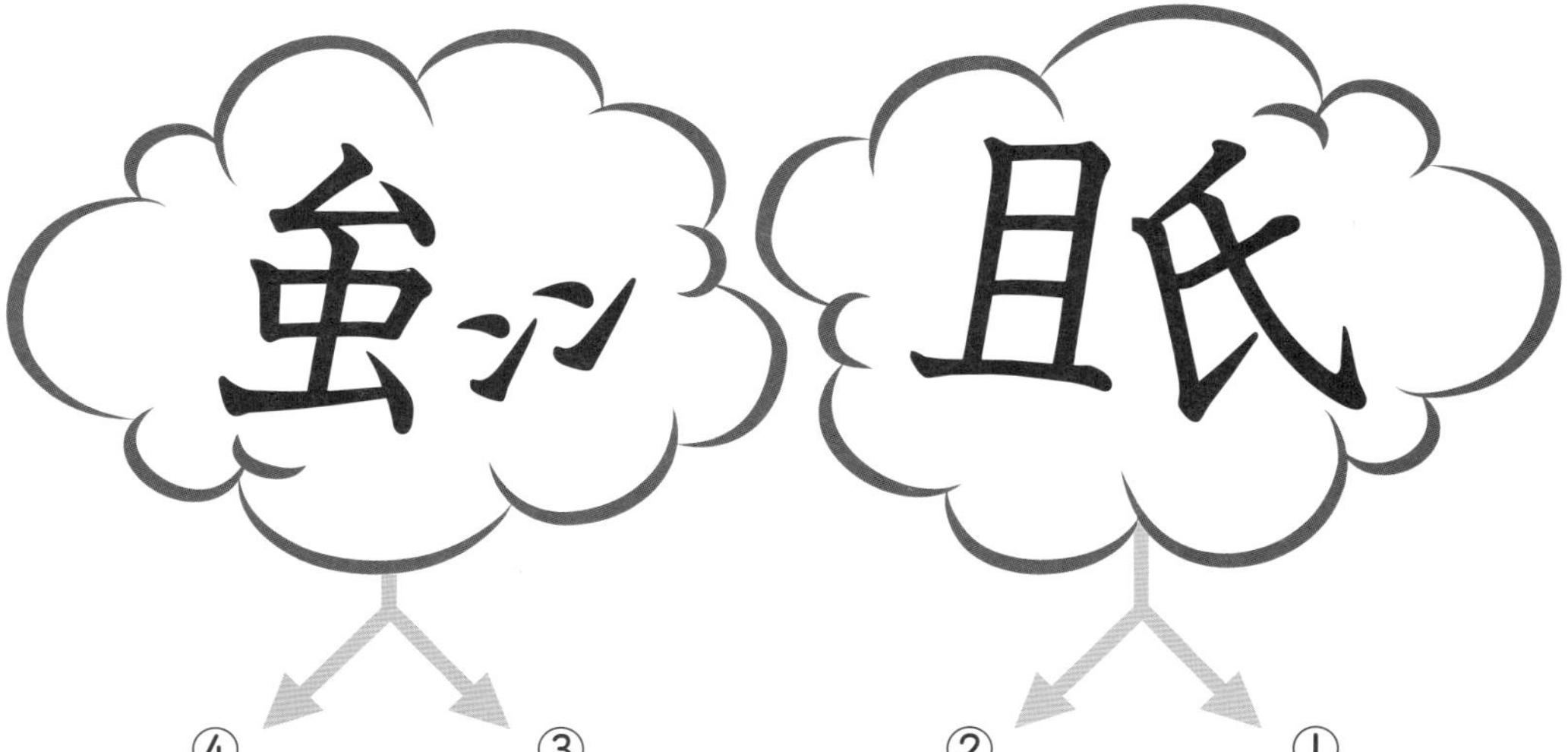

虫 ソ ン

目 氏

① ② ③ ④

2 ――の　かん字の　読(よ)みがなを　書(か)こう。　（一つ　6てん）

①　紙しばいを　作(つく)る。（　　）

②　チームを　組む。（　　）

③　風(かぜ)が　強い。（　　）

④　毎日(まいにち)の　べん強。（　　）

⑤　火が　弱い。（　　）

3 □に　かん字を、（　）に　ひらがなを　書(か)こう。　（一つ　6てん）

①　画用［　］(がようし)。

②　［　］(そ)しきに　入る。
（ある　もくてきの　ために　人や　ものを　あつめて　くみ立てた　もの）

③　カが　［　］（　　）(つよい)。

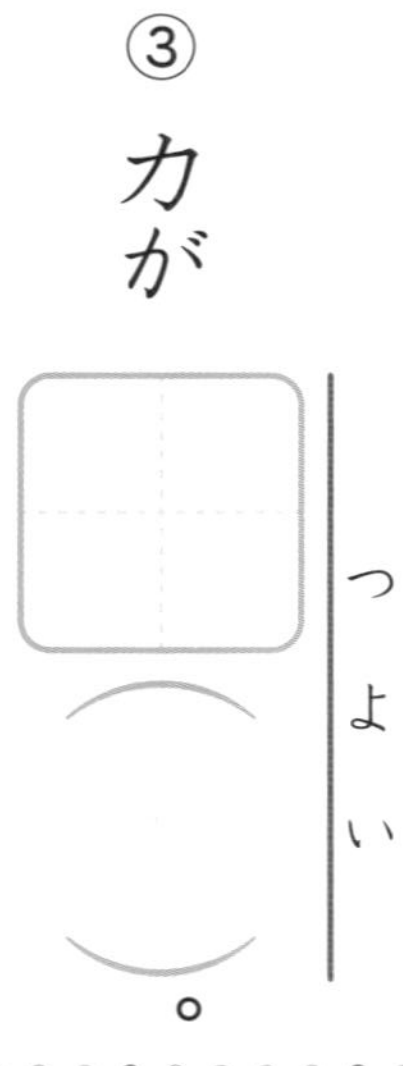

④　カが　［　］（　　）(よわい)。

⑤　［　］点(じゃくてん)が　ない。
（よわい　ところ）

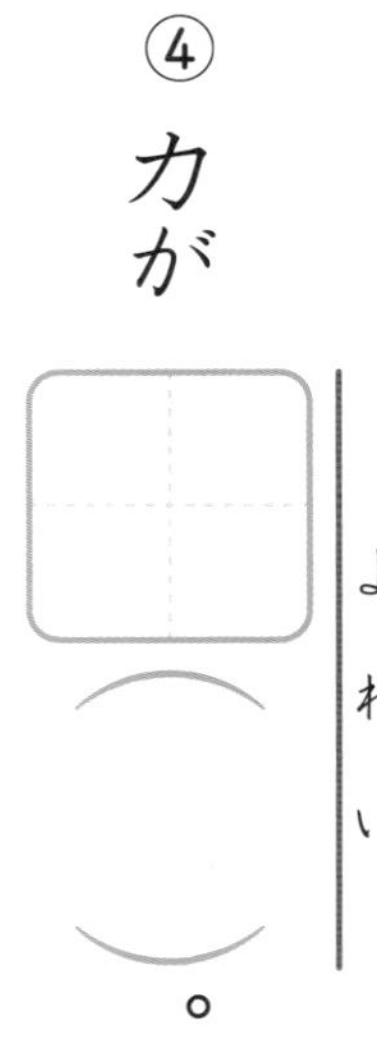

40 新・聞・雲・雪

月　日

名まえ

はじめ　じ　ふん
おわり　じ　ふん

とくてん　てん

かん字の　かくにん

新　13かく

よみかた：シン　あたらしい　あらた　にい

つかいかた：新しい　新た　新聞　新潟県

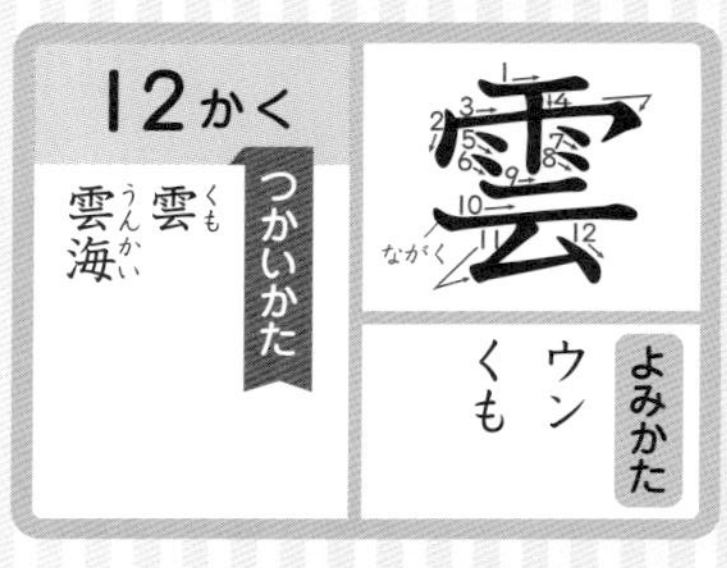

聞　14かく

よみかた：ブン　（モン）　きく　きこえる

つかいかた：聞く　新聞

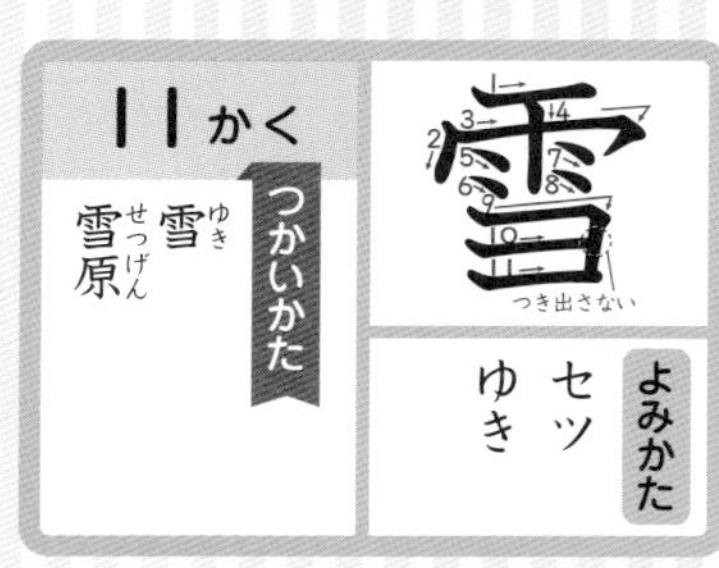

雲　12かく

よみかた：ウン　くも

つかいかた：雲　雲海

雪　11かく

よみかた：セツ　ゆき

つかいかた：雪　雪原

1

ミニオンたちが、かん字の　中に　それぞれ　一つだけ　ちがう　字を　まぎれこませて　いるよ。見つけた　かん字を　□に　書こう。

（一つ　10てん）

①

雨	雨	雨	雨
雨	雨	雨	雨
雨	雨	雨	雪
雨	雨	雨	雨

②

親	親	親	親
親	親	親	親
親	新	親	親
親	親	親	親

③

間	間	間	間
間	間	聞	間
間	間	間	間
間	間	間	間

④

雪	雪	雪	雪
雲	雪	雪	雪
雪	雪	雪	雪
雪	雪	雪	雪

①　②　③　④

2 ──の かん字の 読み(よ)がなを 書(か)こう。 （一つ 6てん）

① 新しい くつ。（　　）

② 雨の 音を 聞く。（　　）

③ 空に 雲が うかぶ。（　　）

④ にわに 雪が つもる。（　　）

⑤ 白い 雪原。（げん）

3 □に かん字を、（　）に ひらがなを 書(か)こう。 （一つ 6てん）

① しん ぶん
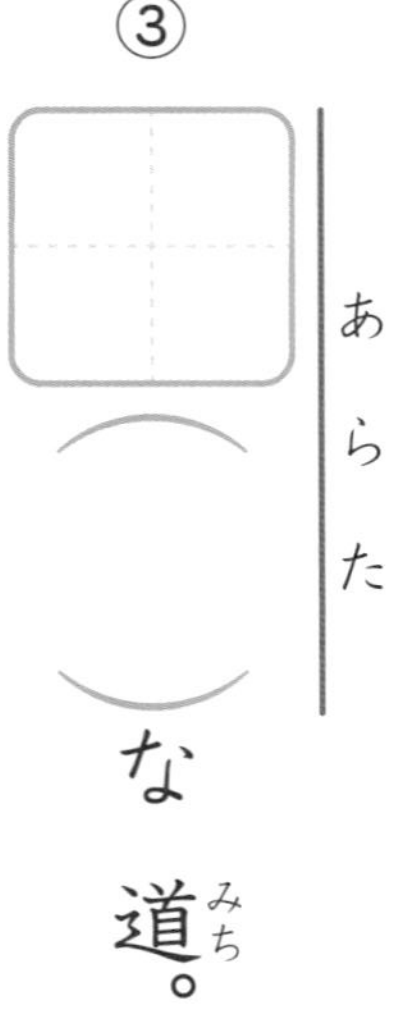
を 読(よ)む。

② にい

潟県(がたけん)の 米(こめ)。

③ あらた
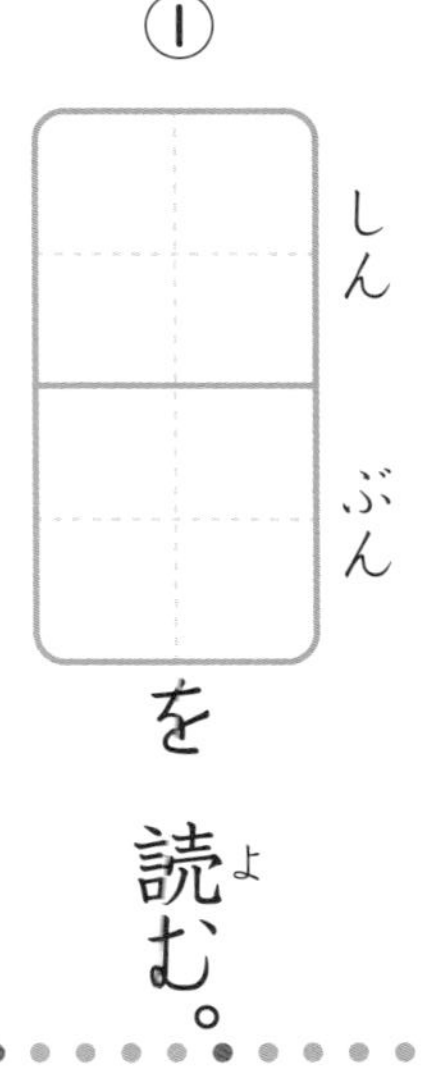
（　　）な 道(みち)。

④ うん かい

海を 見る。
（たかい ところから 見下ろした とき、うみのように 見える くもの けしき）

⑤ ゆき
□が ふる。

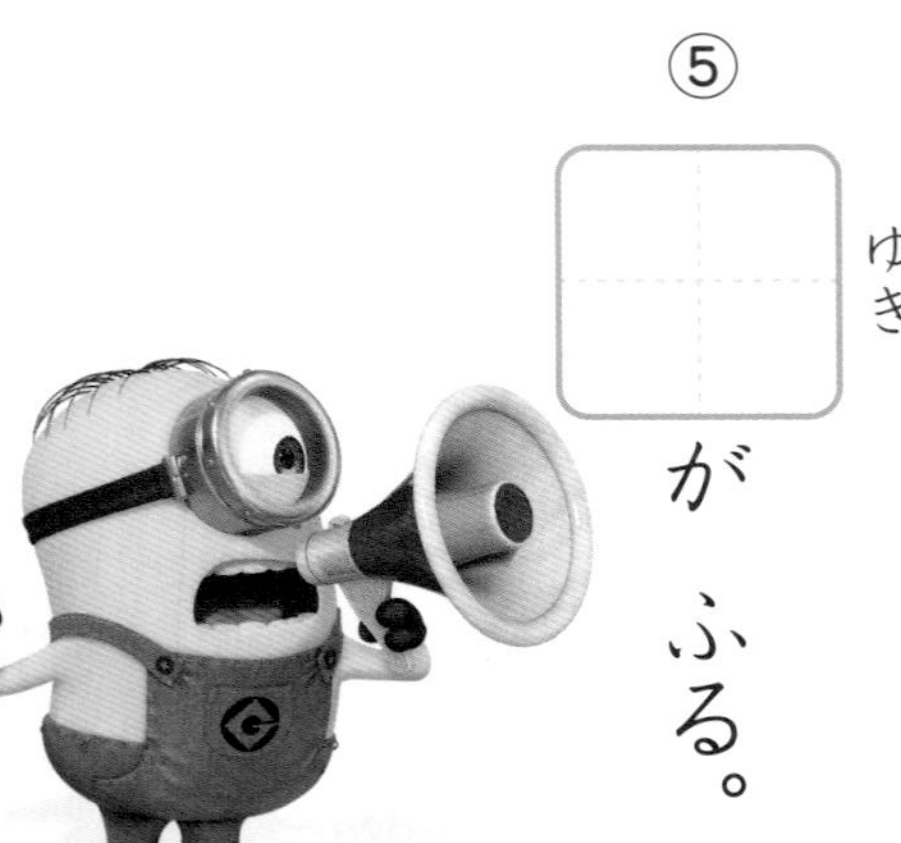

41 電・話・頭・顔

はじめ　じ　ふん
おわり　じ　ふん

名まえ

とくてん　てん

かん字の かくにん

かん字	かく	よみかた	つかいかた
電	13かく	デン	電車（でんしゃ）　電話（でんわ）
話	13かく	ワ　はなす　はなし	話す（はなす）　会話（かいわ）
頭	16かく	トウ・ズ　（ト）　あたま　（かしら）	頭（あたま）　三頭（さんとう）　頭上（ずじょう）　頭のう（ずのう）
顔	18かく	ガン　かお	顔（かお）　せん顔（がん）

① ミニオンたちが、かん字の むきを はんたいに して しまったよ。□に 正しい かん字を 書（か）こう。

（一つ 10てん）

① 頭（あたま）を かく。 → □

② 顔（かお）を あらう。 → □

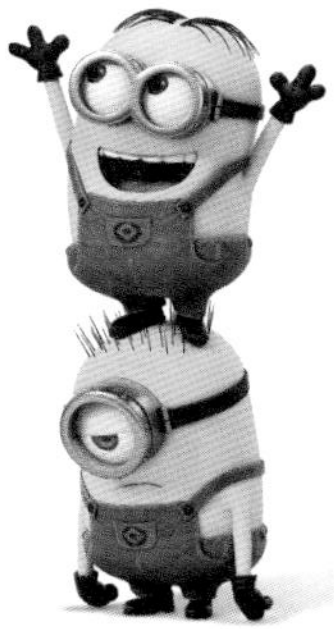

③ 話（はなし）を 聞（き）く。 → □

④ 電（でん）気を つける。 → □

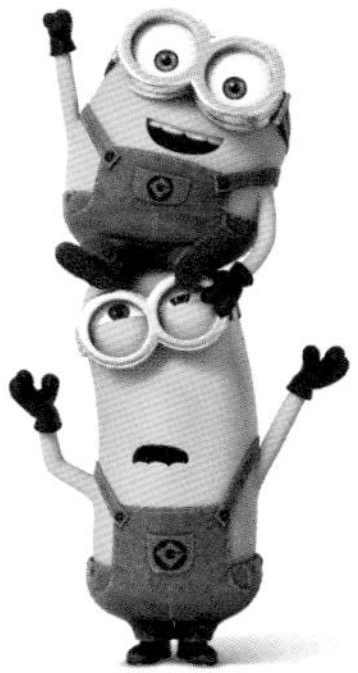

2 ——の かん字の 読み（よ）がなを 書こう（か）。 （一つ 6てん）

① 電車に のる。（　　）

② ゆっくり 話す。（　　）

③ 犬の 頭を なでる。（　　）

④ ぞうが 三頭 いる。（　　）

⑤ タオルで 顔を ふく。（　　）

3 □に かん字を、（　）に ひらがなを 書こう（か）。 （一つ 6てん）

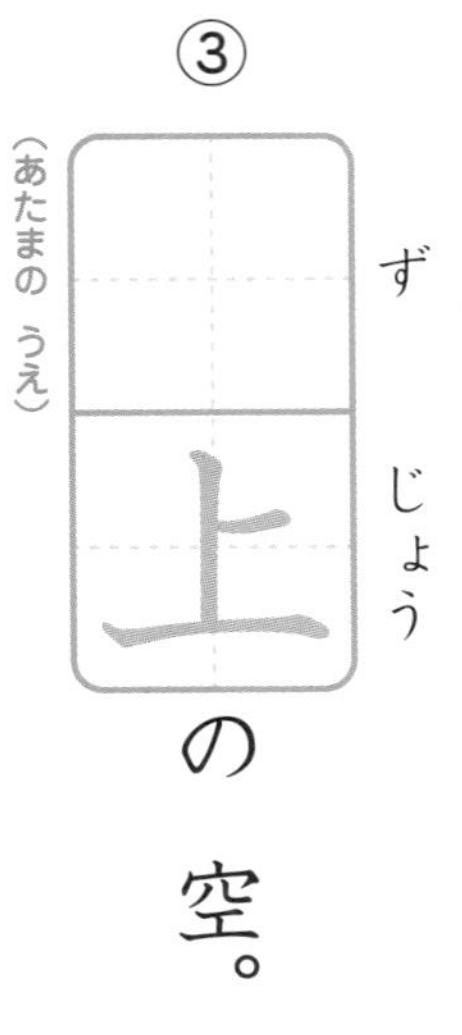
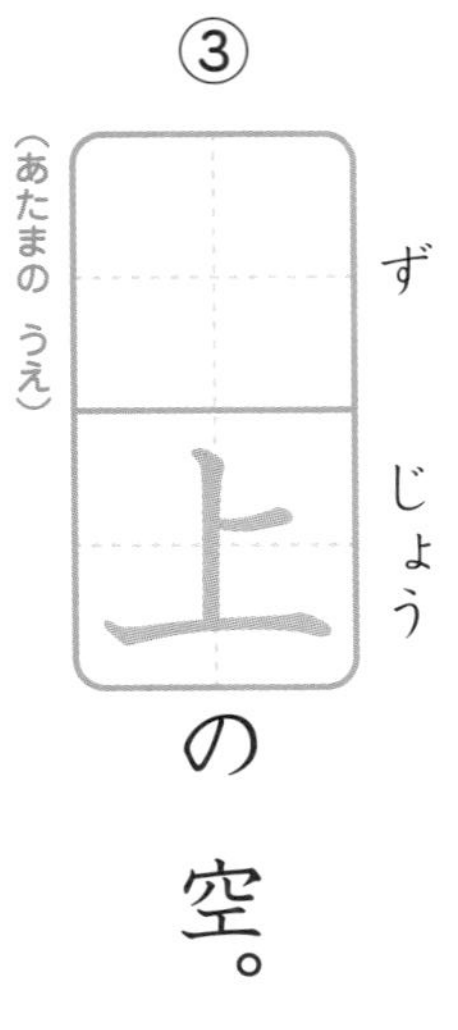

① □□（でんわ） を する。

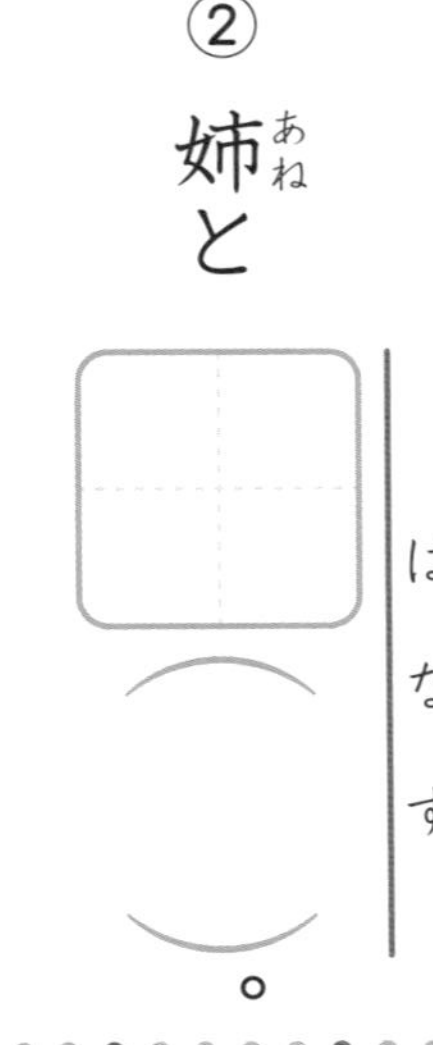

② 姉（あね）と □（はなす）（　　）。

③ □上（ずじょう）の 空。（あたまの うえ）

④ ねこの □（かお）。

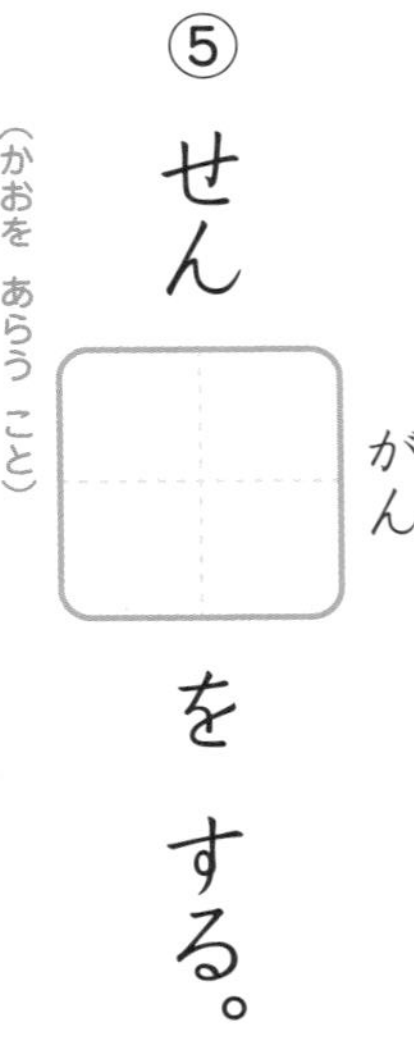

⑤ せん□（がん） を する。（かおを あらう こと）

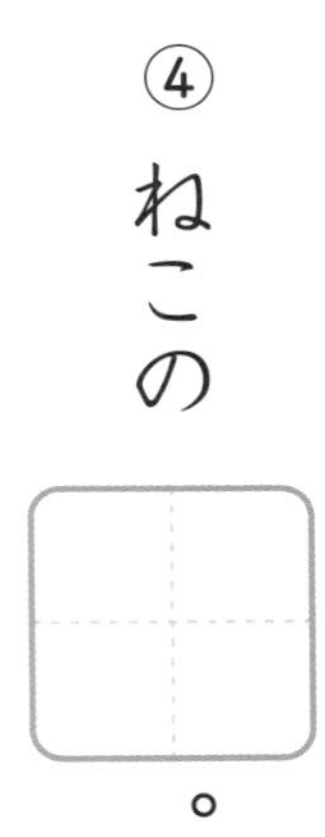

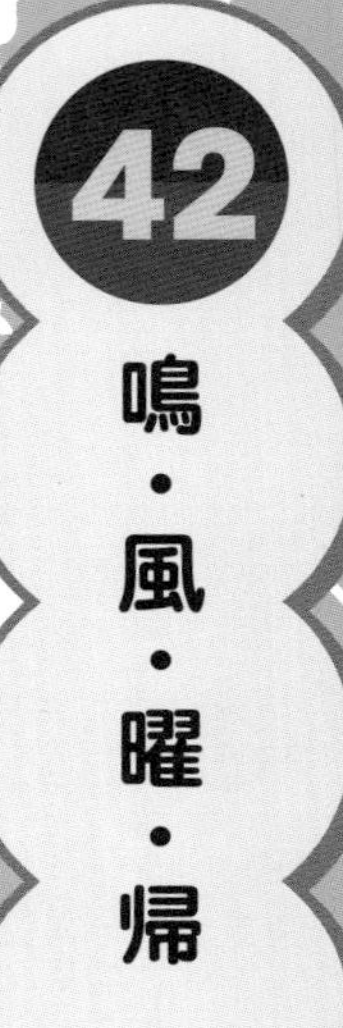
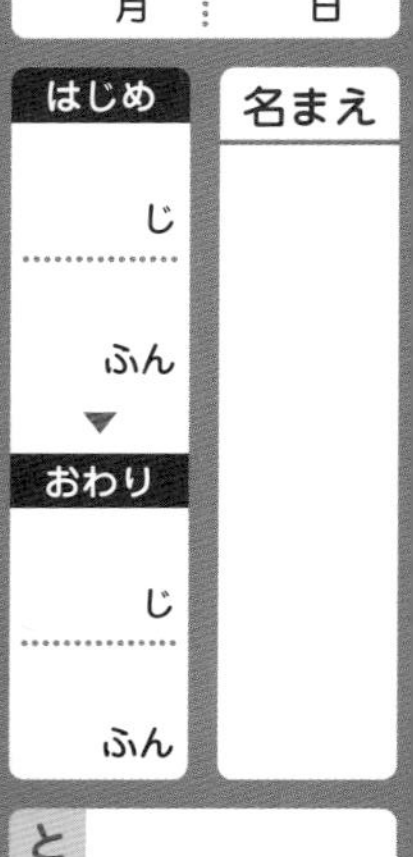

42 鳴・風・曜・帰

月　日
名まえ
はじめ　じ　ふん
おわり　じ　ふん
とくてん　てん

かん字の かくにん

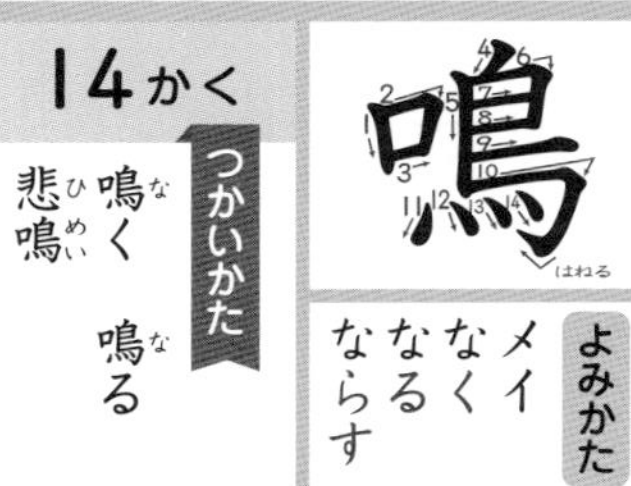

鳴 14かく
よみかた：メイ　なく　なる　ならす
つかいかた：鳴く　鳴る　悲鳴

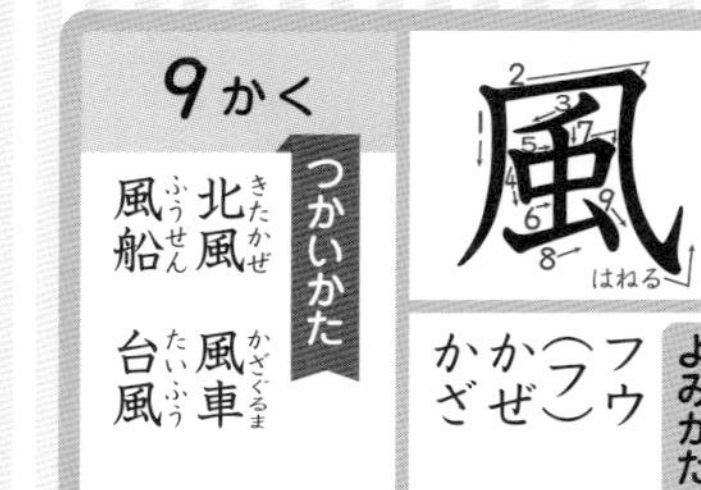

風 9かく
よみかた：フウ　（フ）　かぜ　かざ
つかいかた：北風　風車　風船　台風

曜 18かく
よみかた：ヨウ
つかいかた：曜日　火曜日　水曜日　木曜日

帰 10かく
よみかた：キ　かえる　かえす
つかいかた：帰る　帰り道　帰国

1

デイブが、□の ことばを ならべかえて しまったよ。
ことばを 元に もどして、かん字で 書こう。
□には かん字、（　）には ひらがなが 入るよ。

（一つ 10てん）

せんしゅうの ①［び］［う］［よ］［ど］、いえに
②［る］［え］［か］と、あめが ふって きた。
③［ぜ］［か］が つよく なって、かみなりが
④［る］［な］ おとが きこえた。

①□□□
②□（　）
③□
④□（　）

2 ＿の かん字の 読み(よ)がなを 書(か)こう。（一つ 6てん）

① すずめが 鳴く。（　　）

② つめたい 北風。（きた）

③ 風船が とぶ。（せん）

④ 火曜日の 夜(よる)。（　　）

⑤ 学校から 帰る。（　　）

3 □に かん字を、（　）に ひらがなを 書(か)こう。（一つ 6てん）

① かねが 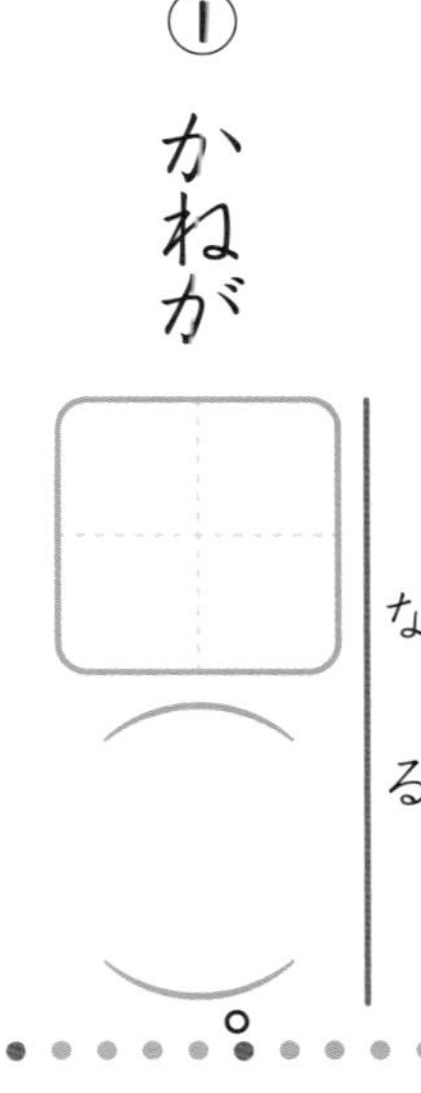 （な）（る）。

② 大きな  （ひ）（めい）。

（おどろいた ときや こわい ときに あげる さけびごえ）

③  （かざ）（ぐるま）が 回(まわ)る。

④ 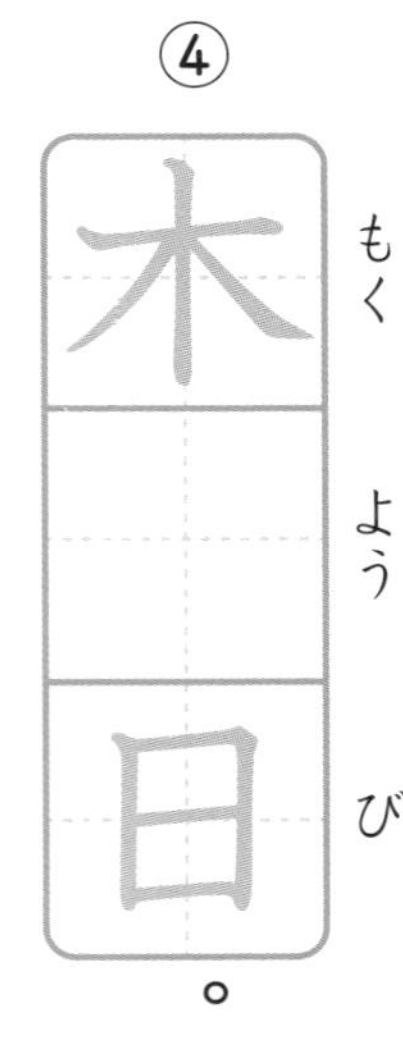 （もく）（よう）（び）。

⑤  （き）（こく）する。

43 かくにんもんだい③

月　日

名まえ

はじめ　じ　ふん　▶　おわり　じ　ふん

とくてん　てん

① ——の かん字の 読みがなを 書こう。 （1つ 4てん）

① りょう理を する。（　）

② 中止の 知らせ。（　）

③ 直線を 引く。（　）

④ 教室に 入る。（　）

⑤ 肉を 食べる。（　）

⑥ 地図を 見る。（　）

⑦ 遠くに 行く。（　）

⑧ 小鳥の さえずり。（　）

⑨ 空が 晴れる。（　）

⑩ 親友の ことば。（　）

⑪ 新聞を 読む。（　）

⑫ 顔を あらう。（　）

2 □に かん字を かこう。（一つ 4てん）

① そうじの □□（とう ばん）。

② □□□（が よう し）。

③ □□（まい にち）走（はし）る。

④ □□（どく しょ）の 時間（じかん）。

⑤ えきに □（ちか）い。

⑥ □□（じゃく てん）を つく。

⑦ □□（でん わ）を かける。

⑧ □□□（すい よう び）。

3 ――の ことばを かん字と ひらがなで かこう。（一つ 5てん）

① クイズに こたえる。

② ふかく かんがえる。

③ あかるい へや。

④ 家（いえ）に かえる。

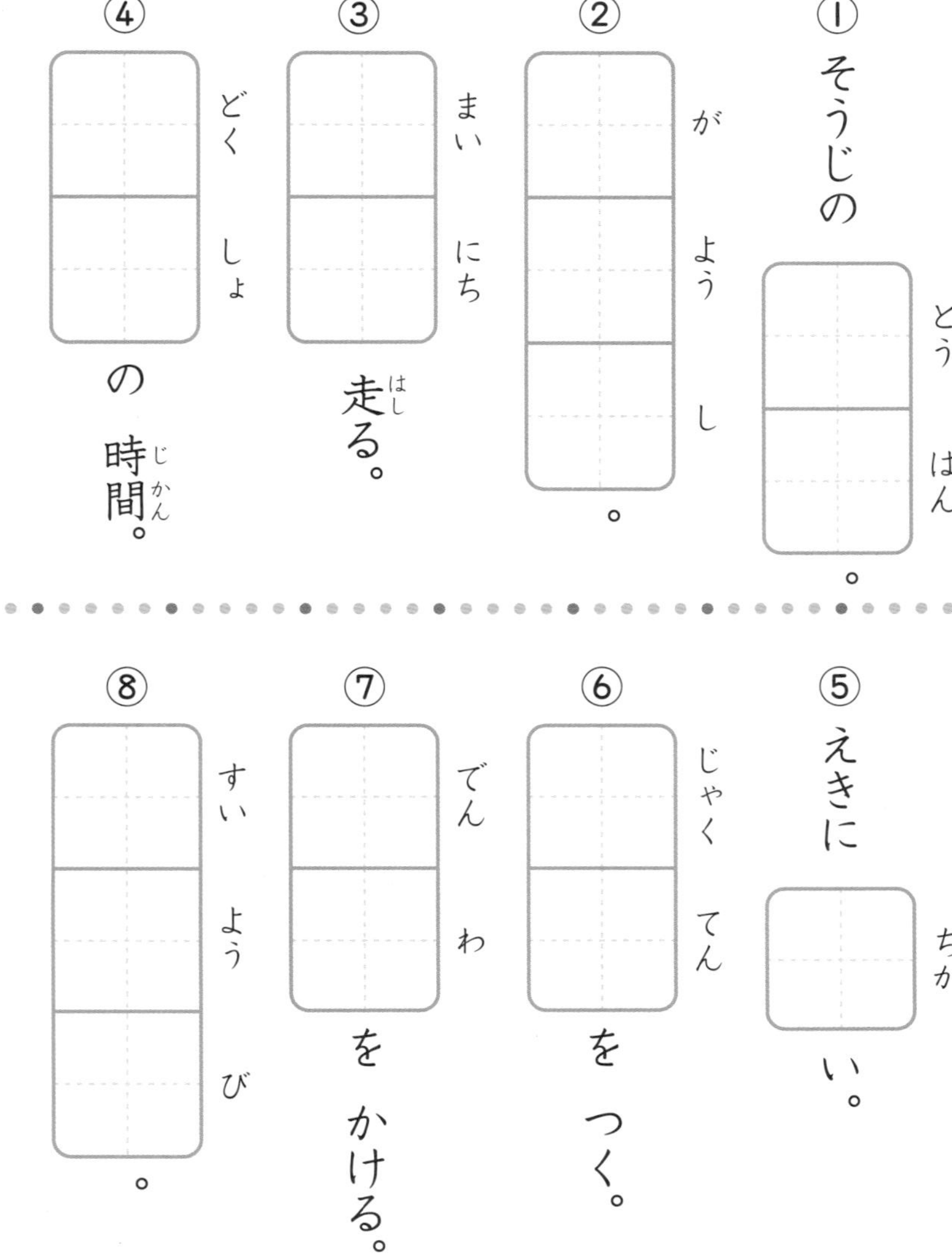

こたえ

二年生までに　ならわない　かん字や　よみかたは、こたえと　して　あつかって　いません。

1 刀・切・古・台　3・4ページ

❶ ①刀　②切　③古　④台

❷ ①かたな　②たいせつ　③こ〈しょ〉　④どだい　⑤たい〈ふう〉

❸ ①〈木〉刀　②切る　③古い　④〈土〉台　⑤台〈風〉

2 弓・引・矢・知　5・6ページ

❶ ①弓　②引　③矢　④知

❷ ①ゆみや　②ひ　③いん〈よう〉　④し　⑤ち

❸ ①弓　②引く　③矢　④知　⑤知

3 心・思・父・母　7・8ページ

❶ ①こころ　②ちち　③おも　④はは

❷ ①こころ　②おも　③ちち　④はは〈おや〉　⑤ふぼ

❸ ①〈中〉心　②思　③思　④父　⑤母

ポイント！

❶ かん字の　正しい　読み方を　おぼえましょう。

① 「心」は、「こころ」の　ほかに、「シン」と　いう　読み方も　あります。「中心（ちゅうしん）」のように　つかいます。

4 才・弟・姉・妹　9・10ページ

❶ ①姉　②妹　③弟　④さい

❷ ①はっさい　②おとうと　③〈きょう〉だい　④あね　⑤いもうと

❸ ①〈天〉才　②弟　③〈兄〉弟　④姉　⑤妹

5 兄・元・光・万　11・12ページ

❶ 万→光→元→兄

❷ ①あに　②もと　③げんき　④ひか　⑤いちまん〈えん〉

❸ ①兄〈弟〉　②元〈気〉　③光　④〈日〉光　⑤〈百〉万〈人〉

ポイント！

❶ かん字の　書きじゅんを　おぼえましょう。

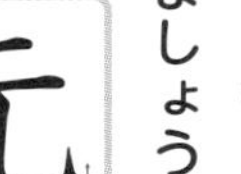

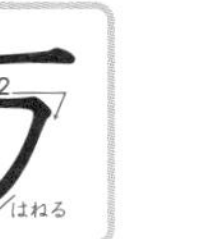

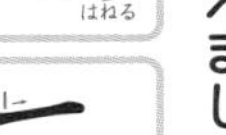
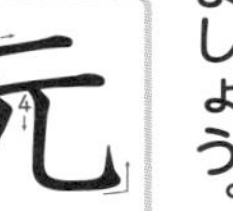

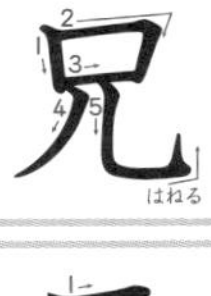

6 戸・何・回・広　13・14ページ

❶ ①何　②回　③戸　④広

❷ ①と　②こ〈がい〉　③なに　④まわ　⑤ひろ

❸ ①戸　②何　③何回　④広い　⑤広

7 交・通・公・園　15・16ページ

❶ 公→園→外→交→通

❷ ①まじ　②とお　③こうせい　④えん〈ちょう〉　⑤こうえん

❸ ①交〈番〉　②通う　③通〈学〉　④〈主人〉公　⑤園

ポイント！

❸「交」と「公」は　どちらも「コウ」と　いう　読み方が　あります。「交」は「交通」、「公」は「公園」のように　つかいます。
②は、「通う」と　書きます。「通よう」と　まちがえないように　気を　つけましょう。

8 店・牛・米・麦　17・18ページ

❶ ㋙㋣㋓
①店　②牛　③米　④麦

❷ ①みせ　②ぎゅう〈にく〉　③こめ　④〈しん〉まい　⑤こむぎ

❸ ①〈書〉店　②牛　③〈白〉米　④米〈作〉　⑤麦〈茶〉

ポイント！

❶ 形に　気を　つけて　おぼえましょう。

店　牛　米　麦

9 魚・海・谷・岩　19・20ページ

❶ ①谷　②魚　③岩　④海

❷ ①さかな　②うみ　③かいすい　④いわ　⑤がんせき

❸ ①魚〈市場〉　②〈金〉魚　③海〈外〉　④谷〈川〉　⑤岩〈石〉

10 星・丸・太・細　21・22ページ

❶ ①細　②丸太　③星

❷ ①ほし　②まる　③ふと　④ほそ　⑤こま

❸ ①星　②丸　③太　④丸太　⑤細〈工〉

ポイント！

❷ ②玉のような　まるを　あらわす　ときは「丸い」、円のような　まるを　あらわす　ときは「円い」と　書きます。

11 汽・船・作・工　23・24ページ

❶ ①汽　②船　③作　④工

❷ ①きしゃ　②ふね　③ふな　④つく　⑤こう〈じょう〉

❸ ①汽船　②〈風〉船　③作〈文〉　④作　⑤〈大〉工

12 図・画・絵・走 25・26ページ

❶ ①絵　②画　③図　④走

※①と　②、③と　④の　じゅんばんは　ちがっても　正かい。

❷ ①ず〈こう〉　②と〈しょ〉　③が〈ようし〉　④え　⑤はし

❸ ①〈地〉図　②〈計〉画　③絵画　④走る　⑤〈カ〉走

13 来・高・原・市 27・28ページ

❶ ①来　②高　③原　④市

❷ ①く　②たか　③はら　④そうげん　⑤いち〈ば〉

❸ ①来る　②来〈年〉　③高原　④高　⑤市〈内〉

14 かくにんもんだい① 29・30ページ

❶ ①き　②ゆみや　③し　④てんさい　⑤きょうだい　⑥ひかり　⑦なんかい　⑧こうえん　⑨むぎ　⑩まるた　⑪きせん　⑫こうげん

❷ ①土台　②心　③姉　④交通　⑤牛　⑥岩石　⑦図工　⑧絵

❸ ①古い　②思う　③細かい　④走る

15 場・寺・門・形 31・32ページ

❶ ①日（〇）目（　）
②日（〇）目（　）
③、（〇）ム（　）
④ミ（　）彡（〇）

❷ ①ば　②てら　③じ　④もん　⑤かたち

❸ ①〈工〉場　②寺　③門　④〈四角〉形　⑤〈人〉形

16 東・西・南・北 33・34ページ

❶ ①ひがし　②にし　③みなみ　④きた

❷ ①ひがしぐち　②にし　③ほくせい　④みなみ　⑤きた〈かぜ〉

❸ ①東　②東〈京〉　③東西　④南北　⑤東北

ポイント！

「東」「西」「南」「北」は　どれも、方角（ほうがく）を　あらわす　かん字です。

17 方・角・京・外 35・36ページ

❶ ①角　②京　③外　④方

❷ ①ほうがく　②かど　③きょう　④そと　⑤はず

❸ ①方　②〈四〉角〈形〉　③角　④〈東〉京　⑤外〈国〉

18 体・首・毛・黒 37・38ページ

❶ ①〇 ②× ③× ④〇

❷ ①からだ ②たい ③くび
④けいと ⑤くろ

❸ ①体 ②首 ③毛
④黒い ⑤黒

19 色・茶・黄・同 39・40ページ

❶ ①色 ②茶 ③黄 ④同

❷ ①ちゃいろ ②じゅうにしょく
③きいろ ④おな ⑤しき〈し〉

❸ ①〈金〉色 ②茶 ③黄〈土〉色
④同じ ⑤同〈時〉

20 自・分・半・多 41・42ページ

❶ ①多 ②自 ③半分

❷ ①じぶん ②わ ③なか
④はんぶん ⑤おお

❸ ①自 ②自 ③〈五〉分 ④半分
⑤多〈数〉

ポイント！

❷ かん字の 正しい 読み方を
おぼえましょう。
①「自」は、「ジ」の ほかに、
「シ」「みずから」と いう 読み方も
あります。
「自ぜん」「自ら 作る」のように
つかいます。

21 朝・昼・午・今 43・44ページ

❶ ~~朝~~→朝、~~今~~→今、~~午~~→午、
~~昼~~→昼

❷ ①あさ ②ひる ③ご〈ご〉
④いま ⑤こん〈や〉

❸ ①朝 ②〈早〉朝 ③昼〈食〉
④午〈前〉 ⑤今

ポイント！

❶ 形に 気を つけて
おぼえましょう。

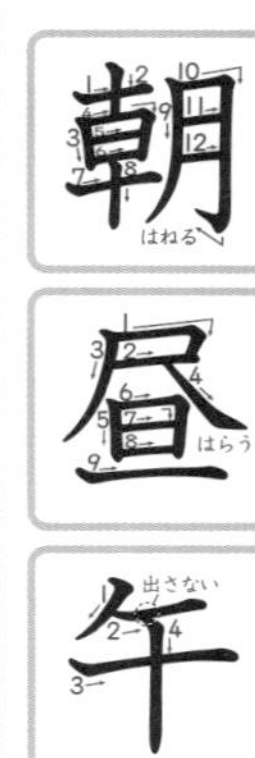

22 春・夏・秋・冬 45・46ページ

❶ ①春 ②夏 ③秋 ④冬

❷ ①はる ②しゅん〈ぶん〉
③なつ ④あき ⑤ふゆ

❸ ①春 ②夏 ③秋〈分〉 ④冬
⑤冬

23 夜・前・後・行 47・48ページ

❶ ①よる ②うし ③まえ
④ぎょう

❷ ①よなか ②よる
③てまえ ④のち ⑤い

❸ ①〈今〉夜
②前後 ③後
④行う ⑤行

24 合・会・売・買 49・50ページ

❶ ①う ②う ③る ④う

❷ ①あ ②ごう ③あ ④う ⑤か

❸ ①合 ②合う ③〈大〉会
④売れる ⑤売買

ポイント！

❸②「合」と「会」の つかい方(かた)の ちがいに 気を つけましょう。
「合(あ)う」は 「気が 合(あ)う」、

「会(あ)う」は 「人と 会(あ)う」

などのように つかいます。

25 馬・時・間・少 51・52ページ

❶ ①馬 ②時 ③間 ④少

❷ ①たけうま ②とき
③あいだ ④ま ⑤すく

❸ ①〈木〉馬 ②時間 ③〈人〉間
④少し ⑤少〈女〉

26 国・語・算・社 53・54ページ

❶ ①算 ②社 ③国 ④語

❷ ①〈ゆき〉ぐに ②こくご
③かた ④さん〈すう〉
⑤やしろ

❸ ①〈帰〉国 ②語る ③語 ④算
⑤社〈長〉

27 点・数・楽・歌 55・56ページ

❶ ①点 点 ②楽 楽 ③数 数 ④歌 歌

❷ ①てん ②かず ③たの ④うた
⑤こうか

❸ ①数える ②点数 ③〈音〉楽
④楽 ⑤歌

28 かくにんもんだい② 57・58ページ

❶ ①こうじょう
②とうざいなんぼく ③きょう
④けいと ⑤ちゃいろ ⑥じぶん
⑦いま ⑧ぜんご ⑨あ
⑩じかん ⑪さんすう ⑫こうか

❷ ①形 ②方角 ③外 ④少女
⑤昼 ⑥春分 ⑦売買
⑧国語

❸ ①黒い ②同じ ③半ば
④楽しい

ポイント！

❸③は 「半(なか)ば」、④は 「楽(たの)しい」と
書(か)きます。
「半かば」「楽い」などと
まちがえないように 気を
つけましょう。

29 声・理・科・活 59・60ページ

①声・理・科・活
※じゅんばんは ちがっても 正かい。

②①こえ ②おんせい ③り
④りか〈しつ〉 ⑤かつ

③①〈歌〉声 ②〈音〉声 ③理
④〈教〉科〈書〉 ⑤〈生〉活科

30 当・番・答・用 61・62ページ

①①当 ②番 ③答 ④用

②①あ ②とうばん ③こた
④〈かい〉とう ⑤もち

③①〈本〉当 ②当てる
③〈交〉番 ④答え ⑤用〈意〉

31 考・止・長・直 63・64ページ

①直る→長い→止める→考える

②①かんが ②と ③なが ④ただ
⑤なお

③①考 ②〈中〉止
③〈社〉長 ④〈日〉直
⑤〈正〉直

ポイント！

①「直る」は 「なおる」、
「長い」は 「ながい」、
「止める」は 「とめる」、
「考える」は 「かんがえる」と
読みます。

32 教・室・線・計 65・66ページ

①①教 ②室 ③線 ④計

②①おし ②おそ
③〈としょ〉しつ
④〈ちょく〉せん ⑤はか

③①教える ②教〈科書〉 ③教室
④〈点〉線 ⑤計〈算〉

ポイント！

①形に 気を つけて
おぼえましょう。

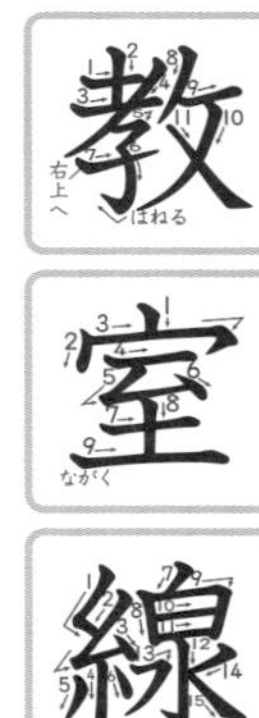

33 毎・記・言・読 67・68ページ

①①毎 ②記 ③言 ④読

②①まい〈あさ〉 ②しる ③い
④ひとこと ⑤よ

③①毎〈日〉 ②〈日〉記 ③言
④読〈書〉 ⑤読〈点〉

34 内・肉・地・池 69・70ページ

1 ①地 ②肉 ③内 ④池

2 ①うち ②にく ③ち〈ず〉
④いけ ⑤〈でん〉ち

3 ①〈校〉内 ②〈牛〉肉
③地〈図〉 ④地 ⑤池

ポイント！

1 「内」と「肉」、「地」と「池」のように、形（かたち）の にて いる かん字に 気を つけましょう。
「内」は「内（うち）がわ」「校内（こうない）」、
「肉」は「牛肉（ぎゅうにく）」「きん肉（にく）」、
「地」は「地図（ちず）」「地（じ）めん」、
「池」は「池（いけ）」「電池（でんち）」のように つかいます。

35 近・週・道・遠 71・72ページ

1 ①斤 ②周 ③首 ④袁

2 ①ちか ②せんしゅう ③こみち
④とお ⑤えんそく

3 ①近 ②〈来〉週 ③道
④〈歩〉道 ⑤遠い

36 里・野・鳥・羽 73・74ページ

1 ①り ②の ③ちょう ④は

2 ①さと ②せんり
③の〈はら〉 ④ことり
⑤はね

3 ①里 ②野〈山〉 ③野
④〈白〉鳥 ⑤羽〈音〉

37 書・明・晴・歩 75・76ページ

1 ①く ②かり ③れる ④く

2 ①か ②あ ③あか ④は
⑤ある

3 ①〈読〉書 ②明 ③晴〈天〉
④歩む ⑤歩〈道〉

ポイント！

2 「明」は、②「明（あ）かり」と ③「明（あか）るい」で 読（よ）みがなが ちがいます。
②を「あかかり」と まちがえないように 気を つけましょう。

38 親・友・家・食 77・78ページ

1 ①親 ②友 ③家 ④食 ⑤親友

2 ①した ②おやこ ③とも
④いえ ⑤ぐ

3 ①親友 ②家 ③家〈来〉
④〈朝〉食 ⑤食べる

39 紙・組・強・弱 79・80ページ

1 ①紙 ②組 ③強 ④弱
※①と②、③と④の じゅんばんは ちがっても 正かい。

2 ①かみ ②く ③つよ ④きょう
⑤よわ

3 ①〈画用〉紙 ②組 ③強い
④弱い ⑤弱〈点〉

40 新・聞・雲・雪 81・82ページ

❶ ①雪 ②新 ③聞 ④雲

❷ ①あたら ②き ③くも ④ゆき

⑤せつ〈げん〉

❸ ①新聞 ②新 ③新た

④雲〈海〉 ⑤雪

ポイント！

❶ 「新」と「親」、「聞」と「間」、「雲」と「雪」のように、形(かたち)の にて いる かん字に 気を つけましょう。

41 電・話・頭・顔 83・84ページ

❶ ①頭 ②顔 ③話 ④電

❷ ①でんしゃ ②はな ③あたま

④さんとう ⑤かお

❸ ①電話 ②話す ③頭〈上〉

④顔 ⑤顔

42 鳴・風・曜・帰 85・86ページ

❶ ①土曜日 ②帰る ③風 ④鳴る

❷ ①な ②〈きた〉かぜ

③ふう〈せん〉 ④かようび

⑤かえ

❸ ①鳴る ②〈悲〉鳴 ③風〈車〉

④〈木〉曜〈日〉 ⑤帰〈国〉

43 かくにんもんだい③ 87・88ページ

❶ ①り ②ちゅうし ③ちょくせん

④きょうしつ ⑤にく ⑥ちず

⑦とお ⑧ことり ⑨は

⑩しんゆう ⑪しんぶん ⑫かお

❷ ①当番 ②画用紙 ③毎日

④読書 ⑤近 ⑥弱点 ⑦電話

⑧水曜日

❸ ①答える ②考える ③明るい

④帰る

ポイント！

❸ ①は「答たえる」「答る」、②は「考がえる」「考る」などと まちがえないように 気を つけましょう。